21 世纪经济学类管理学类专业主干课程系列教材

劳动合同法：理论与案例

（第 2 版修订本）

主编　张华贵

清 华 大 学 出 版 社

北京交通大学出版社

·北京·

内 容 简 介

随着劳动关系的发展变化，劳动法制也在不断加强，有关劳动法制的研究成果也大量涌现，在此背景下，我们编写了这本书。本书以基本理论为线索，从实际案例到法律依据，再从法律依据到理论分析，为读者学习思考劳动合同法问题提供指引。全书共分为 10 章，在每个章节中，我们以劳动合同法的基本内容为线索，对劳动合同法的内容从理论与实际两个层面进行了系统的分析研究。根据理论问题在每章后面分别设计了"本章学习资料"、"本章小结"、"本章复习思考题"等几个方面的内容，充分体现了理论与实践的结合。对劳动合同法中的相关问题分析完整，力争用简洁的语言剖析案例，说明法理，使读者能够一目了然。我们在书中设有复习思考题，给读者留下了学习思考的空间，启发其运用所学知识分析和解决现实问题。

本书适合法学专业的本专科学生、从事劳动合同法教学的老师及关注劳动合同法的企业相关人员和普通劳动者学习参考。

图书在版编目（CIP）数据

劳动合同法：理论与案例／张华贵主编. — 2 版. — 北京：北京交通大学出版社；清华大学出版社，2015.9（2022.12 重印）
（21 世纪经济学类管理学类专业主干课程系列教材）
ISBN 978-7-5121-2429-5

Ⅰ. ① 劳…　Ⅱ. ① 张…　Ⅲ. ① 劳动合同-合同法-中国-高等学校-教材　Ⅳ. ① D922.52

中国版本图书馆 CIP 数据核字（2015）第 226863 号

责任编辑：赵彩云
出版发行：清 华 大 学 出 版 社　　邮编：100084　电话：010-62776969　http://www.tup.com.cn
　　　　　北京交通大学出版社　　邮编：100044　电话：010-51686414　http://www.bjtup.com.cn
印 刷 者：北京时代华都印刷有限公司
经　　销：全国新华书店
开　　本：185×260　印张：13　字数：325 千字
版　　次：2019 年 12 月第 2 版第 1 次修订　　2022 年 12 月第 6 次印刷
书　　号：ISBN 978-7-5121-2429-5/D·190
印　　数：10 501～11 500 册　　定价：45.00 元

本书如有质量问题，请向北京交通大学出版社质监组反映。对您的意见和批评，我们表示欢迎和感谢。
投诉电话：010-51686043，51686008；传真：010-62225406；E-mail：press@bjtu.edu.cn。

再版前言

　　《劳动合同法》自 2008 年实施以来，对劳动用工起着规范的作用，促进了劳动关系和谐稳定发展。但在实施过程中，也发现了其存在的不足。针对《劳动合同法》存在的不足，全国人民代表大会常务委员会于 2012 年 12 月 28 日通过了《关于修改〈中华人民共和国劳动合同法〉的决定》，最高人民法院也先后出台了相关司法解释。此次《劳动合同法》修改主要遵循四个原则和重点：一是严格规范劳务派遣用工，不得把劳务派遣变成用工主渠道；二是维护工人阶级主体地位，保障被派遣劳动者实现同工同酬等权利；三是加强对劳务派遣单位的管理，强化劳动行政部门的监督职责；四是规范劳务派遣要妥善处理好修法前后法律实施的衔接，平稳过渡。修正以后的《劳动合同法》更好地完善了劳动合同制度，进一步规范了用工行为，明确劳动合同当事人双方的权利义务，有利于更好地保护劳动者合法权益，构建和发展和谐稳定的劳动关系。着眼于培养应用型的法律人才，培养学生的实际工作能力，我们修订了这本《劳动合同法：理论与案例》，在编写过程中，我们以劳动合同法的基本内容为主线，结合司法实践中的问题，理论联系实际，力求语言简洁，通俗易懂，系统准确地介绍劳动合同法的基本理论。由于时间仓促，难免存在错漏，敬请读者谅解。

　　本书由张华贵拟定写作提纲及写作要求，最后由张华贵主编修改定稿。本书撰写人及其撰写章节如下。（按照编写章节的先后顺序）

　　张华贵、李刚：第 1 章。

　　金新贵、周振娟：第 2 章。

　　张华贵、杨冰：第 3 章。

　　金新贵、陈艮华：第 4 章。

　　彭志育：第 5 章。

　　梁家芸：第 6 章。

　　杨倩：第 7 章。

　　黄旖旎：第 8 章。

　　张华贵、易明：第 9 章。

　　张华贵、杨冰：第 10 章。

　　北京交通大学出版社的赵彩云编辑为本书的再版花费了大量的心血，在此表示衷心感谢。本书配有教学课件，可发邮件至 cbszcy@ jg. bjtu. edu. cn 索取。

作者

2015. 10

目　　录

第1章

劳动合同法的基本问题

本章导读

　　本章的主要内容是劳动合同的概述、劳动合同法的适用范围、劳动规章制度的制定及劳动关系的三方协商机制。

　　劳动合同是整个劳动关系的核心，是劳动关系的基础。劳动合同法的基本问题，是认识和学习该部门法的前提和基础，必须作为一个首要的问题予以理解和掌握。

1.1　劳动合同的概述

1.1.1　劳动合同的概念和特征

1. 劳动合同的概念

　　对劳动合同的概念，理论上有着不同的表述，有的认为"劳动合同是劳动者与用人单位依法在平等自愿的基础上，经过协商而确立劳动关系、明确双方劳动权利和义务的协议。"[①] 有的认为"劳动合同是劳动者和用人单位之间关于确立、变更和终止劳动权利和义务的协议"。[②] 还有的认为"是指劳动者与用人单位之间确立劳动关系，依法协商达成双方权利和义务的协议"。[③] 我国《劳动法》第 16 条明文规定："劳动合同是劳动者与用人单位确立劳动关系、明确双方权利和义务的协议。"2008 年 1 月 1 日施行的《劳动合同法》未对劳动合同的概念作出界定，但却非常强调劳动合同的书面形式。综合理论与立法的表述，我们认为劳动合同是指用人单位与劳动者确立劳动关系，明确双方权利义务关系的书面协议。

2. 劳动合同的特征

　　"由雇佣契约到劳动契约，乃是一种社会化的进程。"[④] 由此可见，劳动合同与民事合同有密切的关系，具体而言，劳动合同除具有民事合同所具有的平等性、自愿性等特征外，还具有以下特征。

　　1）主体的特定性

　　劳动合同是在两个特定的主体之间订立的，一方是劳动力的所有者和让渡者，另一方是劳动力的使用者，我国劳动法中分别将其称之为"劳动者"和"用人单位"，国外则一般称

---

① 支果，吴斌，涂强．劳动合同法学．成都：西南交通大学出版社，2007.
② 关怀．劳动法．北京：中国人民大学出版社，2001.
③ 贾俊玲．劳动法学．北京：中央广播电视大学出版社，2003.
④ 黄越钦．劳动法新论．北京：中国政法大学出版社，2003.

之为"雇员"和"雇主"。作为劳动合同主体的劳动者，是指具有劳动权利能力和劳动行为能力，并受用人单位雇用的自然人。包括与用人单位建立劳动关系的本国公民、外国公民和无国籍人等。劳动者的劳动权利能力是指公民依法享有劳动权利和承担劳动义务的资格。它表明公民依法可以享受哪些劳动权利，承担哪些劳动义务。劳动行为能力是指公民依法能够以自己的行为行使劳动权利和履行劳动义务的资格。它表明公民依法可以行使哪些劳动权利，履行哪些劳动义务。用人单位是指具有用工权利能力和用工行为能力，雇用或者聘用劳动者的主体。根据我国《劳动合同法》第2条及《劳动合同法实施条例》第3条的规定，用人单位包括：中华人民共和国境内的企业、个体经济组织、民办非企业单位等组织以及依法成立的会计师事务所、律师事务所等合伙组织和基金会。同时，《最高人民法院关于审理劳动争议案件适用法律若干问题的解释（三）》（简称《劳动争议司法解释三》）第4条规定："劳动者与未办理营业执照、营业执照被吊销或者营业期限届满仍继续经营的用人单位发生争议的，应当将用人单位或者其出资人列为当事人。"通常不具备合法经营资格主要包括未办理营业执照、营业执照被吊销或者营业期限届满仍继续经营这三种情况。非法用工主体由于违反工商登记的规定，理应受到行政处罚，但行政违法行为不应影响到其民事行为的效力。只要非法用人单位与劳动者之间签订的不是违反法律强行性规定、违背社会善良风俗和社会公共道德的劳动合同，即便存在非法用工，也应当承认其劳动关系的存在。这样，当纠纷发生时，就可按照法律倾斜于劳动者的原则，由用人单位承担相应的责任，并且，当用人单位不存在或者无力承担责任时，出资人应当依法予以承担责任。《劳动争议司法解释三》第5条规定："未办理营业执照、营业执照被吊销或者营业期限届满仍继续经营的用人单位，以挂靠等方式借用他人营业执照经营的，应当将用人单位和营业执照出借方列为当事人。"就出借营业执照一方而言，由于其出借行为导致了劳动者有理由相信招用他的用人单位具备合法经营资格，甚至认为出借营业执照一方即是用人单位。正是基于这些足以使其产生合理认识的表象，劳动者才付出了劳动。因此，当劳动者因追索劳动报酬、经济补偿或者赔偿金与用人单位发生争议时，亦应当把出借营业执照一方列为当事人，并且要承担相应的责任。实践中还需要注意的是，不论以挂靠等形式出借营业执照是否为有偿，均不影响其作为当事人的地位。另外，根据《最高人民法院关于审理劳动争议案件适用法律若干问题的解释（四）》（以下简称《劳动争议司法解释四》）第14条的规定：外国人、无国籍人及香港地区、澳门地区、台湾地区居民未依法取得就业证件的，不能成为劳动合同的主体。他们与中国内地用人单位签订劳动合同，当事人请求确认与用人单位存在劳动关系的，人民法院不予支持。持有《外国专家证》并取得《外国专家来华工作许可证》的外国人，与中国境内的用人单位建立用工关系的，可以认定为劳动关系。因为，依据《外国人在中国就业管理规定》、《台湾香港澳门居民在内地就业管理规定》等相关规定，非大陆居民在中国大陆就业需办理就业手续，否则视为"非法就业"。该条明确了"非法就业"不存在劳动关系，即使签订劳动合同，仍不能享受劳动法上的相关权利，仅能获得因付出劳动的劳动报酬，劳动报酬标准按照合同约定确定。如果持有《外国专家证》并取得《外国专家来华工作许可证》的外国人，可以成为劳动合同的主体，其与中国境内用人单位建立用工关系的，可以认定为劳动关系。

2) **劳动者地位的双重性**

劳动者在劳动合同中的地位具有双重性。一方面，劳动者与用人单位的地位是平等的，这主要表现在劳动合同的订立过程中。《劳动合同法》第 3 条规定："订立劳动合同，应当遵循合法、公平、平等自愿、协商一致、诚实信用的原则。"劳动者和用人单位具有双向选择权，这也符合意思自治原则，有利于人尽其用，实现人力资源的优化配置。另一方面，劳动者隶属于用人单位，这主要表现在劳动合同的履行过程中。劳动合同订立后，劳动者要进入用人单位，让渡自己的劳动力归用人单位支配。劳动者要按照劳动合同的约定，遵照用人单位的要求为其劳动，服从用人单位的管理指挥，遵守劳动纪律，劳动成果归属于用人单位，在劳动过程中发生的劳动风险由用人单位承担等。《劳动合同法》第 29 条规定："用人单位与劳动者应当按照劳动合同的约定，全面履行各自的义务。"该隶属性顺应了社会化大生产对企业管理的要求，有利于促进竞争，实现优胜劣汰，从而使社会整体效率得以提高。然而必须明确的是，无论是在订立合同时，还是在合同的履行过程中，用人单位必须依据劳动法规对劳动者进行支配、管理和指挥，并对自己的违法行为承担责任。

　　3）内容具有较强的法定性

　　劳动合同的内容具有较强的法定性。劳动合同的订立主要以劳动法律、法规为依据，一方面，劳动法律、法规中多为强制性规定，如《劳动合同法》第 17 条就对劳动合同的必备条款作出了强制而明确的规定，其范围涉及劳动者与用人单位的基本信息、劳动合同的期限、工作条件、劳动报酬、社会保险等诸多方面；另一方面，法律虽然允许当事人就某些非必备条款进行协商，但协商的内容亦不得违反法律的强制性规定。由此可见，当事人就劳动合同内容自由约定的空间相对较小。

　　劳动合同的这一特点主要基于以下两方面的原因。第一，按照法律的分类，劳动法当属社会法，而社会法的出现正是为了弥补传统公、私法在解决一些新出现的社会问题时存在的不足，如环境问题、弱势群体问题等，其显著特点是通过国家干预手段维护社会公共利益和弱势群体利益。从劳动法产生和发展的历程不难看出，对劳动者福利的维护始终为其重要使命，而其最好的方式莫过于立法中的强制性规定。第二，虽然在劳动合同的订立阶段，法律赋予劳动者与用人单位就劳动合同条款平等协商的权利，但一个不可否认的事实是，在劳动力市场供大于求的背景下，劳动者在与用人单位谈判中处于弱势地位，若在立法上对劳动合同的内容放弃监管，用人单位必将凭借其优势地位，侵害劳动者的合法权益，危害劳动关系的和谐与稳定。

　　3. 劳动合同与劳务合同的区别

　　（1）主体不同。劳动合同的主体具有特定性，即一方是劳动者，另一方是用人单位，不能同时都是自然人。而劳务合同的主体具有广泛性，双方当事人可以是自然人、法人或其他组织。所以，某银行与某清洁公司达成的清洁服务协议就属于劳务合同而非劳动合同。

　　（2）主体的地位不同。劳动合同的双方主体间不仅存在财产关系，还存在着人身关系，劳动者在劳动合同中的地位具有双重性。而劳务合同的双方主体之间只存在财产关系，二者地位平等，彼此之间无从属性，亦不存在隶属关系。

　　（3）主体的待遇不同。对于劳动者而言，劳动合同的必备条款中明确规定了劳动者的劳动报酬、社会保险待遇及其他劳动条件等；而劳务关系中的提供劳务者，一般只能获得劳动报酬。对于接受劳务的一方而言，其义务亦不同，在劳动关系中，法律给用人单位课以较多义务，以保护劳动者的合法权益，弥补劳动者的弱势地位；而在劳务关系中，因为双方主体的平等地位，法律并未给劳务合同的雇主课加特别的义务。

（4）合同的内容不同。劳动合同的主要条款由法律明确规定，当事人自由协商的空间较小，合同内容体现了较强的国家干预和强制性；而劳务合同的主要内容由双方协商决定，合同内容体现了较强的意思自治。

（5）合同的形式不同。《劳动合同法》第10条规定："应当自用工之日起一个月内订立书面劳动合同。"因此劳动合同的形式应当是书面的，而劳务合同则一般没有这种要求。

（6）适用的法律不同。劳动合同由劳动法律、法规来调整；劳务合同主要由民法调整。

（7）纠纷的处理方式不同。劳动合同纠纷发生后，若协商未果，应先到劳动仲裁委员会仲裁，不服仲裁时可在法定期间到人民法院起诉，劳动仲裁是诉讼的前置程序。劳务合同纠纷出现后，可双方协商解决，亦可直接诉讼。

1.1.2 劳动合同的性质

劳动合同的性质问题是劳动合同基本理论研究的课题之一，又具有重要的实践意义。对劳动合同的性质，中外学者在不同时期有不同的观点。

1. 国外有关劳动合同性质的学说

在西方，关于劳动合同性质的学说主要有以下四种。

（1）租赁契约说。该说认为劳动合同就是一种对人的租赁，租赁的标的是劳动力。该说源于罗马法对租赁的分类，根据罗马法，租赁分为物之租赁、工作租赁和劳务租赁三种，此项罗马遗制为法国民法所沿袭，其第1708条规定："租赁契约，可以分为两种：物的租赁契约；劳动力租赁契约。"将劳动合同视为与"对物租赁"相对应的"对人租赁"，租赁标的为劳动力，当合同关系消灭以后就应当回复劳动力。[①]

（2）身份契约说。该说认为劳动力的给付与受领非单纯的债务契约，尤其从劳动地位的取得来观察，其所具有的身份性更为明显，且将劳动关系视为有身份上的从属关系更有利于劳工权利之维护。理论上认为该说之形成源自日耳曼法摒弃罗马法以债权法的契约关系规范劳动关系的做法，将雇佣关系亦规定在身份法之中，成为类似亲子间监护关系，并与处理亲子关系遵循相同原则。[②]

（3）雇佣合同说。该说将劳动关系视为纯债权关系，并成为自由资本主义时期的主流学说，1896年的德国民法及1911年的瑞士债法均规定了这样的雇佣合同。

（4）特种契约说。该说认为劳动合同不属于民法中的典型契约，已经形成一种特殊合同。[③] 虽然对何为特殊合同，各种学说有不同的观点，理解和看法不一致，但都承认劳动合同是劳动法独立的体现，在立法上多对劳动合同作出了限制性的规定，改变了自由资本主义时期认为雇佣合同是纯债权关系的看法。该说为目前之通说。

2. 我国有关劳动合同性质的学说

在我国，关于劳动合同性质的学说主要有以下三种。

（1）公法说。公法说是一种传统观点，产生于《劳动法》颁布之前，并与计划经济相

---

① 郭捷. 劳动与社会保障法. 北京：中国政法大学出版社，2007.
② 黄越钦. 劳动法新论. 北京：中国政法大学出版社，2003.
③ 郭捷. 劳动与社会保障法. 北京：中国政法大学出版社，2007.

适应。该说强调国家对劳动合同的干预，认为所有职工都与用人单位存在着劳动合同关系。"……录用通知书、报到证明文件和任职文件，等等，这些有关创建工作的文件，即属于劳动合同性质的文件，说明双方达成了协议，产生了劳动法律关系……"。①

（2）私法说。该说基于合同的私法性质，从合同的平等、自愿原则出发，强调当事人双方合意性。与此同时，认为在立法体例上，应以合同法为核心，辅之以其他法律构建劳动合同制度。认为劳动力作为一种商品，"应当由无关统一的《合同法》进行调整，并一同遵循《合同法》的基本原则和准则。"②

（3）社会法说。该说基于劳动关系兼具财产性和人身性、平等性和隶属性的特点，强调劳动合同的社会性。有学者认为："劳动合同是劳动基准法和集体合同的基础上，对劳动者个人的劳动关系进行约定。"③ 还有学者认为："劳动合同已经不是一种完全意义上的合同，而是一种在合同自由原则基础上渗透了国家公权力必要干预的、以社会利益为本位的合同。"④

分析国外关于劳动合同性质的学说，其从劳动合同所体现的私权性质出发，着眼点在于劳动合同与一般民事合同的联系与区别上。而分析国内关于劳动合同性质的学说，其从劳动合同所体现出的国家干预出发，立足点在于法律部门的划分上。从劳动合同和劳动法产生与发展的历史以及劳动合同自身的特征看，我们赞同特种契约说的观点，同时结合社会法说，我们认为，劳动合同应是一种私法主导兼具公法性质的复合性质的合同类型。因为劳动合同所体现的劳动关系本质上是一种私法关系，要适用私法上的合同自由原则，这就决定了劳动关系的产生、变更与消灭都要遵循合同自由的原则。另外，劳动关系的从属性和人身性使其具有社会性，公权力应当在必要时介入，这就使之具有了公法的属性，只是这种公法介入是一种补充和保障。

1.1.3　劳动合同的分类

劳动合同按不同的标准，可以分为不同的类型。

1. 按照用工形式划分

按照用工形式，劳动合同可分为全日制劳动合同和非全日制劳动合同两种。

（1）全日制劳动合同。全日制劳动合同也称为典型劳动合同，是基于全日制用工而建立的劳动合同。全日制用工是指劳动者在同一用人单位每日和每周工作时间的平均数超过一定小时的用工形式。我国《劳动合同法》的一般规定都是以全日制劳动合同为对象的，其中第 10 条规定："建立劳动关系，应当订立书面劳动合同。已建立劳动关系，未同时订立书面劳动合同的，应当自用工之日起一个月内订立书面劳动合同。用人单位与劳动者在用工前订立劳动合同的，劳动关系自用工之日起建立。"此类劳动合同可统称为全日制劳动合同。

（2）非全日制劳动合同。非全日制劳动合同是基于非全日制用工而建立的劳动合同，我国《劳动合同法》第 68 条规定："非全日制用工，是指以小时计酬为主，劳动者在同一

---

① 关怀. 劳动法学. 北京：群众出版社，1987.
② 钱斐. 劳动合同法研究综述. 中国劳动，2004（7）.
③ 董保华. 劳动关系调整的法律机制. 上海：上海交通大学出版社，2000.
④ 王全兴. 劳动法学. 北京：高等教育出版社，2004.

用人单位一般平均每日工作时间不超过四小时，每周工作时间累计不超过二十四小时的用工形式。"非全日制用工是一种灵活的用工形式，它有利于适应用人单位降低人工成本、推进灵活用工的客观需要，也促进了下岗职工的再就业，从而缓解劳动力市场供求失衡的矛盾。与全日制劳动合同相比，非全日制劳动合同的特点如下。第一，非全日制劳动合同的形式比较灵活，双方当事人可以订立书面协议，亦可订立口头协议。而全日制劳动合同必须以书面形式订立。第二，非全日制劳动合同的劳动者可以与一个或者一个以上用人单位订立劳动合同，但是，后订立的劳动合同不得影响先订立的劳动合同的履行。而全日制劳动合同的劳动者一般只能与一个用人单位建立劳动关系，若其同时与其他用人单位建立劳动关系，对完成本单位的工作任务造成了严重影响，或者经用人单位提出却拒不改正，用人单位可以解除劳动合同。另外，用人单位招用与其他用人单位尚未解除或者终止劳动合同的劳动者，给其他用人单位造成损失的，应当承担连带赔偿责任。第三，非全日制劳动合同的双方当事人不得约定试用期，而全日制劳动合同双方当事人可以约定试用期。第四，非全日制劳动合同双方当事人中任何一方均可随时通知对方终止用工，而且用人单位不用向劳动者支付经济补偿金。而在全日制用工合同中，用人单位必须依法解除或终止劳动合同，并且应依法向劳动者支付经济补偿金。第五，非全日制劳动合同的劳动报酬结算支付周期最长不得超过十五日，而全日制用工劳动报酬结算周期最长不得超过 1 个月。

2. 按照劳动合同的期限划分

《劳动合同法》第 12 条规定："劳动合同分为固定期限劳动合同、无固定期限劳动合同和以完成一定工作任务为期限的劳动合同。"与此同时，劳动合同亦可划分为固定期限劳动合同、无固定期限劳动合同及以完成一定工作任务为期限的劳动合同三类，这也是关于劳动合同的基本分类。

1）固定期限劳动合同

固定期限劳动合同又称定期劳动合同，是指用人单位与劳动者约定合同终止时间的劳动合同。当事人在合同中明确规定了劳动合同有效的起止日期，合同约定的期限届满，劳动合同即告终止。由于固定期限劳动合同的期限范围广，所以其应变能力较强，既能保持劳动关系的相对稳定，又能促进劳动力的合理流动，是目前最为普遍的一种合同。

2）无固定期限劳动合同

无固定期限劳动合同又称不定期劳动合同，是指用人单位与劳动者约定无确定终止时间的劳动合同。劳动合同只写明合同生效日期，而未明确合同终止的日期。一般而言，它适合于工作保密性强、技术复杂、生产需要长期保持人员稳定的工作岗位。

根据《劳动合同法》第 14 条及《劳动合同法实施条例》第 7 条的规定，用人单位与劳动者订立无固定期限劳动合同有三种情形。第一，在双方协商一致的情况下可以订立。第二，在一定条件下应当订立。必须具备法定的情形才属于应当订立无固定期限劳动合同的情形。这里所指的条件包括：① 续延劳动合同时，劳动者已在该用人单位连续工作满 10 年以上，劳动者提出或者同意续订劳动合同；② 用人单位初次实行劳动合同制度或者国有企业改制重新订立劳动合同时劳动者在该用人单位连续工作满 10 年且距法定退休年龄 10 年以内的，劳动者提出或者同意续订劳动合同；③ 连续签订两次固定期限劳动合同后续签劳动合同的，且劳动者没有《劳动合同法》第 39 条和第 40 条第 1、2 项规定的情形，劳动者提出或者同意续订劳动合同。在这三种情况下，除劳动者自己提出签订固定期限的劳动合同外，用人单位都应当与劳动者签订无固定期限劳动合同。第三，法律视为已经订立无固定期限劳动合同。用人单位自用工之日起满一年不与劳动者订立书面劳动合同的，视为自用工之日起满一年的当日已经与劳动者订立无固定期限劳动合同。

　　3）以完成一定工作任务为期限的劳动合同

　　以完成一定工作任务为期限的劳动合同，是指用人单位与劳动者约定以某项工作的完成为合同期限的劳动合同。这种合同没有规定合同的具体终止时间，合同约定的工作任务一旦完成，合同自然终止。这实际上是一种特殊的固定期限劳动合同，但不存在合同延期的问题，它一般适用于铁路、桥梁、水利、石油勘探等工程项目及季节性很强的工作。

　　3. 按照劳动合同主体的数目为标准划分

　　按此标准，可将劳动合同分为个人劳动合同和集体劳动合同两类。

　　（1）个人劳动合同。是指由单个的劳动者本人与用人单位依法签订的劳动合同，它规定个别劳动关系，其内容具有个别性，是劳动合同的常态。

　　（2）集体劳动合同。是指由劳动者推举的代表或者工会代表企业职工一方，通过与用人单位或其团体、协会，就劳动报酬、工作时间、休息休假、劳动安全卫生、保险福利等事项平等协商而订立的合同。它规定的是集体劳动法律关系，其内容具有广泛性、整体性。我国《劳动合同法》对集体合同作了专门规定。

1.2　《劳动合同法》的立法背景与宗旨

1.2.1　《劳动合同法》颁布实施的重要意义

　　继我国《劳动法》在 1995 年 1 月 1 日实施以来，《劳动合同法》的颁布实施，标志着我国劳动保障立法体系的进一步完善。2007 年 6 月 29 日，《劳动合同法》由第十届全国人大常委会第 28 次会议审议通过，并由中华人民共和国国家主席颁布，自 2008 年 1 月 1 日起施行。这是自《劳动法》颁布实施以来，我国劳动和社会保障法制建设中的又一个里程碑。《劳动合同法》的颁布实施，有着非常重要的意义。

　　1. 有利于更好地保护劳动者合法权益

　　制定《劳动合同法》是尊重劳动、保护劳动者的重要举措。因为劳动者是社会主义国家的主人，切实保护广大劳动者的合法权益，是我国社会主义现代化建设的根本要求，也是社会主义制度生命力和优越性的体现。《劳动合同法》通过对劳动合同的订立、履行、解除、终止等作出符合社会主义市场经济要求和我国国情的规定，在尊重用人单位用工自主权的基础上，要求用人单位必须与劳动者订立书面劳动合同、规定用人单位必须全面履行劳动合同、引导用人单位合理约定劳动合同期限、规范用人单位解除和终止劳动合同行为、要求用人单位在解除和终止劳动合同时必须依法支付经济补偿，从而在劳动者十分关心的这些问题上，有效地保护劳动者的合法权益。

　　2. 构建和发展和谐稳定的劳动关系

　　落实科学发展观、构建和谐社会是当今社会的主要发展任务。劳动是人类社会最基本的社会活动，劳动关系是最基本的社会关系，所以，以人为本，重要的是要以劳动者为本；社会和谐，重要的是劳动关系的和谐。劳动关系和谐稳定，是保证企业正常的生产经营秩序、促进经济社会和谐发展的前提和基石。在劳动关系中，用人单位与劳动者一方面有共同的利益，另一方面又有不同的利益需求，是一对既统一又对立的矛盾共同体。《劳动合同法》在维护用人单位合法权益的同时，侧重于维护处于弱势一方的劳动者的合法权益，以实现双方之间力量与利益的平衡，从而促进劳动关系和谐稳定，促进社会主义和谐社会的构建。

3. 有利于完善劳动合同制度

劳动合同在保护劳动者各项劳动保障权益中发挥着关键作用。劳动合同一方面可以从形式上确立劳动关系，从而为劳动者获得劳动报酬、休息休假、社会保险等各项法定权益奠定基础；另一方面又从内容上具体约定了劳动者的工资、工作内容、工作时间等权益，从而为劳动者实现和保障自身的权益提供了依据。劳动合同的重要性，决定了《劳动合同法》在劳动保障法律体系中处于基础地位。制定《劳动合同法》，可以规范和指导用工行为，明确劳动合同当事人双方的权利义务，不仅可以直接维护劳动者的劳动合同权益，还可以起到间接维护劳动者的其他各项劳动保障权益的作用。因此，《劳动合同法》的出台，标志着我国在完善劳动保障法律体系方面迈出了重要的一步。

1.2.2 《劳动合同法》的立法背景

劳动合同是整个劳动关系的核心，是劳动关系建立的基础。《劳动合同法》是调整用人单位和劳动者订立、履行、变更、解除和终止劳动合同行为的法律规范的总称。《劳动合同法》出台的背景如下。

1. 已有的法律滞后

我国的劳动合同制从1980年开始，但是对劳动合同的规定几乎没有。到1986年国务院发布了《国营企业实行劳动合同制暂行规定》，各地才开始大规模实施劳动合同制度。1995年1月1日开始实施的《劳动法》对劳动合同作了专章规定。应该说，《劳动法》中对劳动合同和集体合同的规定是对我国改革开放以来的劳动合同制度的总结，也借鉴了国外的一些先进的立法经验。毋庸置疑，自《劳动法》实施以来，其关于劳动合同的规定是发挥了积极作用的，对劳动关系的调整也起到了积极的影响。但是，已有《劳动法》的规定落后于实践的发展。

（1）《劳动法》对劳动合同的规定过于简单。如试用期、违约金、竞业禁止等内容的规定都过于笼统。

（2）劳动合同签订率低。《劳动法》第16条规定了建立劳动关系要签订劳动合同，但是，在实践中不签订劳动合同仍然是非常普遍的。根据2005年全国人大常委会的一次全国劳动法执法检查显示，中小型企业和非公有制企业的劳动合同签订率不到20%，个体经济组织的签订率更低；调查还显示，60%以上的用人单位与劳动者签订的劳动合同是短期合同，大多是一年一签，有的甚至一年几签。①

（3）劳动合同短期化严重。由于解除劳动合同的成本高，用人单位在签订劳动合同时

---

① "2008年新劳动法全文解读"见安徽省住房和城乡建设厅 http://www.ahjst.gov.cn/ahjst/infodetail/? infoid = 830160ac-889c-4dbf-a5cc-b6295b4c2c0e&categorynum=003005。

更加侧重于短期劳动合同的签订，因为短期劳动合同对用人单位更有利，可以随时裁员、控制自己的人力资本成本等，但是对劳动者来讲，则随时面临失业的危险，劳动关系处于不稳定的局面，整天担心失业，就业心理不稳定，不利于和谐社会的构建。

（4）用人单位往往利用其处于强势的地位签订劳动合同，损害了劳动者的利益，带来了新的不稳定。由于劳动力过剩，用人单位在与劳动者签订劳动合同时，往往利用处于强势的地位，使得劳动者不得不在劳动合同不利于自己的情况下，与之签订劳动合同。

2. 建立统一的劳动力市场需要《劳动合同法》

由于劳动法规定的滞后，各地制定了大量的地方性法规，但地方性法规的问题在于，各地立法之间的差别较大，立法不统一也给用人单位带来了麻烦，企业异地用工的麻烦比较大，因此，建立统一的劳动力市场需要统一的《劳动合同法》。

3. 社会经济的发展需要《劳动合同法》

由于我国处于转型时期，改革不断深入、经济发展迅速，各种社会矛盾也开始凸显，劳动合同制度在实施过程中出现了很多问题，劳动关系出现了许多新的形式，如灵活就业、劳动者兼职、劳务派遣等问题出现。有资料显示，我国的灵活就业者已经占城镇人口的 20%～41%。灵活就业者，在劳动报酬、劳动保护、劳动时间、劳动强度，以及劳动者应该有的福利和社会保险方面，容易出现问题，需要法律对这些问题作出回应。

在这样的背景下，制定《劳动合同法》就被提到了议事日程，2005 年 2 月 18 日全国人大宣布将《劳动合同法》列入 2005 年的立法计划。劳动与社会保障部所起草的《劳动合同法》2005 年首次送国务院审议，国务院法制办、劳动与社会保障部、全国总工会在征求意见后形成了《劳动合同法草案》，2005 年 10 月经过国务院讨论通过后报送全国人大审议，12 月人大审议后于 2006 年 3 月开始向全社会公开征求意见，社会各界积极响应，收到了191 849 条意见，这个数字创下了全国人大立法史上的新纪录，表现出社会各界对《劳动合同法》的高度关注。2006 年 12 月全国人大进行了第二次审议，并回应了社会各界意见。2007 年 4 月又进行了三审，2007 年 6 月 29 日在全国人大常委会第 28 次会议上再次审查并获得一致通过。

1.2.3 《劳动合同法》的立法宗旨

所谓立法宗旨，是指立法的主导思想，也称为立法的主旨，强调的是立法所要达到的主要目的，立法的中心意思和要点等。任何一门法都有自己的立法宗旨，当然，《劳动合同法》也不例外。《劳动合同法》第 1 条明确规定："为了完善劳动合同制度，明确劳动合同双方当事人的权利和义务，保护劳动者的合法权益，构建和发展和谐稳定的劳动关系，制定本法。"这一规定说明了其立法宗旨，《劳动合同法》的立法宗旨有三层意思。

1. 完善劳动合同制度，明确劳动合同当事人双方的权利义务

我国在 1986 年发布了《国营企业实行劳动合同制暂行规定》，首次在国营企业新招收的员工中实行劳动合同制。1994 年的《劳动法》将劳动合同制作为法定的用工制度，规定劳动合同适用不同所有制的用人单位，劳动者的范围扩大到了所有劳动者。《劳动法》关于劳动合同的专章规定是我国劳动合同制度的主要内容。应该说，《劳动法》对劳动合同的规定对于调整劳动关系起到了积极的作用。但是随着我国经济的发展，劳动关系发生了巨大的变化，一些新型的劳动关系出现了，如非全日制用工、劳务派遣工、家庭用工、个人用工等。同时在实行劳动合同制的过程中也出现了有的单位不签订劳动合同、劳动合同短期化、滥用试用期、随意解除劳动合同等问题，侵害了劳动者的合法权益，破坏了劳动关系的和谐稳定，也给社会的和谐稳定带来了隐患，因此，有必要完善劳动合同制度。《劳动合同法》的颁布实施，就是用专门立法的方式，对劳动合同进行规范，明确劳动合同双方的权利和义务，促进和谐劳动关系的建立。

2. 保护劳动者的合法权益

《劳动合同法》加大了对劳动者的保护力度。《劳动合同法》的立法宗旨是保护劳动者的合法权益，还是保护劳动者和用人单位的合法权益？也就是说，是单保护还是双保护，这是立法中的一个焦点问题，争论非常激烈。有人认为，劳动合同是在双方平等协商的基础上达成的，劳动合同法当然应该保护双方的利益，即应该双保护。这种观点认为，劳动合同应该依照民法中的债及合同法中双方当事人意思自治的合同本质，使处于平等地位的民事主体得到法律的同等保护，不能偏颇。劳动合同应该是平等主体之间签订的合同，具有民事合同的性质，应该纳入民事合同的调整范围。因此，《劳动合同法》的立法宗旨应该是保护双方的合法利益。也有人认为，应当依照《劳动法》规定的宗旨作为下位法《劳动合同法》的立法宗旨，即保护劳动者的合法权益。多数人认为，在劳动关系中要侧重于对劳动者的保护。立法者最终采纳了保护劳动者合法权益的观点。采纳这一观点的理由主要是基于五点。一是从劳资关系的现状看。由于劳动力过剩，资本处于强势、劳动者处于弱势，导致劳动者与用人单位之间力量对比的严重不平衡，实践中侵害劳动者权利的现象较为普遍。如果对双方平等保护，就会导致劳资双方关系的不平衡，这样的话，不符合《劳动合同法》的价值取向。规定平等自愿签订劳动合同的原则，并不能改变事实上的不平等现象，为了使劳动合同制度真正保持我国劳动关系的和谐稳定，就要向劳动者倾斜。二是从《劳动合同法》与《劳动法》的关系上来看。《劳动法》的宗旨应该是作为下位法的《劳动合同法》的立法宗旨，即保护劳动者的合法权益。三是从民事合同的性质看。将劳动合同纳入民事合同的调整范围是不妥当的，因为合同法强调合同自由，包括选择相对人的自由和缔约内容的自由，劳动合同则不能够适用该原则，在劳动者的利益几乎成为社会公共利益的时代背景之下，必须向保护劳动者的利益倾斜，因此，不能将劳动合同纳入民事合同。四是从保护劳动者的权益与用人单位利益的关系来看，保护劳动者的合法利益并非以侵犯或损害用人单位的利益为代价。即从另外一个角度看，现行《劳动合同法》的规定，并不是不保护用人单位的合法权益。在具体的制度设计上，也体现了对用人单位合法利益的保护。五是从劳动合同的性质来看。《劳动合同法》是一部社会法，应该着眼于解决现实劳动关系中用人单位不签劳动合同、拖欠工资、劳动合同短期化等侵害劳动者利益的问题。所以，从构建和谐劳动关系的目标出发，立法应当定位于向劳动者倾斜。

3. 构建和发展和谐稳定的劳动关系

和谐稳定的劳动关系，是稳定和正常的生产秩序和社会秩序的基础，构建和发展和谐稳定的劳动关系是《劳动合同法》的最终价值目标。劳动合同制度的建立，就是通过法律的手段，调整劳动合同关系，充分发挥劳动合同双方的积极性和创造性，维护健康、和谐稳定的劳动关系，促进社会经济的发展和进步。确保劳动关系的和谐，立法者必须寻找主体之间利益的平衡点。因为任何立法都是为了对权利义务进行分配和社会利益的配置，《劳动合同法》规定了保护劳动者的利益，但并不意味着不保护或忽视用人单位的合法权益，比如，对公司高管和一些专业技术人员违反合同约定的"跳槽"行为，《劳动合同法》也进行了规制，以维护用人单位的权益。

1.2.4 《劳动合同法》与《劳动法》的关系

我国《劳动法》于 1995 年 1 月 1 日起实施，《劳动法》第 16 条明确规定："劳动合同是劳动者与用人单位确立劳动关系、明确双方权利和义务的协议。建立劳动关系应当订立劳动合同。"这一规定标志着我国劳动合同制度的建立。应当说，《劳动法》所确立的劳动合同制度，对于打破计划经济体制下的行政配置式的劳动用工制度，建立与社会主义市场经济体制相适应的用人单位和劳动者双向选择的劳动用工制度，实现劳动力资源的市场配置，促进劳动关系的和谐稳定发挥了极为重要的作用。但是随着社会的发展变化，劳动关系领域的新情况、新问题不断出现，再加上《劳动法》中对劳动合同的规定过于原则，可操作性比较差，《劳动法》已滞后于实践。正是基于完善《劳动法》所确立的劳动合同制度的目的，我国制定颁布了《劳动合同法》。在有《劳动法》的情况下颁布实施《劳动合同法》，它们之间的关系该如何理解，是值得关注的一个问题。

1. 《劳动合同法》与《劳动法》是特别法与一般法的关系

应当说，在劳动法体系中，《劳动法》是基本法，它全面规范劳动关系，其位阶高于作为单项劳动法律的《劳动合同法》。既然《劳动法》是基本法，就应当在立法中细化和补充《劳动法》，不可突破《劳动法》的规定。但是，由于《劳动合同法》与《劳动法》都是由全国人大制定的，属于同一位阶，按照新法优于旧法的原理，《劳动合同法》作为新制定的法律，可以对《劳动法》作出一些突破性的规定。虽然《劳动合同法》中没有明确是以《劳动法》为依据制定的，但是，《劳动合同法》是依据《劳动法》的基本精神和立法目的来制定的，只是有选择性地对劳动法作出了突破性规定。即《劳动合同法》的制定，符合《劳动法》的基本精神和立法目的。

2. 劳动合同纠纷的法律适用

由于它们之间是属于特别法和一般法的关系，所以，在涉及劳动合同纠纷的法律适用方面，应当按照特别法优于一般法、新法优于旧法的原则，而优先适用《劳动合同法》，《劳动合同法》没有规定的，适用《劳动法》及相关司法解释的规定。

1.3　《劳动合同法》的适用范围

所谓法律的适用范围，又称法律的生效范围或效力范围，具体包括法律适用的主体范围、事项范围、空间范围和时间范围四种，即法律对什么人、什么事、在什么地方和什么时间有约束力。我国《劳动合同法》第 2 条及其他相关法条对劳动合同法的适用范围作了规定。

1.3.1 《劳动合同法》适用的主体范围

1. 用人单位的范围

根据《劳动合同法》第 2 条、《劳动合同法实施条例》第 3 条和第 4 条的规定，用人单位的范围如下。

（1）企业。所谓企业，是指"依法成立并具备一定的组织形式，以营利为目的的独立从事商品生产经营活动和商业服务活动的经济组织"。① 根据 1994 年劳动部《关于〈劳动法〉若干条文的说明》第 2 条第 1 款的规定，企业是指"从事产品生产、流通或服务性活动等实行独立经济核算的经济单位，包括各种所有制类型的企业"。企业以在中华人民共和国境内为限，与企业出资人的国别和企业的所有制形式无关，包括法人企业和非法人企业、国有企业与非国有企业、内资企业和外资企业、本国企业与外国企业等。企业是用人单位的主要组成部分，是劳动合同法主要的调整对象。

（2）个体经济组织。根据 1995 年劳动部《关于贯彻执行〈劳动法〉若干问题的意见》第 1 条的规定，"劳动法第 2 条中的'个体经济组织'是指一般雇工在七人以下的个体工商户"。对于个体工商户，我国《民法通则》第 26 条规定："公民在法律允许的范围内，依法经核准登记，从事工商业经营的，为个体工商户。"个体经济组织是指不具有法人资格但是经过了工商登记注册的雇工在 7 人以下的个体工商户。

（3）民办非企业单位。由于我国《劳动法》没有涉及对民办非企业单位的调整，《劳动合同法》将"民办非企业单位"纳入调整范围，从而扩大了《劳动法》的适用范围。根据 1998 年《民办非企业单位登记管理暂行条例》的规定，民办非企业单位"是指企业事业单位、社会团体和其他社会力量以及公民个人利用非国有资产举办的，从事非营利性社会服务活动的社会组织"。它是不同于我国国家机关、企业、事业单位和社会团体的独立的社会组织。我国的民办非企业单位主要有各类民办学校、医院、文艺团体、科研院所、体育场馆、职业培训中心、福利院、人才交流中心等。

（4）依法成立的会计师事务所、律师事务所等合伙组织和基金会。按照《注册会计师法》、《律师法》的规定，会计师事务所、律师事务所是注册会计师、律师的执业机构，是以专业知识和专门技能为客户提供有偿服务的专业服务机构，应当依法设立并取得许可，依法开展业务活动。按照《基金会管理条例》第 2 条的规定，基金会"是指利用自然人、法人或者其他组织捐赠的财产，以从事公益事业为目的，按照本条例的规定成立的非营利性法人"。这些单位从性质上相似于民办非企业单位然而又有所不同，近年来发展很快，实践中也出现了这些用人单位与其工作人员的争议无法解决的现象，对这些用人单位尤其是对其工作人员的保护极为不力。《劳动合同法实施条例》将这些用人单位一并纳入适用范围具有重要的现实意义。

（5）劳动合同法规定的用人单位设立的分支机构，依法取得营业执照或者登记证书的，在与劳动者订立劳动合同时，可以作为用人单位。一般认为，取得营业执照或者登记证书的用人单位的分支机构并不具备法人资格，民事责任应该由设立该分支机构的单位承担，但在司法实践中考虑到实践需要，已经赋予了其相对独立的民事诉讼主体资格和责任承担形式。《劳动合同法》对用人单位分支机构在劳动关系中处于什么样的法律地位，能否以自身的名义订立劳动合同，没有作出明确规定，而考虑到实践中有些用人单位跨地区设立分支机构，用人单位与分支机构不在同一省市而给劳动关系双方带来不便的现状，《劳动合同法实施条例》按照是否依法取得营业执照或者登记证书对分支机构作出了区分规定，对于前者，在与劳动者签订劳动合同时，可以作为用人单位；而对于后者，只能受用人单位委托方可与劳

---

① 董学立. 商事组织法. 北京：北京大学出版社，2004.

动者订立劳动合同。此区分也与现行法的规定相一致。

（6）国家机关、事业单位、社会团体。国家机关、事业单位、社会团体一般不属于劳动法所指的用人单位的范畴。在这三种用人单位中，除根据公务员、参照公务员管理的人员之外，还有相当一部分其他劳动者，这些用人单位与其建立劳动关系的劳动者订立、履行、变更、解除或者终止劳动合同的行为也适用《劳动合同法》的规定。

值得注意的是，《劳动合同法》采取列举加概括的方式明确了用人单位的范围，在明确列举的用人单位外，还规定"等组织"。也就是说，除在法条中列举的用人单位外，其他组织与劳动者建立劳动关系，也适用本法。鉴于社会的迅猛发展，在未来的经济生活中，可能出现现在尚未存在的用人单位新形态，《劳动合同法》第 2 条用了"等组织"的规定，《劳动合同法实施条例》扩展了用人单位的范围。

2. 劳动者的范围

作为劳动合同主体的劳动者，是指具有劳动权利能力和劳动行为能力，并受用人单位雇用的自然人。主要是指：

（1）与企业、个体经济组织、民办非企业单位建立劳动关系的劳动者。

（2）与国家机关、事业单位、社会团体建立劳动关系的劳动者。需要注意的是，在国家机关、事业单位、社会团体工作的人员，并不都适用《劳动合同法》。这些用人单位的工作人员，多半是属于国家公务员或者参照公务员法进行管理，适用公务员法调整，不适用《劳动合同法》调整。在这些单位中工作适用《劳动合同法》的只有四种劳动者。一是国家机关、事业单位、社会团体中的工勤人员，这部分人员应与用人单位签订劳动合同，适用《劳动合同法》。二是与国家机关、事业单位、社会团体签订劳动合同的人员。这些人员既不属于国家公务员，也不属于工勤人员，如国家机关、事业单位、社会团体中的工程师、编辑、记者、医生、教师、资料人员等，如果这些人员与国家机关、事业单位、社会团体签订了劳动合同，则适用《劳动合同法》。三是实行企业化管理的事业单位的工作人员。所谓实行企业化管理的事业单位，是指国家不核拨经费，实行独立核算、自负盈亏的事业组织。如有些出版社本是事业组织，为了多创收实行企业化管理，国家不再核拨经费，有独立的账号，它与其工作人员之间的劳动关系适用《劳动合同法》。四是事业单位采取聘用制录用的工作人员。按照《劳动合同法》第 96 条规定："事业单位与实行聘用制的工作人员订立、履行、变更、解除或者终止劳动合同，法律、行政法规或者国务院另有规定的，依照其规定；未作规定的，依照本法有关规定执行。"比如学校、医院中有一部分人员是与这些单位签订的聘用合同，这种聘用合同签订的目的是明确双方的聘用关系，明确双方当事人的责任、权利义务。虽然聘用合同与劳动合同不同，但是依照《劳动合同法》第 96 条的规定，如果法律、行政法规或者国务院没有作规定的，依照本法有关规定执行。家庭保姆、兼职工作人员、单位返聘人员、农村承包经营户的雇工、打工的大学生等都不属于《劳动合同法》劳动者的范围。这些人与用人单位和个人发生纠纷只能通过《民法通则》寻求保护。

值得注意的是，根据《劳动争议司法解释三》的规定，停薪留职人员、内退人员、下岗待岗人员、企业经营性停产放长假人员也可能成为劳动合同法的主体范围。《劳动争议司法解释三》第 7 条规定："用人单位与其招用的已经依法享受养老保险待遇或领取退休金的人员发生用工争议，向人民法院提起诉讼的，人民法院应当按劳务关系处理。"第 8 条规定："企业停薪留职人员、未达到法定退休年龄的内退人员、下岗待岗人员以及企业经营性停产放长假人员，因与新的用人单位发生用工争议，依法向人民法院提起诉讼的，人民法院应当按劳动关系处理。"按此规定，停薪留职人员、内退人员、下岗待岗人员、企业经营性停产放长假人员与新用人单位之间的用工关系应认定为劳动关系。相应地，这些劳动者与新的用人单位之间因劳动关系产生的争议也应当适用劳动法律、法规。具体来说，第一，新的用人单位有缴纳社会保险的义务。在停薪留职、提前退休、下岗待岗、企业经营性停产放长假等情形下，劳动者与新用人单位建立用工关系的，应当由新用人单位与劳动者按照相关规定缴纳社会保险费。第二，发生工伤事故时新的用人单位有赔偿的义务。根据相关政策、法规依据可知，在劳动者于新用人单位工作期间发生工伤事故的，应当由新用人单位承担工伤待遇的各项义务。第三，在劳动合同解除或终止后新的用人单位有补偿的义务。在劳动者与新用人单位解除或终止劳动合同的，有关解除权的产生、行使以及解除或终止后的法律后果包括经济补偿金、赔偿金等事项，都应当适用《劳动法》和《劳动合同法》的相关规定。

1.3.2 《劳动合同法》适用的空间范围

由于《劳动合同法》是由全国人大制定的，因此，《劳动合同法》的效力及于中华人民共和国主权所及的全部领域。因此，只要是在我国境内的用人单位，在我国境内与劳动者建立劳动关系，都要由《劳动合同法》调整。《劳动合同法》第2条规定，《劳动合同法》适用的空间范围仅限于中华人民共和国境内，只要在我国领域内建立劳动关系，订立、履行、变更、解除或者终止劳动合同的，原则上都要适用我国《劳动合同法》。

1.3.3 《劳动合同法》适用的时间范围

法律适用的时间范围是指法律规范的有效时间。包括三个方面的内容，该部门法的生效时间、失效时间和溯及力。

1. 生效时间与失效时间

《劳动合同法》第98条规定："本法自2008年1月1日起施行。"这是《劳动合同法》时间效力的起点。我国《劳动合同法》的生效时间是在《劳动合同法》公布一段时间后，不是公布后立即生效。没有规定失效时间。

2. 溯及力

所谓法的溯及力，是指新法生效后，对其生效前的事件和行为是否生效的问题，如果生效，就是有溯及力，如果不生效，就是无溯及力。我国法律同世界各国的立法原则一样，坚持法不溯及既往的原则。在溯及力问题上，《劳动合同法》遵循了法不溯及既往的原则，即国家不能用现在制定的法律指导人们过去的行为，更不能由于过去从事了某种当时是合法而现在看来是违法行为而依照现行的法律进行处罚。因此，《劳动合同法》对其施行前已经订立的劳动合同、已经建立的劳动关系的效力，根据其第97条的规定，具体的处理原则有以下几点。

（1）《劳动合同法》施行前已经依法订立劳动合同，并且在施行之日仍存续的，应当继续履行。即原劳动合同若不违反现行《劳动合同法》，就按照劳动合同原来的约定继续履行，无须签订新的劳动合同；若与《劳动合同法》相抵触，则抵触部分自2008年1月1日起无效，应当依据《劳动合同法》的规定确定和履行各自的劳动权利义务。

（2）固定期限劳动合同连续订立的次数应当自《劳动合同法》施行后签订的次数计算，续订时开始计算。《劳动合同法》规定了连续两次签订有固定期限的劳动合同可以要求签订无固定期限的劳动合同，但《劳动合同法》明确规定，这一"次数"，应当从《劳动合同法》施行后的劳动合同签订的次数进行计算，而不能将《劳动合同法》实施前的已经签订的次数累加，即《劳动合同法》施行前订立劳动合同的次数不计算在内。这也是劳动合同法无溯及力的表现。

（3）《劳动合同法》施行前已建立劳动关系，尚未订立书面劳动合同的，应当自该法实施之日起一个月内订立。

（4）《劳动合同法》施行之日即存续的劳动合同，在 2008 年 1 月 1 日以后解除或者终止的，应当支付经济补偿的，经济补偿年限自 2008 年 1 月 1 日起计算。《劳动合同法》施行前按照当时有关规定，用人单位应当向劳动者支付经济补偿的，按照当时有关规定执行。

1.4　劳动规章制度

我国《劳动合同法》第 4 条规定："用人单位应当依法建立和完善劳动规章制度，保障劳动者享有劳动权利、履行劳动义务。"一方面，用人单位必须以制定规章制度作为其行使经营管理权和用人权的一种主要形式，这是用人单位对劳动者的权利；另一方面，制定规章制度亦是用人单位对国家和劳动者应尽的义务。所以制定规章制度既是用人单位的权利，又是用人单位的义务。

1.4.1　劳动规章制度的内容

1. 劳动规章制度的概念

所谓劳动规章制度，又称用人单位内部的劳动规则，是指用人单位依法制定并在本单位实施的组织劳动和进行劳动管理的规则。正确理解这一概念，需要明确如下几点。[①]

1）它是用人单位的规章制度

劳动规章制度的制定主体是用人单位，其表现形式是用人单位公开和正式的行政文件，且只在本单位范围内适用，此异于法律和政策，亦不同于社会团体规章。

2）它是用人单位和职工在劳动过程中的行为规则

劳动规章制度调整劳动过程中用人单位和职工之间以及职工相互之间的关系，既约束本单位的全体职工，亦约束单位的各行政部门。劳动过程之外的事项，则不属于劳动规章制度调整的范畴。

3）它是单位的用工自主权和职工的民主管理权相结合的产物

一方面，制定和实施劳动规章制度，是用人单位在其自主权限内用规范化、制度化的方法对劳动过程进行监督和管理的行为，是用人单位行使用工自主权的一种形式和手段；另一方面，职工作为劳动过程的要素和主体，有参与劳动规章制度制定和对用人单位遵守劳动规章制度施行监督的权利，这是职工民主管理权的重要内容。

2. 劳动规章制度的内容

劳动规章制度应当包含的内容，一般由各国立法加以列举规定。例如，《日本劳动标准

---

① 王全兴．劳动法．北京：法律出版社，2008.

法》规定，雇佣规则应当包括上下班时间、休息时间、休息日、休假以及有两组以上工人轮班时有关换班的事项；工资的决定、计算及支付方法，工资的发放日期及截止计算日期，以及有关增加工资的事项；与规定安全及卫生规则有关的事项等十个方面的内容。

我国原劳动部《关于新开办用人单位实行劳动规章制度备案的通知》第2条规定，新开办用人单位应当依照《劳动法》制定规章制度，规章制度主要包括劳动合同管理、工资管理、社会保险福利待遇、工时休假、职工奖惩，以及其他劳动管理规定。《劳动合同法》第4条将劳动规章制度的内容限定为"有关劳动报酬、工作时间、休息休假、劳动安全卫生、保险福利、职工培训、劳动纪律以及劳动定额管理等直接涉及劳动者切身利益"的事项。不仅如此，我国立法还进一步将某些重要事项直接规定其内容或者规定如何确定内容的规则，其中较多的是关于工资分配、劳动组织和劳动纪律等方面的规定。

观察各省市依据《劳动合同法》制定的企业规章制度的范本，亦多含有上述内容，如《深圳企业规章制度范本》就包括总则、员工招聘与培训教育、劳动合同管理、工作时间与休息休假、工资福利与社会保险、劳动安全卫生与劳动保护、劳动纪律与员工守则、奖励与惩罚、保密制度与竞业限制、宿舍与食堂管理等项。

1.4.2　劳动规章制度的制定程序

程序是正义的保障。制定规章制度是用人单位的权利和义务，且与劳动者利益保护关系甚密，所以立法一般都规定有一定的程序。根据我国《劳动合同法》第4条及其他相关劳动法律法规的规定，劳动规章制度制定的法定程序主要应包括以下几个环节。

1. 平等协商程序

一个优秀的现代企业必定是以民主管理为基础的，规章制度只有得到职工认同，才能很好地实施。根据《劳动合同法》第4条的规定，用人单位在制定、修改或者决定直接涉及劳动者切身利益的规章制度或者重大事项时，不再是用人单位一方说了算，而"应当经职工代表大会或者全体职工讨论，提出方案和意见，与工会或者职工代表平等协商确定。"

协商程序分两步：第一步是经职工代表大会或者全体职工讨论，提出方案和意见；第二步是与工会或者职工代表平等协商确定。在充分听取意见，经过民主程序后，由用人单位确定。可以说是"先民主、后集中"。而且，《劳动合同法》还规定，"在规章制度和重大事项决定实施过程中，工会或者职工认为不适当的，有权向用人单位提出，通过协商予以修改完善。"一般说来，用人单位的规章和重大事项要符合法律法规，也要合情合理。比如有的用人单位规定一顿饭只能在几分钟内吃完，一天只能上几次厕所，一次只能几分钟等，这些规定虽然不违反法律规定，但是不合理，应当进行纠正。如果工会或者职工认为规章制度不适当的，有权向用人单位提出，通过协商进行修改。

2. 公示告知程序

劳动规章制度以单位全体职工为约束对象，且对职工利益关系甚大，所以理应为全体职工所了解，这也是职工参与原则的要求。根据《劳动合同法》第4条的规定，用人单位应当将直接涉及劳动者切身利益的规章制度和重大事项决定公示，或者告知劳动者。即公示告知是法律要求，用人单位必须进行。法律未对具体的公示措施作出规定，实践中公告的方式很多，企业报刊、网络、告示栏中张贴告示、把规章制度作为劳动合同的附件发给劳动者，向员工发放员工手册（员工签收）组织学习会等。

1.4.3　劳动规章制度的效力

1. 劳动规章制度的效力来源

在西方国家，关于劳动规章制度有无效力的问题，存在无效说和有效说之争议，无效说认为，因劳动规章制度是用人单位单方制定，职工事后才知道，所以不能约束职工；而有效说在承认劳动规章制度的效力的基础上，又因效力来源的不同而分为三种学说即契约说、法规说和折中说。契约说认为劳动规章制度是劳动契约的一部分，应作为劳动契约的附和契约而发生效力；法规说认为劳动规章制度具有法规的性质，是一种授权"立法"；折中说认为劳动规章制度之所以发生效力，兼有法律确认和双方合意的原因。

我国《劳动合同法》第 4 条第 1 款规定："用人单位应当依法建立和完善劳动规章制度，保障劳动者享有劳动权利、履行劳动义务。"此外，法律又对劳动规章制度的制定程序、内容等作了规定。建立劳动规章制度是用人单位的义务，用人单位内部的全体劳动者及各部门对依法制定的劳动规章制度必须遵守，所以，一般认为，劳动规章制度是一种授权"立法"，其效力来自法律的赋予。

2. 劳动规章制度的有效要件

劳动规章制度要发生效力，必须具备法定有效要件。最高人民法院 2001 年《劳动争议司法解释一》第 19 条规定："用人单位根据《劳动法》第四条之规定，通过民主程序制定的规章制度，不违反国家法律、行政法规及政策规定，并已向劳动者公示的，可以作为人民法院审理劳动争议案件的依据。"结合《劳动合同法》第 4 条及《民法通则》第 55 条的规定，劳动规章制度的有效要件包括：

（1）制定主体必须合法。劳动规章制度只能由用人单位制定，但并非用人单位的任何机构都有权制定，一般而言，有权代表用人单位制定劳动规章制度的，应当限于法律法规和用人单位内部最高效力文件（如公司章程）授权的单位行政机构。

（2）内容必须合法。劳动规章制度的内容不得违反法律、行政法规和政策的规定，亦不得违反集体合同的规定。

（3）程序必须合法。根据《劳动合同法》第 4 条的规定，劳动规章制度的制定应当履行职工民主参与和向劳动者公示两项程序。

（4）不能与集体合同和劳动合同相冲突。根据最高人民法院的司法解释，在规章制度与集体合同和劳动合同相冲突的情况下，劳动者有权请求优先适用合同约定的，人民法院应予以支持。

3. 劳动规章制度效力的体现

依法制定的劳动规章制度应在单位范围内对全体职工和行政部门具有法律约束力。具体而言：

（1）对用人单位的效力。依法制定劳动规章制度既是用人单位的权利，也是其应履行的义务，该义务的不当履行会使用人单位承担不利的法律后果。《劳动合同法》第 80 条规定："用人单位直接涉及劳动者切身利益的规章制度违反法律、法规规定的，由劳动行政部门责令改正，给予警告；给劳动者造成损害的，应当承担赔偿责任。"

（2）对劳动者的效力。对于依法制定的劳动规章制度，劳动者应当遵守，《劳动合同法》第 39 条第 1 款规定，劳动者严重违反用人单位规章制度的，用人单位可以解除劳动合同。

（3）对司法机关的效力。根据法律和相关司法解释规定，用人单位依法并通过民主程序制定的规定制度，不违反国家法律、行政法规及政策规定，并已向劳动者公示的，可以作为人民法院审理劳动争议案件的依据。

4. 规章制度欠缺合法性要件的后果

（1）承担行政责任。《劳动合同法》第 80 条规定，用人单位直接涉及劳动者切身利益的规章制度违反法律、法规规定的，由劳动行政部门责令改正，给予警告；给劳动者造成损害的，应当承担赔偿责任。

（2）不予以适用。根据司法解释，违反法律、与劳动合同和集体合同相冲突的、不符合法定制定程序的不予以适用。

（3）劳动者可以随时通知解除劳动合同。根据《劳动合同法》第 38 条规定，用人单位的规章制度违反法律、法规的规定，损害劳动者权益的，劳动者可以解除劳动合同。

（4）民事赔偿责任。根据《劳动合同法》第 80 条规定，用人单位直接涉及劳动者切身利益的规章制度违反法律、法规规定的，由劳动行政部门责令改正，给予警告；给劳动者造成损害的，应当承担赔偿责任。

1.5 劳动关系三方协商机制

1.5.1 劳动关系三方协商机制的主体与内容

根据《劳动合同法》第 5 条规定，县级以上人民政府劳动行政部门会同工会和企业方面代表，在制定劳动法规、调整劳动关系、处理劳动争议等方面，要进行协商对话，消除误解，增加达成协议的机会，共同协调劳动关系的机制。这就是对协调劳动关系的三方机制的规定。

劳动关系三方协商机制，也称劳动关系三方原则，是由代表政府的劳动行政部门、代表职工的地方总工会和代表用人单位的企业代表三方组成的一种平等对话机制，并通过一定的组织机构和运作机制共同处理所涉及劳动关系的问题，如劳动立法、就业与劳动条件、劳动争议等。发展到今天，劳动关系三方协商机制已被绝大多数实行市场经济的国家所接受。劳动关系三方协商机制是我国劳动关系调整机制的重要组成部分，对于维护劳动关系双方的利益，最大限度地调动劳动者的积极性，促进我国劳动关系的和谐稳定具有重要作用。

我国《工会法》第 34 条第 2 款规定："各级人民政府劳动行政部门应当会同同级工会和企业方面代表，建立劳动关系三方协商机制，共同研究解决劳动关系方面的重大问题。"从而在立法上首次以法律的形式明确了劳动关系三方协商机制的建立。

1. 三方协商机制的主体

根据《劳动合同法》第 5 条的规定，劳动关系三方协商机制的主体如下。

（1）劳动行政部门。劳动行政部门代表政府一方，兼具非利益方的公平性和对弱势群体利益保障的职责，其主要在三方协商中发挥组织、引导、协调的职能。一方面，劳动行政部门参与三方协商，宣传政府方面的政策意向，体现了国家对劳动关系的必要干预；另一方面，推行三方协商机制也有利于进一步转变政府职能，使政府能够充分听取工会、行业协会的意见，增强政策的公正性和针对性，从而更好地履行政府职能。

（2）工会。工会代表职工一方，应如实反映职工的意见和要求，为职工说真话、讲实情，真正代表职工利益，维护职工的合法权益。

（3）企业代表。企业代表的基本任务是通过广泛协商，维护企业和企业所有者、经营者的利益，维持企业良好运行，实现企业的社会责任。实践中，多由各行业协会作为企业一方代表。

2. 三方协商机制的内容

三方协商机制的内容非常广泛，参照我国《劳动合同法》第 17 条关于劳动合同内容的规定，主要应包括：工作内容和工作地点、工作时间和休息休假、劳动报酬、社会保险、劳动保护、劳动条件和职业危害防护、试用期、培训、补充保险、福利待遇、解决争议的方式等。

劳动和社会保障部、全国总工会、中国企业联合会、中国企业家协会于 2002 年 8 月 13 日联合发出的《关于建立健全劳动关系三方协商机制的指导意见》第 3 条要求各地要从实际出发，制定本省劳动关系三方协调机制的工作制度和规程，明确职责，规范运作。省级三方协商机制一般应在以下几个方面开展工作。一是研究分析经济体制改革政策和社会经济发展计划对劳动关系的影响，提出政策性意见和建议。二是通报交流各自协调劳动关系工作中的情况和问题，研究分析劳动关系状况及发展趋势，对劳动关系方面带有全局性、倾向性的重大问题进行协商。三是对制定涉及调整劳动关系的法律、法规、规章和政策提出意见和建议，并监督实施。四是对地方建立三方协商机制和企业开展平等协商、签订集体合同等劳动关系调整工作进行咨询、指导。研究现行劳动争议处理体制，指导地方的劳动争议处理工作，总结推广典型经验。五是对具有重大影响的集体劳动争议和群体性事件进行调查研究，提出解决和预防的意见、建议。六是开展劳动法律、法规和规章的宣传工作。

3. 三方协商机制的作用

我国从 1990 年开始逐步建立三方协商机制，现在已经成为市场经济条件下协调劳动关系的基本途径，与劳动合同制度、集体合同制度一起构成了稳定、协调和规范劳动关系的机制。在三方机制中，首先是用人单位和劳动者共同研究解决有关劳动关系的重大问题。政府在劳动关系协调机制中起调节和干预作用，以保障双方的合法权益。

三方机制的作用主要是：第一，协商解决劳动关系中的重大问题，如劳动就业、劳动报酬、社会保险、职业培训、劳动争议、劳动安全与卫生等；第二，促进劳动关系的稳定与和谐。针对劳动关系中出现的问题，用三方机制进行协调，引导劳动合同的当事人双方履行劳动合同，协调劳动关系各方的利益，促进劳动关系和谐与稳定。

1.5.2 工会的地位与作用

1. 工会的地位

根据我国《工会法》的规定，工会是职工自愿结合的工人阶级的群众组织。工会的地位在我国《工会法》中有明确规定。根据《工会法》第 14 条的规定，工会具有社会团体法人资格。由于工会具有法人资格，因此，工会具有独立性，不是依附于用人单位的内部机构，按照我国《民法通则》的规定，具有法人资格的工会在财产、责任诉讼主体等方面独立。

（1）工会有可以独立支配的财产。工会的财产归公会所有，工会拥有财产是工会人格存在的物质基础和必然要求，用人单位和工会的会员应当依法缴拨工会会费，保证工会的正常运转。

（2）责任独立。工会以其财产对工会的债务独立承担责任，而不应当承担用人单位和成员的债务，工会的责任独立是法人资格的重要内涵。

（3）诉讼主体资格独立。工会可以自己的名义起诉、应诉，这是法人人格独立在程序法上的体现。

除此之外，工会人格的独立性还表现在工会可以拥有自己的名称、住所、印章、能够代表职工与用人单位签订集体合同等，应当说，赋予工会社团法人的资格的根本目的是为了使工会在劳动关系中独立履行代表劳动者利益的职责，依法维护劳动者的合法权益。①

2. 工会的作用

根据《劳动合同法》第6条，工会组织在劳动合同中所起的作用有三个方面。

（1）帮助指导职工与用人单位签订劳动合同。我国《工会法》中规定：工会帮助、指导劳动者与企业及实行企业化管理的事业单位签订劳动合同。这是工会的一项具体的工作职责。作这样的规定是因为劳动者的能力和文化水平的不同，可能对什么是劳动合同、劳动合同的作用是什么、怎样签订劳动合同等都不了解，这样，不利于劳动者维护自身的合法权益。工会应当进行宣传解释工作，说明劳动合同的重要性、如何签订劳动合同等，指导劳动者与用人单位签订劳动合同，通过增加、减少和修改劳动合同的条款，帮助劳动者维护自身的合法权益。

（2）代表职工与用人单位签订集体合同。根据《劳动合同法》第51条的规定，工会要代表职工与用人单位进行集体协商，签订集体合同。集体协商机制中，工会是作为职工方代表与企业方就涉及职工权利的事项，进行沟通和协商，主要目的是保障本单位职工的劳动权益和其他合法权益，协调企业经营者与企业职工自己带有共性的劳动关系，在发展生产的基础上逐步提高职工的物质文化生活水平。通过集体协商，可以促进劳动者参与民主管理，增加用人单位管理的透明度，有利于和谐稳定劳动关系的建立。签订集体合同之后，工会要对集体合同的履行进行监督和检查，如果企业违反集体合同，侵害职工利益的，工会可以依法要求企业承担责任。

（3）维护劳动者的合法权益。作为职工自愿结合的群众性团体，工会的基本职责就是维护职工的合法权益。在用人单位处分劳动者时，如果工会认为不当的，有权提出意见；用人单位单方解除劳动合同的，应当事先通知工会，工会有权提出意见；用人单位违反法律、行政法规或者劳动合同约定的，工会有权要求用人单位纠正；用人单位经济性裁员，应当听取工会的意见；在处理劳动争议方面，工会有权参与调解与仲裁组织，参与劳动争议的处理等。用人单位对工会提出的意见应当认真进行研究。如果职工认为用人单位侵犯其劳动权益

---

① 黎建飞. 劳动法的理论与实践. 北京：中国人民公安大学出版社，2004.

而申请劳动争议仲裁或向人民法院提起诉讼的，工会应当予以支持。根据《工会法》、《劳动法》、《劳动合同法》等的规定，工会主要从以下几个方面维护劳动者的合法权益：保障职工依法行使民主参与的权利；提高劳动者的素质；行使提出建议和意见权，对劳动者合法权益进行保障；保护劳动关系成立并维系劳动过程中劳动者的合法权益；参与劳动争议的解决等。①

本 章 小 结

本章题名"劳动合同法的基本问题"，主要为劳动合同法总则部分的内容。本章主要包括劳动合同的概述、《劳动合同法》的立法背景与宗旨、《劳动合同法》的适用范围、劳动规章制度及劳动关系三方协商机制等五个部分，本章是学习劳动合同法的基础。

本章的重点是要明确《劳动合同法》的适用范围，知道劳动合同的基本分类及不同劳动合同的具体适用规则，明确劳动规章制度的制定程序与效力。

本章的难点是在理论上与实践中正确区分劳动合同与劳务合同，明确无固定期限劳动合同的适用条件。

本章学习资料

［1］黎建飞. 劳动法的理论与实践. 北京：中国人民公安大学出版社，2004.

［2］黄越钦. 劳动法新论. 北京：中国政法大学出版社，2003.

［3］胡彩霄. 劳动法精要. 北京：中国政法大学出版社，2007.

［4］董保华. 劳动关系调整的法律机制. 上海：上海交通大学出版社，2000.

［5］郭捷. 劳动合同法适用范围解析. 法学论坛，2008（2）.

［6］夏蕾. 论"用人单位规章制度"的法律性质及其制定程序民主化. 劳动保障世界，2008（11）.

［7］丁建安. 企业劳动规章的法律性质辨析：兼评我国企业劳动规章法律制度. 北方法学，2009（3）.

［8］董保华. 劳动合同法的适用范围应作去强扶弱的调整. 中国劳动，2006（9）.

［9］董保华. 论劳动合同法的立法宗旨. 现代法学，2007（6）.

［10］陈晓宁. 论三方机制下工会的角色定位. 中国劳动关系学院学报，2010（5）.

［11］丁建安. 再议劳动规章与劳动合同之效力冲突. 法治研究，2015（1）.

［12］李亚娟.《劳动合同法》之立法回顾与展望. 西北大学学报（哲学社会科学版），2014（3）.

---

① 藤晓春，李志强. 中华人民共和国劳动合同法条文释义与案例精解. 北京：中国民主法制出版社，2007：21-22.

本章复习思考题

一、名词解释

劳动合同　劳务合同　全日制劳动合同　非全日制劳动合同　固定期限劳动合同　无固定期限劳动合同　三方协商机制

二、单项选择题

1. 我国《劳动法》生效的时间是（　　）。
   A. 1994 年 7 月 5 日 　　　　　　B. 1995 年 1 月 1 日
   C. 1995 年 5 月 1 日 　　　　　　D. 1995 年 10 月 1 日

2. 我国《劳动合同法》生效的时间是（　　）。
   A. 2007 年 6 月 29 日 　　　　　B. 2008 年 1 月 1 日
   C. 2008 年 5 月 1 日 　　　　　　D. 2008 年 10 月 1 日

3. 我国学界关于劳动合同性质的学说不包括（　　）。
   A. 公法说　　　　B. 私法说　　　　C. 社会法说　　　　D. 身份契约说

4. 以下属于《劳动合同法》主体的是（　　）。
   A. 国家机关公务员 　　　　　　B. 宾馆大堂经理
   C. 现役军人 　　　　　　　　　D. 家庭保姆

5. 劳动合同的特点不包括（　　）。
   A. 具有劳动基准法的功效 　　　B. 主体特定
   C. 内容法定 　　　　　　　　　D. 劳动者地位具有双重性

三、多项选择题

1. 按照用工形式，劳动合同可以分为（　　）。
   A. 全日制劳动合同 　　　　　　B. 非全日制劳动合同
   C. 固定期限劳动合同 　　　　　D. 集体合同
   E. 个人劳动合同

2. 劳动规章制度的有效要件包括（　　）。
   A. 制定主体必须合法 　　　　　B. 内容必须合法
   C. 程序必须合法 　　　　　　　D. 不能与集体合同和劳动合同相冲突
   E. 必须经全体劳动者表决同意

3. 按照劳动合同的期限，劳动合同可以分为（　　）。
   A. 以完成一定工作任务为期限的劳动合同
   B. 非全日制劳动合同
   C. 固定期限劳动合同
   D. 无固定期限劳动合同

4. 以下属于劳动关系主体的是（　　）。
   A. 民营企业工人 　　　　　　　B. 宾馆大堂经理
   C. 个体经济组织 　　　　　　　D. 民办非企业单位

E. 家庭保姆

四、简述题

1. 简述劳动合同法的立法宗旨。

2. 简述劳动合同的特征。

3. 简述三方协商机制的作用。

4.《劳动合同法》所调整的用人单位的范围有哪些？

5. 简述劳动规章制度的制定程序。

五、论述题

1. 试述劳动合同与劳务合同的联系与区别。

2. 试述劳动合同的基本分类。

六、案例分析题

1. 李某原是某公司的出纳，2005 年 12 月办理退休手续后开始享受基本养老保险待遇，2008 年 6 月 1 日被另外一家公司聘用为该单位的出纳，双方签订了为期 2 年的聘用协议。2010 年 5 月 31 日，该协议到期，鉴于李某身体原因，双方协商不再续签协议。李某要求公司支付经济补偿金遭拒绝，遂向当地劳动争议仲裁委员会提出申请，要求公司支付经济补偿金。

问：李某是否属于《劳动法》所调整的"劳动者"？为什么？

2. 张某，22 岁，为某市一民办幼儿园的女教师，2008 年 4 月 1 日开始在该幼儿园工作，双方口头约定了工资待遇，除此之外未订立任何协议。张某在幼儿园工作一年后未婚先孕，幼儿园遂以"严重违纪"为由向张某下达了"开除通知"，张某不服，决定用法律武器维护自己的合法权益。

问：本案是否适用《劳动合同法》调整？为什么？

第2章

劳动合同的订立

本章导读

本章的主要内容为劳动合同订立的原则、劳动合同的内容、劳动合同的效力等。

导读案例

小刘是 2008 年 9 月由乙地到甲地找工作的大学生，经过艰难的求职后，应聘到甲地的 M 公司。在签订劳动合同时，小刘产生了疑虑。劳动合同的部分约定内容如下："本人被 M 公司招聘录用为合同制员工后，如果公司因实际情况未能履行劳动合同中部分条款的，本人表示理解并自愿放弃权利，不作异议。本公司实行一周六天工作制，每日 8 小时。该劳动合同也未约定劳动报酬。但是小刘为了尽快解决自己的就业问题，就签了劳动合同。但是小刘工作了 3 个月后，发现公司对于劳动合同中约定的社会保险费一项都没有缴纳，于是找公司理论，但是公司拿出劳动合同"如果公司因实际情况未能履行劳动合同中部分条款的，本人表示理解并自愿放弃权利，不作异议"。

问：1. 小刘与该公司签订劳动合同的效力如何？

2. 你认为小刘应当如何维护自己的合法权益？

2.1 劳动合同订立的原则

我国《劳动合同法》第 3 条明确规定："订立劳动合同，应当遵循合法、公平、平等自愿、协商一致、诚实信用的原则。"按照此规定，劳动合同的订立有以下 5 个基本原则。

2.1.1 合法原则

合法是劳动合同有效的前提条件。合法是指劳动合同的订立必须遵守法律，不得违反法律的强制性规定。主要表现在以下几个方面。

1. 劳动合同的形式要合法

按照《劳动合同法》的规定，除非全日制用工外，劳动合同都要采用书面的方式订立，如果是口头合同，双方发生争议，用人单位要承担不签订书面劳动合同的后果。书面形式的劳动合同是双方当事人享有权利和履行义务的法律凭证，在发生劳动争议时，有利于分清是非、明确责任、解决纠纷。因此，根据《劳动合同法》第 82 条的规定，用人单位自用工之日起超过一个月但不满一年未与劳动者订立劳动合同的，应当向劳动者每月支付两倍的工资。

2. 劳动合同的内容要合法

《劳动合同法》规定了劳动合同必须具备的条款，对此，用人单位和劳动者必须在劳动合同中予以明确，不得遗漏《劳动合同法》所规定的必备条款，亦不得违反有关的法律法规。比如劳动合同的期限，法律明确规定了什么情况下应该签订哪一种劳动合同，双方所签订的劳动合同要符合法律的这一规定；同样，工作时间也要符合法律所规定的工作时间，劳动报酬不得低于当地的最低工资标准。与主体违法不同的是，劳动合同的内容违法并不一定导致整个劳动合同的无效，而仅仅是违反法律法规规定的条款无效，并不影响劳动合同的其他条款的效力。如根据《劳动合同法》第 9 条规定，用人单位不得要求劳动者提供担保或者以其他名义向劳动者收取财物。如果在合同中，用人单位要求劳动者提供财物，则仅仅是此条款因违反法律规定而无效，而不对劳动合同其他条款的效力产生影响。

3. 劳动合同的主体合法

用人单位和劳动者都必须具备订立劳动合同的资格。具体地说，用人单位应是符合劳动合同法规定的企业、个体经济组织及民办非企业单位等组织，以及特殊情况下的国家机关、事业单位和社会团体；劳动者须满 16 周岁且具有劳动能力才能订立劳动合同。只要存在一方当事人不符合法律法规规定的主体要求，所订立的劳动合同就被视为无效。

4. 当事人双方订立劳动合同的意思表示真实一致

劳动合同双方订立劳动合同的意思表示是自愿真实的，没有受到任何外来的胁迫与欺诈，完全是双方真实的意思表示。

2.1.2　公平原则

1. 公平原则的含义

公平原则是指双方当事人所签订劳动合同的内容应当公平合理。劳动合同是劳动关系双方当事人就明确各自的劳动权利和劳动义务关系而达成的协议，直接涉及劳动者与用人单位之间利益的协调与平衡问题，因此应当把公平原则作为基本原则之一。这一原则要求劳动合同双方当事人在符合法律规定的前提下，公正、合理地确立双方的权利和义务。有时候符合法律规定的不一定是公平的，因此，仅有合法性原则是不够的，将公平原则作为基本原则，可以防止劳动合同的当事人尤其是用人单位滥用其优势地位而损害劳动者的利益，可以达到平衡劳动合同双方当事人的利益，建立稳定和谐的劳动关系的目标。

2. 公平原则是针对劳动合同的内容而提出的

公平原则是针对劳动合同的内容而提出的，要求双方当事人之间在利害关系上大体平衡。[①] 在劳动合同的双方当事人中，用人单位无疑处于优势地位，如果仅仅按照合同自由原则订立劳动合同，用人单位将会利用自身的优势地位获取最大利益，从而使处于弱势地位的劳动者的利益无法获得保障。因此可以说，公平原则主要是对用人单位提出的要求，要求其依据社会公认的公平观念与劳动者订立劳动合同，以维持双方当事人间利益的均衡。

---

① 梁慧星. 民法总论. 北京：法律出版社，2007.

2.1.3 平等自愿原则

1. 平等原则

所谓平等，是指双方当事人在订立劳动合同时的法律地位平等，不存在行政上的隶属关系，任何一方不得把自己的意志强加给对方。根据分配利益和负担的不同，可以将平等分为强式意义上的平等和弱式意义上的平等。① 强式意义上的平等，即形式平等，要求将每个行为主体都视为"同样的人"，从而使每个主体所享有的权益和所承担的义务都"相同"；而弱式意义上的平等，亦即实质平等，要求按一定的标准对行为主体进行分类，对不同种类的主体给予差别对待。如果说在民法领域强调形式平等，将每个民事主体都视为是具有完全理性的个体，给予相同对待的话，在劳动合同中则更强调实质平等。在劳动合同的双方当事人中，劳动者明显处于弱势地位，因而只有加强对劳动者利益的保护以及对用人单位的限制，才能真正实现劳动合同双方的平等。

2. 自愿原则

所谓自愿，是指双方当事人能够完全根据自己的内心意愿决定是否订立劳动合同以及合同关系的内容，对方当事人及任何第三人都不得非法干预。劳动合同订立的自愿原则主要体现在以下几个方面。

（1）当事人自愿选择是否订立劳动合同以及合同的相对人。双方当事人完全根据自己内心意愿决定是否订立劳动合同，任何人均不承担必须订立合同的义务。由于选择不同的相对人，会得到不同的结果，因此，必须赋予当事人自由选择劳动合同相对人的权利，从而更有利于合同目的的实现。这是自愿原则最基本的含义，法律不得对其进行任何限制。

（2）当事人自愿决定劳动合同的内容。双方当事人可以自愿决定劳动合同的内容而不受他人干涉。但是这里的自愿不是绝对的，而是要受到法律强制性规定的限制。只有劳动合同的内容不违反法律的强制性规定时才有效，否则无效。当事人自愿决定劳动合同内容的另一个含义是，即使合同的条款对当事人一方是不公平的，只要该条款不违反法律的强制性规定以及该当事人自愿接受，则该条款就有效，他人不能强行改变。

（3）当事人自愿变更和解除劳动合同。双方当事人可以通过自愿的协商变更和解除劳动合同，或者依据其所享有的单方解除权自愿解除劳动合同。双方当事人可以自愿协商变更和解除劳动合同，而不受法律的限制，但是如果单方解除劳动合同的，则必须享有法律所赋予的单方解除权，如果一方当事人在并未发生法律所规定的情形时单方解除劳动合同的，将承担相应的法律责任。平等与自愿是密不可分的，平等是自愿的逻辑前提，如果当事人之间的地位不平等，就不可能实现自愿订立合同；自愿是平等的具体体现，如果当事人一方是不自愿的，也谈不上当事人法律地位的平等。

2.1.4 协商一致原则

1. 协商一致的含义

所谓协商一致，是指劳动者和用人单位对劳动合同的权利和义务条款进行协商，并达成

---

① 郑成良.法律之内的正义.北京：法律出版社，2002.

一致而订立劳动合同。对劳动合同的内容、条款在法律允许的范围内，双方可以进行共同讨论，充分表达自己的意志，协商取得完全一致的意见后确定。只有当劳动合同充分体现了双方当事人的意志，才能得到忠实的履行。

2. 协商一致原则是平等自愿原则的必然要求

任何劳动合同的订立都应当是在双方当事人法律地位平等的基础上，经过协商一致并自愿达成协议的结果，一方当事人和其他主体不得以任何方式强迫另一方当事人订立劳动合同。也只有在协商一致的基础上订立的劳动合同，才能促使双方当事人认真履行合同约定的义务，从而更有利于维护双方的合法权益。现实中，往往是用人单位提供劳动合同的格式文本，劳动者签字就可以了。如果是用人单位提供的格式合同，劳动者要仔细阅读合同条款，对自己不利的要据理力争。按照现行法的要求，用人单位也有义务向劳动者清楚地解释合同的内容，并且，提请劳动者注意模糊处或限制用人单位责任的条款。只有当用人单位和劳动者都在劳动合同上签字后，才体现了劳动合同双方当事人在签订劳动合同上协商一致。未经过双方协商一致，欺骗、胁迫或乘人之危，使对方在违背真实意思的情况下签订劳动合同，会导致劳动合同的无效。

2.1.5　诚实信用原则

1. 诚实信用原则的含义

所谓诚实信用原则，是指用人单位和劳动者在订立和履行劳动合同的过程中都必须诚实守信，不得对对方当事人进行隐瞒和欺诈。

2. 诚实信用原则是对平等自愿原则的一种补充

如果在订立劳动合同过程中，仅仅注重双方当事人之间的平等，以及保障当事人自愿披露信息的权利，就会使处于弱势一方当事人的合法权益得不到很好的维护，此时就有必要适用诚实信用原则，要求当事人恪守商业道德，避免当事人因片面强调维护自身的利益而损害对方当事人的合法权益。例如，《劳动合同法》第 8 条规定："用人单位招用劳动者时，应当如实告诉劳动者工作内容、工作条件、工作地点、职业危害、安全生产状况、劳动报酬，以及劳动者要求了解的其他情况；用人单位有权了解劳动者与劳动合同直接相关的基本情况，劳动者应当如实说明。"这条规定正是诚实信用原则的具体体现，除此之外，诚实信用原则还要求当事人承担协助、通知和保密等相关义务。现实中，有的劳动者使用假文凭、假材料骗取用人单位的录取，也有的劳动者与用人单位签订劳动合同后又去找别的工作，与原用人单位悔约等；有的用人单位不告诉劳动者职业危害状况，提供的工作条件与合同约定不符等，这些都是违反诚实信用原则的。《劳动合同法》确立诚实信用原则，有利于强化劳动合同双方当事人的诚信理念，减少当事人不够诚信的现象。

2.2　劳动合同订立的程序

劳动合同的订立是指劳动者和用人单位经过相互选择和平等协商，就劳动合同的条款达成一致，确立劳动关系，明确双方权利义务的行为。

2.2.1 劳动合同订立的具体程序

1. 确定劳动合同的当事人

确定劳动合同的当事人是劳动合同订立的第一阶段。在这一阶段中，用人单位和劳动者通过一定的方式进行相互选择，在双方自愿的基础上确立劳动合同的当事人。一般来说，是用人单位发出招工简章，劳动者根据招工简章要求的时间和条件去应聘，用人单位对应招人员进行考核，向符合招录条件的人发出录用通知书。

2. 确定劳动合同内容

愿意接受录用的劳动者接到录用通知书后，去用人单位报到，用人单位会与劳动者通过平等协商，确立劳动合同的具体内容，一般来说，具体程序是：首先，用人单位提出劳动合同的草案，并介绍劳动规章制度；其次，用人单位与劳动者对劳动合同的具体内容进行商定；最后，双方在协商确定的劳动合同上签字盖章，双方签字盖章后劳动合同成立。

2.2.2 订立劳动合同要注意的问题

1. 用人单位建立职工名册备查

依照《劳动合同法》第7条的规定，用人单位应当建立职工名册备查。《实施条例》第8条规定，该职工名册，应当包括劳动者姓名、性别、公民身份证号码、户籍地址及现住址、联系方式、用工形式、用工起始时间、劳动合同期限等内容。通常而言，用人单位用书面形式建立职工名册主要有两个方面的作用。一是起到证明劳动关系是否存在的作用。现实生活中用人单位和劳动者就是否存在劳动关系发生争议时，劳动者往往举证困难。假如劳动者不能提供有效证据，则很难维护自身的合法权益。用人单位如果建立了书面的职工名册，发生纠纷时劳动者可以要求用人单位提供职工名册加以证明。同样，用人单位也可以通过提供职工名册来证明劳动关系的存在。二是便于劳动行政部门依法进行监督检查。劳动行政部门有对用人单位进行监督检查的职责，必须掌握用人单位的用工情况。用人单位建立了职工名册，劳动执法部门可以随时进行检查，根据职工名册进行监管。这是《劳动合同法》为保护劳动者利益而增加的规定。

为说明问题现举一例。王小姐就职于一家房地产公司，在该公司工作了两年时间，但双方一直都没有签订书面劳动合同。在职期间，该公司每月都用现金支付工资。后来王小姐与公司发生劳动纠纷，遂申请仲裁。结果公司说从来不认识王小姐，王小姐根本不是该公司的员工。王小姐手中也没有任何证据可以证明与该公司之间存在劳动关系，因此王小姐败诉。在实践中，确实有一些单位采取这种方式侵害员工的利益。《劳动合同法》第7条的规定实际上增加了企业的一个举证责任，即在企业一方主张自己与劳动者不存在劳动关系时，必须向仲裁委员会或者人民法院提交职工名册以证明此员工确实不属于该公司的员工，否则就要承担不利的后果。这实际上是通过为用人单位设置更多义务来保护劳动者的合法权利，也是《劳动合同法》保护劳动者合法权益之宗旨的体现。

2. 劳动合同订立时间与劳动关系建立时间不一致的处理

劳动关系是指劳动者与用人单位在实现劳动过程中建立的社会关系。所谓劳动关系的建立，又称劳动关系的发生，是指劳动者与用人单位之间发生实际的劳动关系。针对现实生活中大量存在的用人单位不愿与劳动者签订书面劳动合同，而劳动者与用人单位之间存在事实上的劳动关系的状况，《劳动合同法》第 7 条规定：劳动关系自用工之日起即建立。也就是说，建立劳动关系的唯一标准就是劳动者实际提供劳动。换句话说，只要劳动者实际提供劳动，用人单位实际用工，他们之间就建立了劳动关系。而不管用人单位与劳动者是否签订了书面劳动合同，都会被确定为已经建立劳动关系，受到同等的法律保护。用工是指劳动者到用人单位去工作，并在一定的劳动岗位上为用人单位提供了劳动。劳动关系自用工之日起建立的规定，可以对劳动合同签订的日期、实际提供劳动的日期和劳动关系成立的日期不同分别进行处理。如果书面的劳动合同签订在前，实际用工在后的，劳动关系自实际提供劳动之日起建立；如果实际用工在前，签订书面的劳动合同在后的，劳动关系建立早于书面劳动合同的签订日期，劳动关系的建立不受没有签订书面劳动合同的影响；如果劳动者是在签订劳动合同的同时提供实际劳动，那么，劳动合同的订立期、劳动关系的建立期与实际提供劳动期三者是一致的。

法律规定用人单位自用工之日起即与劳动者建立劳动关系具有积极的意义，它既否定了原来实践中关于事实劳动关系的概念，也避免了劳动行政部门和司法机关以劳动者未与用人单位签订书面劳动合同为由拒绝给予保护。很显然，这样的立法是有利于维护劳动者合法权益的。当然，劳动者在没有书面劳动合同可以证明劳动关系的情况下，应当在纠纷发生前早做准备，收集一些必要的证据来证明用工事实的存在，比如，收集用人单位发放工资的单子、工作证、出入证、考勤簿及违反劳动纪律的处罚决定等，以备后用。

2.2.3　劳动合同订立中的先合同义务

1. 用人单位的先合同义务

《劳动合同法》第 8 条规定了用人单位的告知义务。由于在劳动合同订立的过程中，有关用人单位的情况和具体的岗位信息严重不对称，劳动者往往缺乏有效的途径去了解用人单位的相关情况。这种信息的不对称，使得劳动者很难做到公平、自愿地与用人单位签订劳动合同。为了平衡当事人双方信息不对称的地位，防止用人单位利用信息优势侵害劳动者的利益，《劳动合同法》规定了用人单位的如实告知义务。

（1）告知的内容是与劳动合同相关的情况。如工作内容、工作条件、工作地点、职业危害、安全生产状况、劳动报酬，以及劳动者要求了解的其他情况；其中劳动者工作内容、工作条件、工作地点、职业危害、安全生产状况、劳动报酬等六项内容不管劳动者是否询问，用人单位都应当主动告知。工作内容通常包括劳动者从事劳动的工种、岗位和劳动定额、产品质量标准的要求等。劳动者对自己将要从事的工作有详细的了解后就能判断自己是否能胜任这份工作。工作条件指的是劳动场所和设备、劳动安全卫生设施等。劳动者只有了解这些情况才有可能知道自己是否能承担这份工作。工作地点指的是劳动者可能从事工作的具体地方。对于工作的地点，用人单位必须详细告知劳动者，因为工作的地点同劳动者的生活密切相关。如果工作的地方离劳动者居住地很远，给其带来很多不方便的话，劳动者很可能不会接受这份工作。职业危害是指从事该工作可能对人身造成的损害。劳动者只有了解将从事工作的危害才能判断是否接受这份工作。安全生产状况是指以前发生安全生产事故的情况和发生事故的可能性。对于安全事故的了解是劳动者的一项基本知情权。劳动报酬指的是用人单位根据劳动者提供劳动的数量和质量以货币形式支付给劳动者的工资。劳动者提供劳动的基本目的就是获得劳动报酬。

（2）告知的信息必须是真实的，不得提供虚假信息。即用人单位对劳动者必须如实相告，不能隐瞒事实真相，也不可以无中生有。如果用人单位提供虚假信息，属于《劳动合同法》第 26 条规定的情形，劳动合同则无效或部分无效；属于《劳动合同法》第 38 条规定的情形，劳动者可以解除劳动合同。此外，根据《劳动合同法》第 86 条的规定，订立的劳动合同被确认无效，给一方造成损失的，有过错的一方应承担赔偿责任。

（3）告知的时间标准是双方订立劳动合同之前。基于用人单位的告知，劳动者了解了用工单位的实际情况后，才能决定是否和用人单位签订劳动合同及怎样签订劳动合同。

（4）告知的方式应当恰当。用人单位履行告知义务时，应当采取恰当的方式，让劳动者能够及时准确地了解相关信息，避免产生误解。

（5）告知义务是法定义务。用人单位和劳动者不能用约定该告知义务来排除。用人单位在招工时，必须按照法律规定履行告知义务，如果用人单位违反了该义务就要承担相应的法律责任。

2. 劳动者的告知义务

用人单位在招录人员时，通常是想招用适合本单位工作特点的劳动者。因此，用人单位对应聘人员会在法律允许的范围内有特定的要求，以保证所招用的人员适合本单位的需要。在这样的情况下，劳动者的一些个人信息对用人单位是否招用该应聘人员有重大的影响。为了保护用人单位的利益，《劳动合同法》明确规定，用人单位有权了解劳动者与劳动合同直接相关的基本情况，劳动者应当如实说明。即劳动者负有将自己的情况向用人单位说明的义务，以便用人单位对劳动者是否适合本单位的工作需要作出准确的判断。但是劳动者的告知义务是附条件的，只有在用人单位要求了解劳动者与劳动合同直接相关的基本情况时，劳动者才有如实说明的义务。劳动者与劳动合同直接相关的基本情况包括健康状况、知识技能、学历、职业资格、工作经历以及部分与工作有关的劳动者个人情况，如家庭住址、主要家庭成员构成等。劳动者应当向用人单位如实告知用人单位有权知道的真实信息，不能欺骗和隐瞒。如果劳动者就与劳动合同订立和履行有密切关系的情况向用人单位提供虚假信息，将有可能导致劳动合同的无效，如劳动者向用人单位提供虚假学历证明。应当明确的是，用人单位对劳动者的知情权是有限的，只限于向劳动者了解与劳动合同直接相关的基本情况，对于那些与劳动合同的订立无关的情况，劳动者有权拒绝说明，以保护个人的隐私不受侵害。同时，用人单位也有义务对招聘过程中获得的劳动者个人信息进行保密，未经劳动者本人同意不得向他人披露。

3. 违反告知义务的后果

（1）应当告知而没有告知的，会导致劳动合同不能订立。不管是用人单位还是劳动者，如果法律规定自己应当知道而对方不告知，就可选择不与对方签订劳动合同。

（2）虚假告知对方情况的，会导致劳动合同无效。根据《劳动合同法》第 26 条的规定，用人单位或者劳动者用欺诈的手段，使对方违背自己的真实意愿订立、变更劳动合同的，劳动合同将被确定为无效或部分无效，欺诈是指一方当事人故意告知对方虚假情况，或故意隐瞒真实情况。

2.2.4　用人单位招用劳动者的禁止性规定

1. 禁止的情形

针对现实中用人单位利用强势地位，侵害劳动者权益的状况，《劳动合同法》明确规定了用人单位在招用劳动者过程中的禁止行为。

（1）不得扣押劳动者的居民身份证或其他证件。在招用劳动者时，不得扣押劳动者的居民身份证及其他证件，如劳动者的毕业证、暂住证以及各种职业资格证书等。

（2）不得要求劳动者提供担保或者以其他名义向劳动者收取财物。不得要求劳动者提供担保其实也包含了不得要求第三人为劳动者提供担保。同时用人单位也不能向劳动者收取或变相收取货币和财物。如果用人单位违反以上两个禁止性规定的，将要根据《劳动合同法》第 84 条的规定承担相应的法律责任。

2. 法律明确禁止性规定的原因

（1）劳动关系具有高度的人身属性，这就要求劳动合同一方当事人劳动者履行义务必须出于自愿，而不能进行人身强制。劳动力和劳动者人身是不能分离的，强迫劳动者劳动很显然是侵犯了其人身权利。如果劳动者不愿为用人单位提供劳动，即便要求他们提供担保或者财物，也不能达到让劳动者自愿提供劳动的目的。

（2）用人单位要求劳动者提供担保或者以其他名义向劳动者收取财物在很大程度上限制了劳动者的择业权。用人单位要求劳动者提供担保或者向劳动者收取财物，其目的是迫使劳动者在该单位提供更长时间的劳动，这样劳动者就很难根据意愿自由选择工作。

（3）这种做法违反了订立劳动合同的平等自愿原则。现实生活中劳动力供应远大于需求，劳动者找工作的压力很大，为了找到一份合适的工作养家糊口，劳动者往往被迫向用人单位提供担保或者财物，这毫无疑问违反了平等自愿、协商一致的原则。

（4）这种做法很容易造成一定程度的劳资纠纷。由于用人单位要求劳动者提供担保或者向劳动者收取财物，而劳动者一般都是被迫的，这样于劳动合同签订之始劳资双方就产生了裂痕，埋下了矛盾产生的种子。随着劳动合同的不断履行，矛盾会不断凸显。争议的频繁发生必将造成双方的紧张。这样的结果也不利于构建和发展和谐稳定的劳资关系。

2.3　劳动合同的形式与内容

2.3.1　劳动合同的法定形式

劳动合同的形式，是指劳动合同内容确定和存在的方式。根据劳动合同的合法原则，双方当事人在订立劳动合同时必须采取法律法规所规定的形式。采取不同形式，对于确定当事人之间的劳动关系以及双方具体的权利义务都有重要影响。我国的《劳动合同法》规定了两种劳动合同的形式，即书面形式和口头形式。

1. 书面形式

劳动合同的书面形式，是指以书面文字等其他有形的载体作为订立劳动合同的形式。《劳动合同法》第 10 条规定："建立劳动关系，应当订立书面劳动合同。"

书面劳动合同的优点表现在以下方面。第一，权利义务明确，便于履行。在书面劳动合同中所有的条款都具体明确，可以依照劳动合同中的条款一一对照执行。第二，便于有关部门监督检查。法律的贯彻落实在很大程度上依靠执法机关对执法情况实行的监督检查。劳动者和用人单位签订了书面的劳动合同后，劳动执法部门就可以依据书面合同来监督管理，如果发现了违反劳动法律法规的行为，就可以给予相应的惩处，强制矫正违法行为。第三，便于处理劳动争议。在现实生活中劳动者与用工单位发生纠纷是比较普遍的事。用人单位和劳动者如果签订了书面的劳动合同，一旦发生劳动争议时，能给当事人举证带来方便，也便于相关部门清楚地了解事实，快速认定和追究违约者的责任，快捷有效地解决劳动纠纷。

必须明确的是，书面形式不是建立劳动关系的依据，即不是劳动合同的有效要件。因为《劳动合同法》第 10 条明确规定："建立劳动关系，应当订立书面劳动合同。已建立劳动关系，未同时订立书面劳动合同的，应当自用工之日起一个月内订立书面劳动合同。用人单位与劳动者在用工前订立劳动合同的，劳动关系自用工之日起建立。"从这一规定看出，劳动关系的建立与是否签订劳动合同是两个问题，将书面形式与建立劳动关系分离开来，使得书面形式不是建立劳动关系的依据，书面形式的有无并不影响劳动合同的效力，将书面形式与劳动合同的效力相分离。

2. 口头形式

劳动合同的口头形式，是指双方当事人以口头语言的方式作为订立劳动合同的形式。口头形式包括当面对话、电话约定等形式，因其具有简易快捷的优点而为许多劳动者所采纳，但由于口头形式的合同缺乏文字凭证，一旦发生纠纷就可能面临举证困难的危险，从而损害弱势劳动者的合法权益。正因为口头形式的上述缺陷，《劳动合同法》第 10 条第 2 款规定："已建立劳动关系，未同时订立书面劳动合同的，应当自用工之日起一个月内订立书面劳动合同。"从而限制了口头形式在劳动合同中的适用。《劳动合同法》仅仅规定在非全日制用工的情形下可以通过口头形式约定双方的权利义务关系。

与口头劳动合同相比，书面劳动合同的不足之处表现为以下几点。第一，形式不够灵活、程序比较复杂。订立书面劳动合同时，劳动者和用人单位都需遵循一定的步骤或环节，这样可以保证劳动合同的顺利订立，合同内容合法。这些程式化的步骤造成了订立书面劳动合同程序的繁杂。在快节奏的现实生活中，用人单位和劳动者通常都希望高效快捷地建立或解除劳动关系，显然这与书面劳动合同的订立程序构成了一对矛盾。第二，给可以短时间内结清的劳动关系带来不便。生活中短时间内结清的劳动关系非常普遍，比如超市、饭店雇用的钟点工等。由于这类劳动关系在短时间内就会解除，如果再去签订程序复杂的书面劳动合同就没有多大的意义。

除以上《劳动合同法》规定的两种形式外，实践中还有默示劳动合同，即双方当事人通过实施某种行为作出意思表示，而并非以书面或口头方式作为订立劳动合同的形式。[①] 例如，固定期限的劳动合同到期以后，由于各种原因，双方当事人并未对是否续签劳动合同的问题进行协商，但劳动者依照原劳动合同提供劳务，用人单位也应依原劳动合同给劳动者支付报酬的情形。

2.3.2 违反法定形式要件的责任

根据我国《劳动合同法》的规定，订立劳动合同应当采取书面形式，因而书面形式是劳动合同的法定形式。但这种规定并不意味着未签订书面劳动合同的劳动关系都是无效的。《劳动合同法》第 7 条规定："用人单位自用工之日起即与劳动者建立劳动关系。"明确了书

---

① 李国光. 劳动合同法教程. 北京：人民法院出版社，2007.

面劳动合同的订立不是建立劳动关系的标志，未签订书面劳动合同也不是劳动关系无效原因。由于现实生活中未签订书面劳动合同的情况仍大量存在，如果将这些劳动关系都认定为无效，无疑会给社会的安定造成极大的破坏，而劳动者更会成为最大的受害者。为了维护社会稳定和保护劳动者的权益，法律在特定的范围内承认未签订书面劳动合同的劳动关系存在的事实，但如果超出这一范围，就会产生法律责任，具体的责任如下。

1. 用人单位未按要求订立书面劳动合同的责任

根据《劳动合同法》和《劳动合同法实施条例》的规定，用人单位的主要责任如下。

（1）补签劳动合同。补签劳动合同的情形是：第一，用人单位自用工之日起超过一个月不满一年未与劳动者订立书面劳动合同的，应与劳动者补签书面劳动合同；第二，用人单位自用工之日起满一年未与劳动者订立书面劳动合同的，视为自用工之日起满一年的当日已经与劳动者订立无固定期限劳动合同，应当立即与劳动者补订书面劳动合同。

（2）劳动报酬支付义务。没有签订书面劳动合同，只要劳动者有实际的劳动给付，用人单位就应当支付劳动报酬。第一，用人单位自用工之日起超过一个月不满一年未与劳动者订立书面劳动合同的，应当依照《劳动合同法》第 82 条的规定向劳动者每月支付两倍的工资。用人单位向劳动者每月支付两倍工资的起算时间为用工之日起满一个月的次日，截止时间为补订书面劳动合同的前一日。第二，用人单位自用工之日起满一年未与劳动者订立书面劳动合同的，自用工之日起满一个月的次日至满一年的前一日应当依照《劳动合同法》第 82 条的规定向劳动者每月支付两倍的工资。

在实践中，由于当事人之间没有签订书面的劳动合同，对劳动报酬如何支付经常成为双方争议的焦点。依照《劳动合同法》第 11 条的规定，用人单位未在用工的同时订立书面劳动合同，与劳动者约定的劳动报酬不明确的，新招用的劳动者的劳动报酬按照集体合同规定的标准执行；没有集体合同或者集体合同未规定的，用人单位应当对劳动者实行同工同酬。

（3）支付经济补偿义务。根据《劳动合同法实施条例》第 6 条的规定，用人单位自用工之日起超过一个月不满一年未与劳动者订立书面劳动合同的，应当依照《劳动合同法》第 82 条的规定向劳动者每月支付两倍的工资，并与劳动者补订书面劳动合同；劳动者不与用人单位订立书面劳动合同的，用人单位应当书面通知劳动者终止劳动关系，并依照《劳动合同法》第 47 条的规定支付经济补偿。

2. 劳动者拒绝订立书面劳动合同的后果

对此，《劳动合同法》与《劳动合同法实施条例》也有相关规定，按此条例，劳动者拒绝订立书面劳动合同的后果如下。

（1）被终止劳动关系。第一，劳动者没有与用人单位签订书面劳动合同的，用人单位在自用工之日起一个月内，书面通知劳动者签订劳动合同，如果劳动者不与用人单位订立书面劳动合同，用人单位可以书面通知劳动者终止劳动关系。

（2）不能获得经济补偿。如果用人单位在自用工之日起一个月内，书面通知劳动者签订劳动合同，如果劳动者不与用人单位订立书面劳动合同，被用人单位终止劳动合同的，劳动者不能获得经济补偿金。只能要求用人单位支付其实际工作时间的劳动报酬。

3. 采取默示形式的法律后果

对于原劳动合同到期以后，双方当事人未对是否续签劳动合同的问题进行协商，但劳动者依照原劳动合同提供劳务，用人单位也依旧给劳动者支付报酬的情形，《劳动合同法》并没有规定其法律后果。但根据《最高人民法院关于审理劳动争议案件适用法律若干问题的解释》第16条的规定，劳动合同期满后，劳动者仍在原用人单位工作，原用人单位未表示异议的，视为双方同意以原条件继续履行劳动合同。

2.3.3 劳动合同的内容

所谓劳动合同的内容，是指劳动者与用人单位双方通过平等协商达成一致的有关劳动权利和劳动义务的具体条款。劳动合同的内容作为劳动合同的核心部分，根据法律是否对此作强行规定，可以分为必备条款和约定条款。必备条款指法律、法规明确规定劳动合同中必须具备的条款，至于该必备条款的具体内容如何规定仍然由合同当事人即劳动者与用人单位根据合法、公平、平等自愿、协商一致、诚实信用原则自行约定，但是不能违反国家有关法律、法规的规定。约定条款又称为可备条款，顾名思义，该条款在劳动合同中是可有可无的，法律不作强行规定，由当事人自己在合同中约定。

1. 劳动合同的必备条款

根据《劳动合同法》第17条第1款的规定，劳动合同的必备条款（必备内容）有以下九个方面。

（1）用人单位的名称、住所和法定代表人或者主要负责人。劳动合同的订立必须有订立主体即合同的当事人，缺少当事人则无法订立合同，更无所谓合同关系，因此，作为劳动合同一方当事人的用人单位的基本情况是劳动合同条款的首要必备条款。其中，用人单位的名称，是指其在登记机关登记的称谓；住所，是指其主要办事机构所在地；法定代表人及主要负责人，是指可以在其权限范围内对外为相关行为的用人单位的代表。

（2）劳动者的姓名、住址和居民身份证或者其他有效身份证件号码。劳动者作为劳动合同的另一方当事人，在订立合同时对其基本情况必须加以确定。劳动者的姓名是指在其身份证或者户籍登记上的称谓；住址，我国《民法通则》规定："公民以他的户籍所在地的居住地为住所，经常居住地与住所地不一致的，经常居住地视为住所。"

（3）劳动合同期限。劳动合同期限，是指当事人双方所订立的相互享有权利、履行义务的时间界限，即劳动合同的有效期限或者说劳动合同具有法律约束力的时段。劳动合同具有法律约束力的生效时间一般为合同双方的签字时间，其终止时间为合同期届满或者法律规定的终止条件出现时间。将合同期限列为劳动合同的法定必备条款，是为了使即将确立的劳动关系在一定时间内保持相对的稳定状态，使合同双方当事人对自己行为的后果有预期。劳动合同期限分为固定期限、无固定期限和以完成一定工作任务为期限三种，与此相对应，劳动合同有固定期限劳动合同、无固定期限劳动合同和以完成一定工作任务为期限的劳动合同三种。

（4）工作内容和工作地点。工作内容，是指用人单位安排劳动者从事什么工作，是劳动者在劳动合同中确定的应当履行劳动义务的主要内容。该条款具体内容包括劳动者从事劳动的岗位、工作性质、工作范围以及劳动生产任务所要达到的效果、质量指标等。它是用人单位使用劳动者的目的，也是劳动者通过自己的劳动取得劳动报酬的原因，因此是劳动合同必不可少的条款。工作地点，是指用人单位安排劳动者在何处从事工作，它关系到劳动者的工作环境、生活环境，以及劳动者的就业选择，而且其确定对劳动者工伤的认定等有重要意义。

（5）工作时间和休息休假。工作时间又叫劳动时间，是指劳动者在用人单位中，必须用来完成其所负担的工作任务的时间。休息休假是指劳动者按规定不需进行工作，而自行支配的时间。休息休假的权利是每个国家的公民都应享受的权利。根据我国《劳动法》关于劳动者的工作时间和休息休假的规定，其内容包括标准工作时间、计件工作时间、劳动者的周休日、法定节假日、一般情况和特殊情况下的加班加点、用人单位加班加点的禁止、加班加点的工资支付和年休假制度。

（6）劳动报酬。劳动报酬是指劳动者与用人单位确定劳动关系后，因其提供了劳动而取得的由用人单位以货币形式支付的工资。它是满足劳动者及其家庭成员物质文化生活需要的主要来源，也是劳动者付出劳动后应该得到的回报。该条款内容具体包括工资标准，支付时间和方式，奖金、津贴标准，加班加点工资，病假工资等。

（7）社会保险。社会保险是国家通过立法建立的为保障暂时或永久丧失劳动能力或在失业期间劳动者的基本生活的一种社会保障制度。目前，我国已经基本建立了养老保险、医疗保险、失业保险、工伤保险和生育保险等五项保险项目。根据法律、行政法规等国家有关规定，用人单位应当依法为劳动者缴纳上述五项社会保险费用，为劳动者建立社会保险。同时劳动者也缴纳部分社会保险费用。其中，由用人单位全额缴纳的社会保险费用的保险是工伤保险和生育保险两种。社会保险关涉特殊劳动者权利的救济与保障，是劳动合同必备条款之一。[①]

（8）劳动保护、劳动条件和职业危害防护。劳动保护是指劳动合同中约定的用人单位为保障劳动者在劳动过程中的身体健康与生命安全而采取的有效措施。包括用人单位必须提供的生产、工作条件和劳动安全卫生保护措施。劳动条件是指用人单位为保障劳动者履行劳动义务、完成工作任务而提供的必要物质和技术条件，包括必要的劳动工具、工作场所和设备、仪器、技术资料等。职业危害防护，指用人单位为防护劳动者因其从业过程中存在的各种有害的化学、物理、生物及其他因素而可能导致的各种职业病危害采取的防护措施。用人单位不仅应当为劳动者提供必需的劳动保护、劳动条件和职业危害防护，而且必须按照国家标准执行。当然劳动合同也可以约定高于国家标准以维护劳动者的身体健康和生命安全。

（9）法律、法规规定应当纳入劳动合同的其他事项。这是关于劳动合同必备条款的兜底条款。此处"法律、行政法规规定应当纳入劳动合同的其他事项"，既包括已经制定的法律、法规，也包括以后立法机关制定的新的法律、法规。立法之所以这样规定，主要是考虑到《劳动合同法》与其他法律、法规的衔接问题，减少法律漏洞和冲突。

以上是劳动合同的必备条款，即合同双方当事人在签订劳动合同时必须约定的条款。至于劳动合同不具备该必备条款，对劳动合同的效力会产生什么影响，法律、法规并没有明确规定。有观点认为劳动合同中的必备条款的欠缺，将导致劳动合同因违反法律、法规规定而无效。对此，我们不赞同。因为我国《劳动合同法》在第 26 条中明确了劳动合同无效的法定情形，而合同缺乏必备条款并不是合同无效的法定事由，不能因为缺少某一合同必备条款就认定劳动合同无效。

2. 劳动合同的约定条款

劳动合同中除了必备条款外，还可以有约定条款，根据《劳动合同法》第 17 条第 2 款规定："劳动合同除前款规定的必备条款外，用人单位与劳动者可以约定试用期、培训、保

---

① 刘玉民，常亮. 劳动合同法操作实务与案例释解. 杭州：浙江大学出版社，2007.

守秘密、补充保险和福利待遇等其他事项。"一般来说，劳动合同除必备条款外，用人单位与劳动者可以在劳动合同中约定一些事项，法律并不禁止，一旦协商一致写入合同文本就对双方当事人具有约束力。也就是说，对某些事项，法律没有作强制性规定，没有将之作为劳动合同的必备条款，当事人根据自己的意愿选择是否在劳动合同中约定，缺少这种条款的劳动合同不会丧失效力。根据《劳动合同法》第17条，当事人可以在劳动合同中约定的条款包括以下几项。

（1）试用期。试用期是指用人单位与新员工约定进行双向考察和熟悉的劳动合同期限。试用期的规定有利于双方利益的维护，劳动者和用人单位双方只要在不违背《劳动合同法》的强制性规定的前提下完全可以在劳动合同中约定试用期的期限。在劳动合同中约定试用期的目的是为了维护劳动关系双方的利益。从用人单位来讲，用人单位可以在试用期内考察劳动者的基本素质和劳动能力，一旦发现劳动者不称职或不符合录用条件，用人单位就可以解除劳动合同。对于劳动者来说，劳动者可以利用试用期进一步了解用人单位的状况、工作条件、福利待遇等，确定自己是否愿意并适合此项工作。劳动者可以在试用期内解除劳动合同并不需承担违约责任。《劳动合同法》第19条对如何确定试用期有明确的规定，用人单位与劳动者必须在不违反法律规定的情况下进行约定。

（2）培训。培训通常是指用人单位按照职业或工作岗位对劳动者提出的要求，以开发和提高劳动者的职业技能为目的的教育和训练过程。对员工进行培训可以提升员工的业务素质，锻造一支高素质的职工队伍，从而推动用人单位生产的更快发展，获得更好的经济效益。用人单位应当提供必需的经费和其他培训条件，对员工进行上岗前培训、在岗培训、转岗培训及其他培训。劳动者应当自觉服从单位的工作安排，搞好培训。如果用人单位对劳动者进行了专业技术培训，可以与劳动者约定服务期。服务期是指劳动者与用人单位约定的，劳动者因享受用人单位给予的特殊待遇而应当为用人单位工作的期限。[①] 这里所谓的用人单位所给予的特殊待遇，即用人单位对劳动者的投入，主要体现为为劳动者提供的专业技能培训，而非一般性的就业培训。法律基于公平之理念，允许双方当事人在遵守法律、法规规定的前提下自由约定服务期以平衡双方利益，是用人单位在招聘或使用劳动者的过程中提供了特殊待遇后与劳动者协商确定的一个附属工作期限。在该期限中，劳动者要遵循诚实信用的原则，严格遵守服务期限，不得任意跳槽，否则要承担相应的违约责任，按照约定向用人单位支付违约金。

（3）保守秘密。主要是指商业秘密。商业秘密是指不为大众所知悉，能够为权利人带来经济利益，具有实用性并经权利人采取保密措施的技术信息和经营信息。由于商业秘密对用人单位非常重要，为了防止了解和掌握了商业秘密的劳动者泄密，用人单位可以在合同中就保守商业秘密的具体内容、方式、时间等进行约定，以防止自己的利益受到侵害。通常用人单位要与承担保密义务的劳动者签订竞业限制协议。竞业限制又叫竞业禁止，是指承担保密义务的劳动者在与用人单位解除或者终止劳动合同后的一定期限内不得自营或者为他人经营与原用人单位相竞争的业务，也不得到生产同类产品或者经营同类业务且具有竞争关系的其他单位任职，而由用人单位给予劳动者一定的经济补偿。该条款往往与商业秘密相关联，其目的主要是为了保护用人单位的商业秘密和与知识产权有关的秘密不会随着劳动者的流动

---

① 李国光，杨光辉，刘来平，等．劳动合同法条文释义．北京：人民法院出版社，2008.

而流向有竞争关系的企业，维护用人单位在竞争中的优势地位。因此，它是企业维护其竞争利益的一种有效措施。而对劳动者来说，企业保护自身商业秘密与竞争优势的竞业限制条款是以牺牲劳动者的自主择业权利和生存发展权利为代价的。劳动者因为不能从事自己擅长的专业或所熟练的工作，其收入或者生活质量肯定会不同程度的降低，直接影响到劳动者的生存权益，而用人单位则会因为劳动者未参与该行业的劳动或者竞争从中获取相应的商业利益。所以，从公平的角度出发，用人单位应当给予劳动者合理的经济补偿，以适当弥补劳动者由于不能从事协议约定的工作所造成的损失。

（4）补充保险。补充保险是指在基本保险之外存在发展的各种社会性保险措施的总称，通常是指补充医疗保险、补充养老保险等。补充医疗保险和基本医疗保险有很大的差异。基本医疗保险具有国家强制、政府承办、普遍保障、公平、政府承担最终责任等特点，而补充医疗保险则按照实际情况设立，根据权益享受相应待遇，依法独立承办，经营风险自负。企业补充养老保险是指由企业根据自身的经济实力依据国家的法律法规和政策为本企业劳动者建立的一种辅助性的养老保险。

（5）福利待遇。福利待遇也是劳动者收入的组成部分。一般来说福利待遇包括住房补贴、交通补贴、通信补贴、子女教育补贴等。不同的用人单位，其提供给劳动者的福利待遇是有所不同的。福利待遇是劳动者选择就业的一个极其重要的考虑因素。劳动合同双方应当依据自身情况在不违背法律规定的情况下约定劳动者的福利待遇。

2.4　劳动合同约定条款的特殊规定

劳动合同的约定条款虽然是由双方在协商一致的情况下订立，有无约定条款也不影响劳动合同的效力，但为了规范劳动合同的约定条款，法律作出了特殊规定。

2.4.1　试用期

1. 试用期的含义

试用期是指用人单位与新员工约定进行双向考察和熟悉的劳动合同期限。劳动者和用人单位双方只要在不违背法律强制性规定的前提下完全可以在劳动合同中约定试用期的期限和试用期的工资。在劳动合同中约定试用期的目的是为了维护劳动关系双方的利益。从用人单位来讲，用人单位可以在试用期内对新招录的劳动者的思想品德、劳动态度、工作能力、身体情况等进行考察，以确定是否继续履行劳动合同。通过考察劳动者的基本素质和劳动能力，用人单位一旦发现劳动者不称职或不符合录用条件，就可以解除劳动合同。劳动者也可以利用试用期进一步理解用人单位的状况、工作条件、福利待遇等，确定自己是否愿意并适合此项工作。

2. 试用期的特点

（1）试用期是由劳动合同双方约定产生的。签订劳动合同时，双方在平等自愿的基础上协商一致确定是否设定试用期或试用期的长短。但是不能违反法律的强制性规定。只由用人单位单方来设定试用期是违法的。

（2）是劳动合同双方当事人相互考察而设立的。试用期内，用人单位有权利对劳动者的思想品德、劳动态度、工作能力、身体情况等方面进行详细的考察，当然用人单位主要考察的是劳动者的人品和基本技能。通过一段时间的考察，用人单位就能了解哪些劳动者适合本单位的工作，试用期满后予以继续留用。如果考察不合格就可以辞退该劳动者，但是要给予一定经济补偿。劳动者在试用期内也可以对用工单位进行考察，如发现该单位并不适合自己，也可以在试用期内提前 3 天通知用人单位与用人单位解除劳动合同。

（3）试用期包含在劳动合同期限里面。无论劳动者和用人单位签订的是几年的劳动合同，只要他们约定了试用期，该试用期就是劳动合同期限的一个部分。举一个例子：劳动者小王和某公司签了 3 年期限的劳动合同，双方约定试用期是 5 个月，那么试用期的 5 个月是包含在 3 年以内的，并不是先试用 5 个月，然后再履行 3 年的劳动合同。由于试用期是在劳动合同的期限内，劳动者在试用期内当然享有作为劳动者的所有权利。在试用期内劳动者可以享有的权利包括：取得劳动报酬的权利、休息休假的权利、接受职业教育的权利、获得劳动安全卫生保护的权利、享受社会保险和福利的权利等。

（4）试用期解除劳动合同更容易。用人单位解除劳动合同相对非试用期要更容易。在试用期内，用人单位如果能提供充分的证据证明劳动者不符合其录用条件，就可以辞退该劳动者。在非试用期内用人单位只有法定情形出现了才可以辞退劳动者。劳动者在试用期内，只要提前 3 天通知用人单位，就可以解除劳动合同，不需要用人单位同意。

3. 《劳动合同法》对试用期的规定

《劳动合同法》第 19 条对此规定了 4 个方面的内容。

1）明确规定了不同类型劳动合同试用期的上限

① 劳动合同在 3 个月以上的可以约定试用期。也就是说，固定期限劳动合同能够约定试用期的最低起点是 3 个月；② 劳动合同期限 3 个月以上不满 1 年的，试用期不得超过 1 个月；③ 劳动合同期限 1 年以上不满 3 年的，试用期不得超过 2 个月；④ 3 年以上固定期限和无固定期限的劳动合同，试用期不得超过 6 个月。法定的试用期只是规定了试用期的上限，也就是说劳动合同双方当事人约定的试用期限等于或少于该期限都是合法的。超过了法律规定的上限约定的试用期是无效的。

2）同一用人单位与同一劳动者只能约定一次试用期

这是因为试用期是指用人单位对新招录劳动者的思想品德、劳动态度、工作能力、身体情况等进行进一步考察的时间期限。一般来说，在试用期内，这些情况已经基本清楚，同一用人单位与同一劳动者没有必要多次约定试用期。因此，《劳动合同法》第 19 条明确规定，同一用人单位与同一劳动者只能约定一次试用期。

3）规定了不得约定试用期的情形

① 以完成一定工作任务为期限的劳动合同，不得约定试用期。所谓以完成一定工作任务为期限的劳动合同，是指用人单位与劳动者约定以某项工作的完成为合同期限的劳动合同。用人单位与劳动者协商一致，可以订立以完成一定工作任务为期限的劳动合同。以完成一定工作任务为期限的劳动合同以某一项工作或工程开始之日作为其期限起算之日，以劳动者完成该项工作或工程之日作为其期限终止之日。通常来说，完成某项科研成果的劳动合同，以及针对临时性、季节性工作的劳动合同，以项目承包方式完成承包任务的劳动合同等最好签订以完成一定工作任务为期限的劳动合同。② 劳动合同期限不满三个月的，不得约定试用期。因为这种劳动合同的时间太短，约定试用期不利于劳动者的保护。③ 非全日制

用工的劳动合同不得约定试用期，关于这一点详见第 7 章的内容。

　　4）明确规定不允许单独设立试用期

　　（1）试用期包含在劳动合同期限内。如果劳动者与用人单位约定了试用期，试用期就应该是劳动合同期限的一部分，而不是在劳动合同期限外，另设一个试用期。

　　（2）劳动合同仅约定试用期的，试用期不成立，该期限为劳动合同期限，即法律不允许单独约定试用期，劳动合同仅约定试用期，试用期不成立。如试用期不成立，劳动者和用人单位是不能按照试用期的规定来解除劳动合同的，而只能按照劳动合同期限的规定解除劳动合同。劳动者在单独约定的试用期中应当享受同工同酬的待遇。用人单位不能按照试用期的规定来支付劳动者的工资。

4. 劳动者在试用期的工资标准

　　为了保障劳动者在试用期取得合理数额的工资，《劳动合同法》对劳动者在试用期的工资标准作出了规定。

　　（1）劳动者和用人单位可以在法定限度内协商约定试用期的工资。劳动者试用期的工资属于劳动者和用人单位双方协商的内容之一，劳动者和用人单位协商确定的试用期工资可以高于或等于试用期满后的工资，但不得低于当地的最低工资标准。

　　（2）明确试用期工资的法定最低标准。根据《劳动合同法》第 20 条和《劳动合同法实施条例》第 15 条的规定，试用期的工资标准是：不低于试用期间用人单位相同岗位的其他劳动者最低档工资的 80%，同时不能低于用人单位所在地的最低工资标准；不低于劳动合同约定工资的 80%，并且不低于用人单位所在地最低工资标准。这两个标准只要符合一个即可。

5. 在试用期内解除劳动合同的规定

　　试用期是劳动合同双方当事人相互进行考察的时期，用人单位对劳动者的思想品德、劳动态度、工作能力、身体情况等进行考察，劳动者也要实际了解该单位的劳动条件等是否符合介绍的情况等。针对用人单位在试用期随意解除劳动合同的情况，《劳动合同法》作了限制性规定。

　　1）试用期的劳动者存在法定情形，用人单位可以解除劳动合同

　　劳动者有下列情形之一的，用人单位可以解除劳动合同：① 在试用期间被证明不符合录用条件的；② 严重违反用人单位规章制度的；③ 严重失职，营私舞弊，给用人单位造成重大损害的；④ 劳动者同时与其他用人单位建立劳动关系，对完成本单位的工作任务造成严重影响，或者经用人单位提出，拒不改正的；⑤ 因《劳动合同法》第 26 条第 1 款第 1 项规定的情形致使劳动合同无效的；⑥ 被依法追究刑事责任的；⑦ 劳动者患病或者非因工负伤，在规定的医疗期满后不能从事原工作，也不能从事由用人单位另行安排的工作的；⑧ 劳动者不能胜任工作，经过培训或者调整工作岗位，仍不能胜任工作的。劳动者在试用期内只要存在上述情形之一，用人单位就可以与劳动者解除劳动合同。如果劳动者不存在上述情形，用人单位不得任意解除劳动合同，否则属于违法辞退劳动者，要承担相应的法律责任。因此，用人单位在试用期要对劳动者进行认真的考核记录。

　　2）用人单位在试用期解除劳动合同必须遵循一定的程序

　　根据《劳动合同法》第 21 条的规定，用人单位在试用期解除劳动合同的，应当向劳动者说明理由。这就要求用人单位将录用条件、不符合录用条件的证据提供给劳动者，同时还

要向劳动者解释说明解除劳动合同的原因。比如，用人单位要以劳动者不符合录用的条件为由解除劳动合同的，必须有证据证明劳动者不符合录用的条件。该录用条件应当是在招聘公告中已经公开的录用条件，不能是劳动合同签订后才公开或制定的条件。通常应当将解除劳动合同的理由制作成书面文件，由劳动者签字，并由用人单位保存。《劳动合同法》作如此规定是有其现实意义的，有利于规制用人单位在试用期内随意解除与劳动者的合同，维护劳动者权益，构建和谐稳定的劳动关系。

3）劳动者在试用期解除劳动合同只需提前3天通知用人单位

根据《劳动合同法》第36条的规定，用人单位与劳动者协商一致，可以解除劳动合同。第37条规定，劳动者在试用期内提前3天通知用人单位，可以解除劳动合同。因此，劳动者在试用期解除劳动合同的情形是：第一，与用人单位协商一致解除劳动合同；第二，提前3天通知用人单位可以解除劳动合同，不需要用人单位同意。

2.4.2 服务期

1. 服务期的含义

1）服务期的概念

服务期是指劳动者因为接受用人单位提供的特殊待遇而承诺必须为用人单位服务的期限。

2）服务期与劳动合同期限的区别

（1）性质不同。服务期是劳动合同的约定条款，劳动合同期限是劳动合同的必备条款。

（2）设立的目的不同。服务期的设立是用人单位为了限制劳动者单方解除劳动合同，避免职工任意跳槽给自己带来损失，要求劳动者必须为其提供一定期限的劳动。劳动合同期限是为了明确劳动关系双方当事人享有权利和承担义务而设定的。

（3）期限的长短不同。服务期可能是在劳动合同期限内，也可能长于劳动合同期限。服务期和劳动合同期限一致，那么劳动合同履行完毕之时也是服务期终结之时，不会产生任何问题。如果二者不同，依照两种办法来处理。一是服务期比劳动合同的期限短。劳动者在服务期内为用人单位提供劳动，服务期结束后继续履行劳动合同。二是服务期长于劳动合同。劳动合同期限是用人单位和劳动者约定的一般期限，而服务期是用人单位和劳动者的特别约定，按照同一事项特别规定优先于一般约定的原则，服务期应当优先于劳动合同期限的约定。也就是说，劳动合同履行完毕后，双方当事人应当变更劳动合同期限的条款或续订劳动合同，或者重新签订劳动合同，总之必须保障服务期协议能得到有效履行。

（4）设立的原因不同。劳动合同期限由用人单位和劳动者在签订劳动合同时约定，并不需要用人单位履行特别的义务。而服务期是在用人单位提供了专项培训费用并且对劳动者进行了专项技术培训的情况下，用人单位才能和劳动者约定的。

2. 用人单位和劳动者约定服务期的条件

根据《劳动合同法》第22条第1款的规定，用人单位与劳动者约定服务期是有严格条件的。

（1）用人单位提供了专项培训费用。依据国家规定，用人单位必须按照本单位工资总额的一定比例提取培训费用。如果用人单位只是把按此比例提取的资金作为劳动者的培训费用，这是履行法定义务，并不能据此和劳动者协商设定服务期。也就是说，用人单位必须是在提供法定的培训经费之外，为劳动者提供了较大数量的经费来进行培训，才能与受训的劳动者约定服务期。

（2）对劳动者进行的是专业技术培训，包括专业知识和职业技能。比如，用人单位从国外引进了一条生产线或一个项目，必须有人会操作，因此，将劳动者派到国外去学习培训，回来后从事该生产线的操作，这种培训，就属于专业技术培训。如果用人单位对劳动者进行的是职业培训，这是用人单位的法定义务，不能要求劳动者与之约定服务期。如《劳动法》第 68 条规定：用人单位应当建立职业培训制度，按照国家规定提取和使用职业培训经费，根据本单位实际，有计划地对劳动者进行职业培训。从事技术工种的劳动者，上岗前必须经过培训。因此，用人单位有义务为本单位的劳动者提供一定的职业培训。在此必须明确的是，用人单位对劳动者进行的上岗培训及就业后的职业培训如上职工夜校，并不属于专业技术培训，也就不能与劳动者约定服务期。

总之，只要用人单位在国家规定的职工培训费用之外，专门花费较大数额的费用送劳动者进行定向的专业培训，就可以与该劳动者签订协议，约定服务期。

3. 劳动者违反服务期约定的违约金支付责任

一般来说，劳动者与用人单位约定了服务期后，就应当遵守约定，在用人单位工作达到约定的期限。如果违反服务期约定，要承担相应的责任，即按照约定向用人单位支付违约金。《劳动合同法》第 22 条第 2 款明确规定：劳动者违反服务期约定的，应当按照约定向用人单位支付违约金。也就是说，如果劳动者在服务期内违反约定跳槽的，要按照约定向用人单位支付违约金的责任。劳动者该支付多少违约金，《劳动合同法》作了明确的限制性规定。

（1）明确规定违约金的数额不得超过用人单位提供的培训费用。这是明确了支付违约金的上限标准。劳动者一旦违背服务期协议，即于服务期届满之前单方确定不向用人单位提供劳动，那么劳动者就必须向用人单位支付服务期协议约定的违约金。服务期违约金的数额由双方在签订服务期协议时协商确定，但是不能超出用人单位向该劳动者所提供的所有专项培训费用。同时，《劳动合同法实施条例》第 16 条明确规定："《劳动合同法》第 22 条第 2款规定的培训费用，包括用人单位为了对劳动者进行专业技术培训而支付的有凭证的培训费用、培训期间的差旅费用以及因培训产生的用于该劳动者的其他直接费用。"这个规定确定了服务期违约金的上限，用人单位和劳动者约定的违约金的数额可以低于用人单位提供的专项培训费用，甚至不约定违约金。

（2）明确规定了用人单位要求劳动者支付的违约金不得超过服务期尚未履行部分所应分摊的培训费用。这是规定了具体的计算方式。因为劳动者的服务期总是表现为一段时间的持续，因此，这笔费用也应当相应地在该时间内进行摊销。劳动者违约后具体支付给用人单位的违约金还要受到一定限制，即实际支付的违约金不能超过服务期未实际履行部分应当分摊的培训费用。试举一例来说明：小王被公司派到美国去接受为期 2 个月的专业技术培训，培训费用为 6 万元，该公司在服务期协定中和小王约定培训结束后小王应当为公司服务 3年，否则必须支付违约金。小王工作了两年后想解除合同，寻找更好的工作机会，那么他就应当支付给用人单位 2 万的违约金。计算方法是：培训 3 年，培训费用是 6 万元，那么平摊下来是 1 年 2 万元，小王工作了 2 年，一年没有提供劳动应平摊的培训费用是 2 万元，因此小王应当支付给公司 2 万元违约金。

4. 劳动者在服务期内加薪的规定

《劳动合同法》第 22 条第 3 款规定：用人单位与劳动者约定服务期的，不影响按照正常的工资调整机制提高劳动者在服务期期间的劳动报酬。这里的工资调整机制是指国家或用人单位根据经济发展的实际情况按照一定的原则和标准逐步提高员工工资待遇的一整套薪酬制度。基于用人单位提供了专项培训经费并对劳动者进行了专业技术培训，劳动者和用人单位可以签订协议约定服务期，在服务期内劳动者应当依据服务期协议按质按量向用人单位提供劳动。只要劳动者依据服务期协议提供了相应的劳动，并且用人单位或者国家有工资调整晋升的机制出台，劳动者完全可以要求根据工资调整机制提高自己的工资报酬。

2.4.3 竞业限制

1. 规定竞业限制条款的意义

1）竞业限制的含义

《劳动合同法》第 23 条所指的竞业限制，是指用人单位的高级管理人员、高级技术人员和其他负有保密义务的人员，在劳动合同终止或解除后的一定期限内，不得到与本单位生产或经营同类产品、从事同类业务的有竞争关系的其他用人单位工作，或者自己开业生产或者经营与本单位同类的产品、从事与本单位同类的业务。《劳动合同法》规定用人单位可以和劳动者约定竞业限制，其目的在于保护用人单位所持有的商业秘密不受侵犯，也为了防止用人单位之间为获取商业秘密而进行恶性竞争。

2）规定竞业限制的意义

第一，保护用人单位所持有的商业秘密。商业秘密是指不能从公开渠道直接获得的，能为权利人带来经济利益，具有实用性，并经权利人采取保密措施的技术信息和经营信息。技术信息和经营信息包括了设计、程序、产品配方、制作工艺、制作方法、管理诀窍、客户名录、货源情报、招投标书的内容等信息。商业秘密往往可以给用人单位的竞争带来很大的优势，具有很强的经济价值，一旦用人单位的商业秘密被掌握该秘密的劳动者带到了有竞争关系的其他用人单位，很显然将对合法持有商业秘密的用人单位造成很大的损失。这损失是由于职工带走了商业秘密造成的，而商业秘密并不是员工在工作过程中形成的劳动技能，员工带走了用人单位的商业秘密，违背了诚实信用的原则；而且，获得商业秘密的用人单位其获得的手段也是不正当的，进行控制是很有必要的。《劳动合同法》的立法者正是考虑了这些因素，为了保护用人单位的商业秘密，允许用人单位和劳动者就商业秘密约定竞业限制。

第二，防止用人单位为获取商业秘密而进行恶性竞争。这里的恶性竞争是指企图获得其他竞争对手商业秘密的用人单位，不采用正当的手段来进行竞争，而是一门心思放在掌握了有竞争关系单位的商业秘密的员工身上，通过许诺提供给该员工更优厚的待遇和工作条件吸引其离开原用人单位，加入自己单位，从而达到在竞争中占据优势地位的目的。恶性竞争具有很大的危害性，既不利于鼓励用人单位采用合法合理的手段去进行商业竞争，也不能促使用人单位去狠抓技术革新、开拓市场、搞好生产，甚至影响到市场经济的健康发展。

2. 竞业限制的适用

《劳动合同法》第 24 条规定，竞业限制的人员限于用人单位的高级管理人员、高级技术人员和其他负有保密义务的人员。竞业限制的范围、地域、期限由用人单位与劳动者约定，竞业限制的约定不得违反法律、法规的规定。

1）竞业限制的主体范围

用人单位的竞业禁止协议的签订对象仅限于用人单位的高级管理人员，高级技术人员和其他负有保密义务的人员。实际上限于知悉用人单位商业秘密和核心技术的人员，而不是针对每个劳动者。通常情况下，以下六类人员可能成为竞业限制所规制的人员：① 高层管理者，往往掌握单位的核心商业秘密；② 技术研发人员，因工作需要可能了解重要的商业秘密或保密信息；③ 高级营销人员，直接掌握着大量的客户资源；④ 重要岗位的人员，如财务管理、法务管理人员，很有可能知悉单位的关键资料；⑤ 秘书人员，职责是进行会议记录，管理和传发文件，接触商业秘密的可能性非常大；⑥ 重要的信息人员，可能会掌握单位内的各种调查研究数据，这一点在咨询业更为重要。法律将竞业限制的人员限定在用人单位的高级管理人员、高级技术人员和其他负有保密义务的人员这个范围，是因为竞业限制的适用存在着一定的负面影响，不能无限制地扩大范围。劳动者，尤其是那些年龄比较大的劳动者，在工作了很长的时间后，通常只掌握一门劳动技能，学习新技能的能力不是很强，如果禁止他们到与本单位生产或经营同类产品、从事同类业务的有竞争关系的其他用人单位工作，也不允许他们自己开业生产与用人单位相同类别的产品或者经营与用人单位相同类型的业务，那么其掌握的劳动技能很难发挥作用，很可能影响他们及家人的生活质量。基于此考虑，就必须把竞业限制严格限定于一定的范围。

2）竞业限制的内容

用人单位与劳动者可以约定的内容是劳动者在多长的时间、多大的地域范围内，不得在哪些类型的用人单位任职，或者不得从事哪些行业的工作和经营。这些内容要双方在平等的基础上进行协商，不得由用人单位一方说了算。

3）竞业限制的最长期限

竞业禁止协议是有期限的，用人单位不能用竞业禁止协议无限期地限制劳动者的择业权。《劳动合同法》第 24 条规定，在解除或者终止劳动合同后，竞业限制的人员到与本单位生产或者经营同类产品、从事同类业务的有竞争关系的其他用人单位，或者自己开业生产或者经营同类产品、从事同类业务的竞业限制期限，不得超过 2 年。法律规定的竞业限制的期限最长是解除或者终止劳动合同后两年。也就是说，可以等于两年或者少于两年。那么两年后劳动者就不再受竞业限制约束了，就可到与本单位生产或经营同类产品、从事同类业务的有竞争关系的其他用人单位上班，也能够自己开业生产与用人单位相同类别的产品或者经营与用人单位相同类型的业务。必须强调的是竞业限制期限的起始时间，开始的时间是劳动合同解除或终止之日，结束的时间是约定的竞业限制期届满，是一个时间段。

4）竞业限制不得违反国家法律、法规的规定

由于竞业限制是对劳动者就业权的限制，也是对自由竞争的一种限制，因此，竞业限制的实施，必须是以保护合法利益为前提，并不能违反社会公共利益和国家的法律、法规。

5）竞业限制的解除权

根据最高人民法院的司法解释，劳动者和用人单位都具有解除权。首先是劳动者可以请求解除竞业限制。最高人民法院《劳动争议司法解释四》第 8 条规定："当事人在劳动合同或者保密协议中约定了竞业限制和经济补偿，劳动合同解除或者终止后，因用人单位的原因

导致三个月未支付经济补偿，劳动者请求解除竞业限制约定的，人民法院应予支持。"此规定在兼顾用人单位利益和劳动者权益的前提下做了折中规定，当事人在劳动合同或者保密协议中约定了竞业限制和经济补偿，劳动合同解除或者终止后，因用人单位的原因导致三个月未支付经济补偿，劳动者请求解除竞业限制约定的，人民法院应予支持。其次是用人单位在竞业限制期内对竞业限制协议的解除权。最高人民法院《劳动争议司法解释四》第9条规定："在竞业限制期限内，用人单位请求解除竞业限制协议时，人民法院应予支持。在解除竞业限制协议时，劳动者请求用人单位额外支付劳动者三个月的竞业限制经济补偿的，人民法院应予支持。"此条赋予了用人单位在竞业限制期内对竞业限制协议的自由选择权。目前司法实践中通常认为竞业限制条款是对劳动者就业权的限制，因此，用人单位在竞业限制期限届满前有权根据其单位的具体情况决定是否解除竞业限制。当劳动者因履行竞业限制协议而放弃了自己的专业领域，与其他非竞争企业建立了劳动关系，如果用人单位提前解除竞业限制协议，不再支付补偿金，可能会导致劳动者权益受损，因此，从这个角度考虑，该司法解释规定了在解除竞业限制协议时，劳动者可以请求用人单位额外支付劳动者三个月的竞业限制经济补偿，平衡了双方的利益。

3. 竞业限制的经济补偿

竞业限制补偿是指用人单位与劳动者协商一致，劳动者接受竞业限制约束，用人单位于劳动合同解除或终止后的竞业限制期限内按月支付给劳动者的货币。

1）竞业限制补偿由用人单位向劳动者支付

劳动者本来掌握了一定劳动技能，但是由于接受了竞业限制，就不能到与本单位生产或经营同类产品，从事同类业务的有竞争关系的其他用人单位上班，也不可以自己开业生产与用人单位相同类别的产品或者经营与用人单位相同类型的业务，毫无疑问劳动者的谋生渠道将受到很大限制，很有可能造成劳动者的经济损失和影响其自身及家人的生活质量。因此，用人单位应当向劳动者支付一定的竞业限制经济补偿。

2）用人单位只是在竞业限制服务期内向劳动者支付

竞业限制期限始于劳动合同解除或终止之日，终于竞业限制期届满，只有在这段时间内用人单位才需要向劳动者支付竞业限制补偿。最高人民法院《劳动争议司法解释（四）》第7条再次重申：当事人在劳动合同或者保密协议中约定了竞业限制和经济补偿，当事人解除劳动合同时，除另有约定外，用人单位要求劳动者履行竞业限制义务，或者劳动者履行了竞业限制义务后要求用人单位支付经济补偿的，人民法院应予支持。

3）竞业限制补偿的支付是按月进行的

在竞业限制期内，用人单位每月都要按照约定的数量向劳动者支付经济补偿。不过用人单位的这种支付义务是以劳动者履行竞业限制为前提的，一旦劳动者到与本单位生产或经营同类产品、从事同类业务的有竞争关系的其他用人单位上班，自己开业生产与用人单位相同类别的产品或者经营与用人单位相同类型的业务的话，用人单位就可以抗辩，不支付给劳动者经济补偿。反过来，用人单位不支付给劳动者经济补偿，劳动者也可以不遵守竞业限制。

4）竞业限制协议中未约定解除或者终止劳动合同后给予经济补偿的，用人单位仍然有给付义务

根据最高人民法院《劳动争议司法解释四》第6条规定，当事人在劳动合同或者保密协议中约定了竞业限制，但未约定解除或者终止劳动合同后给予劳动者经济补偿，劳动者履行

了竞业限制义务，要求用人单位按照劳动者在劳动合同解除或者终止前十二个月平均工资的30%按月支付经济补偿的，人民法院应予支持。前款规定的月平均工资的30%低于劳动合同履行的最低工资标准的，按照劳动合同履行的最低工资标准支付。这一规定更有利于保护劳动者的利益。竞业限制协议中未约定解除或者终止劳动合同后给予经济补偿的情况下用人单位进行经济补偿的条件：一是当事人在劳动合同或者保密协议中约定了竞业限制，但未约定解除或者终止劳动合同后给予劳动者经济补偿；二是劳动者履行了竞业限制义务的。经济补偿金标准是以劳动者解除劳动合同前一年的月平均工资的30%且不低于当地最低工资标准。如果劳动者工资较低，按照劳动合同履行的最低工资标准支付。

4. 劳动者违反竞业限制约定的处理

《劳动合同法》第 23 条第 2 款规定：劳动者违反竞业限制约定的，应当按照约定向用人单位支付违约金。

（1）劳动者和用人单位约定的竞业限制协议一旦生效就对双方都有约束力，各自都应当履行一定的义务。假如用人单位于竞业限制期限内不按月支付经济补偿，劳动者作为抗辩，可以不履行竞业限制的义务，这种不履行不属于违反了竞业限制的约定。

（2）劳动者若不履行竞业限制的义务，则依据法律规定必须向用人单位支付违约金。① 关于劳动者违反竞业限制的约定，依据《劳动合同法》第 23 条规定，竞业限制的范围、地域、期限由用人单位和劳动者双方共同约定。劳动者是否违反了竞业限制的约定，必须根据双方约定的竞业限制协议来确定。第一步判断是否属于竞业限制的范围；第二步搞清楚是否在竞业限制的地域；最后判断劳动者的所为是否在竞业限制的期限内。② 用人单位和劳动者必须在竞业限制协议中约定违约金。在我国，劳动者和用人单位是可以签订竞业限制协议并约定违约金的。劳动者在竞业限制期限内违反了义务，如果事先约定了违约金，且该约定是不违反法律的强制性规定的，就按照该约定处理。假如双方事先没有约定违约金，劳动者就不需要支付违约金。在这里必须澄清一个误区，如果劳动者确实侵犯了用人单位的商业秘密，但是事前并没有约定违约金，用人单位还是可以根据《反不当竞争法》的有关规定来追究该劳动者的责任。

2.4.4 限制用人单位与劳动者约定违约金的理由

根据《劳动合同法》第 25 条的规定，除服务期和竞业限制之外，用人单位不得与劳动者约定由劳动者承担违约金。《劳动合同法》作这样的规定是因为：

1. 服务期和竞业限制允许约定违约金是合理的

因为在约定服务期的情况下，用人单位为劳动者提供专项培训费用，对其进行专业技术培训，劳动者违反服务期约定的，应当按照约定向用人单位支付违约金。用人单位在解除或者终止劳动合同后，要在竞业限制期限内按月给予劳动者经济补偿。在这两种情况下，用人单位都有事先的投入，劳动者违反约定，向用人单位支付违约金是合理的。

2. 规定一般情况下不能约定违约金是为了保护劳动者的利益

（1）违约金具有担保的性质，担保只适用于财产关系，并不能适用于人身关系。劳动关系具有高度的人身属性，属于人身关系的范畴。签订劳动合同后劳动者向用人单位提供劳动必须是出于自愿，不能强制。因为劳动力与劳动者的人身密不可分，如果强迫劳动者劳动很显然要侵犯劳动者的人身权利，这是法律所禁止的。假如劳动者不愿在用人单位继续工作，用人单位无论用哪些方法（包括约定很高的违约金）迫使劳动者留下，都不能达致让劳动者自愿提供劳动的目的。

（2）确定违约金的依据是损失，财产性的合同可以于签订合同时预见可能出现的损失，因此可以约定违约金。但是劳动合同签订时是没有办法预见劳动者违约可能给用人单位造成什么损失，也就没有约定违约金的可能。

（3）允许用人单位和劳动者约定违约金，实际上就是要求劳动者提供担保，这样做劳动者有可能迫于经济压力不能跳槽到其他更好的单位去上班，从而限制了劳动者的择业自由，很有可能降低劳动力市场的活力。

2.5　劳动合同的效力

劳动合同的效力是指已经成立的劳动合同是否在当事人之间产生法律约束力。劳动合同并非在双方签订之后就发生法律效力，而是必须符合法律规定的生效要件才可能在当事人之间产生法律约束力。

2.5.1　劳动合同的成立与生效

劳动合同的成立，是指劳动者和用人单位双方就劳动合同的内容达成了合意。劳动合同的生效是指劳动合同发生了当事人所预期的法律效果，双方必须遵守劳动合同的约定。应当说，劳动合同的成立与生效是有一定联系的，但它们也是两个有区别的概念，不能混为一谈。

1. 劳动合同成立与生效的区别

（1）判断不同。劳动合同的成立与否属于事实判断，着眼点在于判断劳动合同是否存在；而劳动合同的有效与否属于法律价值判断，着眼点在于劳动合同是否符合法律的规定，能否发生法律效力。

（2）原则不同。劳动合同的成立适用意思自治原则，只要当事人之间意思表示一致，劳动合同即告成立；而劳动合同是否生效，要按照法律规定的条件进行判定，只有符合法律规定的劳动合同才能生效。

（3）要件不同。劳动合同的成立，以当事人意思表示一致为核心要件，劳动合同的生效是以主体合法、意思表示真实、不违反法律规定等为要件。

（4）是否可以弥补的不同。合同缺少成立要件而不成立，当事人可以通过补正或者实际履行而使得合同成立。如补签劳动合同，如果当事人应当补签而没有补签的，需要承担赔偿的法律责任。对已经成立而无效的劳动合同，有过失的一方不仅要承担民事责任，而且还可能会承担行政责任或者刑事责任。

2. 劳动合同成立与生效的关系

一般情况下，劳动合同的成立与生效是一致的，只要劳动合同是依法成立并符合法定的生效要件的，劳动合同成立即生效。《劳动合同法》第16条规定了成立即生效。但在特殊情况下，劳动合同的生效要件要多于成立要件，也就是说，劳动合同成立后必须在生效要件全部具备后才会生效。比如附期限的劳动合同成立后，要在期限届至时才会生效。

应当明确的是，劳动合同的成立与生效与劳动关系的成立是不同的，不可混为一谈。因为实践中劳动合同的生效与劳动关系的成立时间上存在不一致，有的情形为劳动者与用人单位先签订劳动合同，过一段时间后用人单位才正式用工；有的情形为用人单位在用工一段时间后才与劳动者签订劳动合同。对此，《劳动合同法》明确规定，用人单位自用工之日起即与劳动者建立劳动关系，已建立劳动关系，未同时订立书面劳动合同的，应当自用工之日起一个月内订立书面劳动合同。可见，劳动合同的生效并不代表劳动关系的建立，反之亦然。

3. 劳动合同的有效要件

劳动合同要具有法律效力，必须是完全具备法定有效要件。

（1）劳动合同的主体适格。也就是说，劳动合同的主体必须符合法定的主体资格条件，必须是《劳动合同法》适用范围内的劳动者和用人单位。主体不合格，会导致劳动合同的无效。

（2）意思表示真实。指劳动合同的当事人双方订立劳动合同的意思表示是真实的。双方意思表示真实要求当事人是基于自愿签订劳动合同，并且，当事人的意思与外部的表示要一致，只有当事人的意思表示真实，才能保证其所实施的缔约行为产生的法律后果符合当事人的预期。

（3）劳动合同内容合法。即所签劳动合同要符合法律、行政法规的规定。

（4）劳动合同订立的程序要合法。劳动合同订立的程序，在《劳动合同法》中有明确的规定。一般情况下，劳动合同的订立程序不是劳动合同的有效要件，但如果是在特殊情况下签订劳动合同，如果是与外国人签订劳动合同，就必须经过审批程序。根据原劳动部、公安部联合发布的《外国人在中国就业管理规定》，用人单位聘用外国人，必须取得劳动行政部门签发的许可证书。

2.5.2　劳动合同的无效

1. 劳动合同无效的含义

劳动合同的无效是指劳动合同因为缺少有效要件而全部或者部分不具有法律效力。如果劳动合同全部无效，其所建立的劳动关系不产生当事人所预期的法律效果，应当予以消灭。如果劳动合同部分无效，它所建立的劳动关系可以依法存续，只是部分条款无效。只要部分无效的条款不影响其余条款的效力，其余部分仍然有效。

无效劳动合同特征为：一是主体不合格；二是意思表示不自愿、不真实，内容不合法、不完整，形式欠缺；三是无效劳动合同不发生当事人预期的法律拘束力。但这并不是说在当事人之间不产生任何法律效果，相反当事人要基于无效劳动合同而承担相应的法律责任。

无效的劳动合同从订立之日起就没有法律约束力。劳动合同的无效分为全部无效和部分无效。前者是指合同整体无效，它所确定的劳动关系应予以消灭。部分无效是指劳动合同中某一部分条款无效，但并不影响其他条款对合同当事人的拘束力。劳动合同内容中某一条款或某一部分无效，如果不影响其余部分的效力，其余部分仍然有效。

2. 劳动合同无效的法定情形

根据我国《劳动合同法》第 26 条的规定，导致劳动合同无效的法定情形有三点：一是以欺诈、胁迫的手段或者乘人之危，使对方在违背真实意思的情况下订立或者变更劳动合同的；二是用人单位免除自己的法定责任、排除劳动者权利的；三是违反法律、行政法规强制性规定的。

（1）以欺诈、胁迫的手段或者乘人之危，使对方在违背真实意思的情况下订立或者变更劳动合同的。这属于意思表示不自由的情形。所谓意思表示不自由，是指由于外在的原因使行为人处于意志不自由的状态，导致其表示的意思非真实意愿。从主体上看，实施欺诈、胁迫的手段或者乘人之危的，可以是劳动者，也可以是用人单位。但是通常劳动者可能采取以欺诈手段，使得用人单位的意思表示不真实，而用人单位则可能以欺诈、胁迫的手段或者乘人之危，使劳动者意思表示不真实。从原因上看，导致意思表示不真实的原因在于对方当事人的欺诈、胁迫或乘人之危。

① 欺诈、胁迫的认定。欺诈是指劳动合同一方当事人故意告知对方虚假情况，或者故意隐瞒真实情况，诱使或误导对方基于此作出错误的意思表示，与自己签订或者变更劳动合同。欺诈的构成以欺诈者有告知义务为前提，即有告知义务的一方，故意告知对方虚假情况，或者故意隐瞒真实情况，诱使或误导对方基于此作出错误的意思表示。因此，是否构成欺诈，要根据法律对当事人的告知义务的规定为前提。胁迫是指一方当事人以给另一方当事人的生命、身体健康、荣誉、名誉、财产等造成损害为要挟，迫使对方作出违背自己真实意志的意思表示的行为。其法律构成要件为：一是须有胁迫的事实，胁迫的形式既可以表现为语言也可以表现为具体的行为；手段既可以是物质的也可以是精神的；胁迫的对象既可以是劳动者本人也可以是足以向劳动者施加影响的利害关系人；二是行为人是故意的，明知会使他人产生恐惧而积极追求这种后果发生，以达到其签订劳动合同的目的；三是胁迫行为与合同订立之间有因果关系。

② 乘人之危的认定。乘人之危是指一方当事人乘对方处于危难之际，迫使其作出违背本意而接受于其非常不利的条件而订立的合同。其法律要件为：一是须有一方正处于急迫或者紧急危难的境地；二是须有行为人乘人之危的故意，即行为人明知对方正处于急迫需要或紧急危难的境地却故意加以利用，使对方因而被迫作出对行为人有利的意思表示；三是须有行为人实施了足以使对方为意思表示的行为；四是行为人的行为与对方的意思表示之间有因果关系；五是双方签订的劳动合同对受难方极为不利。欺诈、胁迫、乘人之危等手段违反了订立和变更劳动合同必须遵循的平等自愿、协商一致的原则，使对方在违背真实意思的情况下订立或变更了劳动合同，应当认定为无效。从使用范围上看，意思表示不真实既可发生在劳动合同订立中，也可以发生在劳动合同变更中。从法律后果上看，因为意思表示不真实所达成的劳动合同条款如果是在劳动合同中有核心作用的条款，可能导致劳动合同的整体无效；否则，可能导致劳动合同部分无效。

（2）用人单位免除自己的法定责任、排除劳动者权利的情况也会导致劳动合同无效。在《劳动合同法》中，劳动者与用人单位的法定权利义务都有明确的规定。所谓用人单位的法定责任，就是指用人单位依照法律规定应当对劳动者承担的义务。免除法定责任是指用人单位在劳动合同中明确免除法律规定的应该由用人单位承担的责任。由于劳动关系的特殊性，法律规定用人单位必须承担法定的责任，以维护劳动者的合法权益。所谓劳动者权利，是指劳动者依据劳动规章制度、集体合同规定所享有的权利。这些权利和义务都是法律强制性规定的，劳动合同约定不能排除法律的规定。如果用人单位凭借优势地位要求劳动者接受其推出的免除自己法定责任，排除劳动者权利的合同条款，就是无效的。

如果这种条款不影响劳动合同其他部分的效力，只是该条款无效，如果该条款影响到劳动合同的其他部分，导致劳动合同的目的不能实现的，则劳动合同整体无效。

（3）劳动合同违反法律、行政法规的强制性规定。此处的法律是指全国人大及其常委会颁布的法律；行政法规是指国务院颁布的规章、命令、条例等行政性法规。法律规定可以分为任意性规定和强制性规定，强制性规定是命令当事人应当为或者不得为一定的行为，凡是关系国家利益、社会秩序、市场秩序、市场交易安全及直接关系到第三人利益的事项，法律设强制性的规定，以排斥当事人的意思自治。强制性规定在法律条文中的表述为"禁止"、"不得"、"必须"或者"应当"等。劳动合同内容不得违反法律、行政法规强制性规定，如用人单位和劳动者约定的不参加社会保险、低于最低工资标准支付劳动者工资、工伤概不负责、劳动合同期内不得结婚、不得怀孕等约定，这样的约定都违反了法律、行政法规强制性规定，应当认定为无效。

3. 劳动合同无效的确认机构及其程序

无效劳动合同的效力虽然自始就得不到承认，但是并不是任何人都有权宣布劳动合同无效。确认劳动合同是否有效涉及劳动关系双方权利和义务的界定，应当由专门机构对之进行确认。根据《劳动法》、《劳动合同法》的规定，确认劳动合同无效的机构是劳动争议仲裁机构和人民法院。劳动争议仲裁委员会和人民法院是劳动法规定的专门处理劳动争议的机构，其处理决定具有法律效力。确认劳动合同无效的程序是，劳动争议当事人提请仲裁后，由劳动争议仲裁委员会确认劳动合同是否无效，对劳动仲裁委员会仲裁裁决不服，提起诉讼的，由人民法院最终认定。

4. 劳动合同无效的法律后果

劳动合同无效，劳动者与用人单位要按照法律规定承担合同无效的法律责任。

（1）劳动合同的无过错方可选择解除或存续劳动合同。根据《劳动合同法》第 38 条、39 条的规定，对导致劳动合同无效的无过错方，可以选择解除或存续劳动合同。① 选择解除劳动合同。根据《劳动合同法》第 38 条、第 46 条的规定，因为用人单位的过错导致劳动合同无效的，劳动者可以解除劳动合同，并获得经济补偿金。根据第 39 条的规定，如果是因劳动者的过错导致劳动合同无效的，用人单位可以解除劳动合同，可以不支付经济补偿金。② 选择存续劳动合同。不管是当事人哪一方的过错导致劳动合同无效，都是可能选择劳动合同存续。如用人单位的过错导致劳动合同无效，劳动者不辞职。劳动者的过错导致劳动合同无效的，用人单位可以不解除劳动合同。在这种情况下，应当按照法律的规定对劳动合同无效的条款进行变更，以纠正原来无效的条款；或者依法重新签订劳动合同，代替无效的劳动合同。

（2）用人单位支付劳动报酬的义务。按照《劳动合同法》第 28 条的规定，虽然劳动合同被确认无效，但劳动者已付出劳动的，用人单位应当向劳动者支付劳动报酬。由于劳动者已经向用人单位提供了劳动，而劳动力资源的提供是无法恢复原状的。依据等价有偿、权利义务相一致的原则，从保护劳动者的利益出发，用人单位应当参照本单位同期、同工种、同岗位的工作标准支付劳动报酬。但如果是劳动者的原因致使劳动合同无效的，用人单位享有劳动合同解除权，并且不需要支付经济补偿金。

（3）赔偿责任。根据《劳动合同法》第 86 条和第 93 条的规定，劳动合同依法被确认无效，给对方造成损害的，由有过错的一方承担赔偿责任。如果是用人单位的原因致使劳动合同无效，对劳动者造成损害的，用人单位应当承担赔偿责任。如果用人单位不具备合法经营资格，除构成犯罪的要依法追究法律责任外，对劳动者已经付出劳动的，还要依照劳动合同法的有关规定向劳动者支付劳动报酬、经济补偿、赔偿金；给劳动者造成损害的，应当承担赔偿责任。《劳动法》和《违反〈劳动法〉有关劳动合同规定的赔偿办法》也有相关赔偿的规定。如果是劳动者的过错导致劳动合同无效而给用人单位造成损失的情况，劳动者应当按照《民法通则》所确立的实际损失原则，承担赔偿责任，赔偿因其过错而对用人单位的生产、经营和工作造成的直接损失。单位有权解除劳动合同，并且不需要支付经济补偿金。

（4）行政责任。根据我国《劳动法》第95条规定，用人单位违反法律对女职工和未成年人的保护规定，侵害其合法权益的，由劳动行政部门责令改正，处以罚款；对女职工或者未成年工造成损害的，应当承担赔偿责任。

（5）刑事责任。如《劳动合同法》第88条规定以暴力、威胁或者非法限制人身自由的手段强迫劳动，构成犯罪的，依法追究刑事责任。

导读案例解析

第一：小刘与 M 公司签订的劳动合同因为违反《劳动合同法》第26条之规定，故无效。我国《劳动合同法》第26条规定下列劳动合同无效或者部分无效："（一）欺诈、胁迫的手段或者乘人之危，使对方在违背真实意思的情况下订立或者变更劳动合同的；（二）用人单位免除自己的法定责任，排除劳动者权利的；（三）违反法律、行政法规强制性规定的。"M 公司在合同中约定："如果公司因实际情况未能履行劳动合同中部分条款的，本人表示理解并自愿放弃权利，不作异议。"违反本条第2项的规定，免除自己责任，排除劳动者权利。"本公司实行一周六天工作制，每日8小时。"又违反本条第3项之规定，我国劳动法律法规规定：国家实行每日工作时间不超过8小时、平均每周工作时间不超过40小时的工时制度。而该公司实行的是48小时工作制，明显违反了法律的规定而无效。

第二：小刘应当首先向劳动争议仲裁机构或者人民法院要求确认其与 M 公司签订的劳动合同属于无效合同。其次，小刘可要求公司支付劳动报酬，并要求公司承担赔偿责任，依据是《劳动合同法》第28条。劳动合同被确认无效，劳动者已付出劳动的，用人单位应当向劳动者支付劳动报酬。劳动报酬的数额，参照本单位相同或者相近岗位劳动者的劳动报酬确定。同时第86条规定，劳动合同依照本法第26规定被确认无效，给对方造成损害的，有过错一方应当承担赔偿责任。

本 章 小 结

本章的主要内容是劳动合同订立的原则、劳动合同订立的程序、劳动合同的内容、劳动合同中的特殊条款、劳动合同的生效与无效、劳动合同无效的法律后果等内容。

本章的重点是劳动合同双方的先合同义务、劳动合同的特殊条款、劳动合同无效的后果等。

本章的难点是对劳动合同中约定条款适用的理解。

本章学习资料

[1] 王全兴，黄昆. 中国劳动法. 北京：中国政法大学出版社，2008.

[2] 郭捷. 劳动法与社会保障法. 北京：法律出版社，2008.

[3] 郑尚元. 劳动合同法的制度与理念. 北京：中国政法大学出版社，2008.

[4] 黎建飞. 劳动合同法热点、难点、疑点问题全解. 北京：中国法制出版社，2008.

[5] 黎建飞. 劳动法案例分析. 北京：中国人民大学出版社，2007.

[6] 刘焱白. 劳动合同法定必备条款欠缺的法律后果. 暨南学报（哲学社会科学版），2011（6）.

[7] 俞波，孟高飞. 劳动者预告解除权行使的审查. 人民司法，2013（17）.

[8] 胡大武.《劳动合同法》家庭用人单位资格新考：以家政工人保护为中心. 西南民族大学学报（人文社会科学版），2014（12）.

本章复习思考题

一、名词解释

劳动合同订立　劳动合同的内容　劳动合同必备条款　劳动合同约定条款　试用期　服务期　竞业限制　劳动合同的效力　劳动合同无效

二、单项选择题

1. 以下不属于劳动合同法定条款的是（　　）。

　　A. 劳动合同的期限　B. 劳动报酬　　　C. 工作时间　　　D. 试用期

2. 劳动合同可以约定试用期，试用期最长不得超过（　　）。

　　A. 3 个月　　　　　B. 6 个月　　　　C. 9 个月　　　　D. 1 年

3. 劳动者甲与某公司签订了为期 5 年的劳动合同，并约定了试用期。按照《劳动合同法》规定，该试用期不得超过（　　）。

　　A. 2 个月　　　　　B. 3 个月　　　　C. 6 个月　　　　D. 1 年

三、多项选择题

1. 劳动合同订立的原则包括（　　）。

　　A. 合法性原则　　　　　　　　　　B. 公平原则

　　C. 平等自愿原则　　　　　　　　　D. 协商一致原则

　　E. 诚实信用原则

2. 根据劳动合同的期限，劳动合同可以分为（　　）。

　　A. 口头劳动合同　　　　　　　　　B. 书面劳动合同

　　C. 固定期限劳动合同　　　　　　　D. 无固定期限劳动合同

E. 以完成一定工作任务为期限的劳动合同

3. 根据劳动合同的形式，劳动合同可以分为（　　　）。

A. 口头劳动合同　　　　　　　　　　B. 书面劳动合同

C. 固定期限劳动合同　　　　　　　　D. 无固定期限劳动合同

E. 以完成一定工作任务为期限的劳动合同

4. 劳动合同的法定条款包括（　　　）。

A. 劳动合同的期限　　　　　　　　　B. 工作时间

C. 社会保险　　　　　　　　　　　　D. 休息时间

E. 劳动报酬

5. 劳动合同的生效条件包括（　　　）。

A. 劳动合同的主体适格　　　　　　　B. 当事人意思表示真实

C. 劳动合同的内容合法　　　　　　　D. 劳动合同订立的程序合法

E. 必须采取书面形式订立劳动合同

6. 导致劳动合同无效的条件包括（　　　）。

A. 以欺诈胁迫手段订立劳动合同

B. 用人单位在劳动合同中免除自己的法定责任，排除劳动者权利的

C. 劳动合同没有采取书面形式订立的

D. 用人单位在签订劳动合同前未尽告知义务的

E. 劳动合同违反法律行政法规的强制性规定的

四、判断说明题

1. 劳动合同约定条款的存在与否，不影响劳动合同的效力。（　　　）

2. 试用期的长短可以由劳动合同的双方当事人任意约定。（　　　）

3. 劳动合同当事人双方签字后劳动合同就生效。（　　　）

五、简述题

1. 简述劳动合同订立的原则。

2. 如何理解劳动合同双方的先合同义务？

3. 如何理解劳动合同的约定条款？

4. 简述导致劳动合同无效的法定情形。

5. 劳动合同被确认为无效的法律后果是什么？

六、论述题

1. 试述劳动合同订立的原则。

2. 试述无效劳动合同的处理方式。

七、案例分析题

1. 张某与真情园林公司签订了一份为期 4 年的劳动合同。该合同中规定张某的试用期为 8 个月，在试用期内张某不得单方提出解除劳动合同。合同还规定，试用期满后，张某要求解除劳动合同时必须提前 45 天通知公司。还规定公司为了经济效益，要求张某必须每天工作 9 小时。

问：分析该劳动合同违反《劳动合同法》的事项，并说明原因。

2. 赵某，男，35 岁，某出租汽车公司的司机。1992 年该公司与其签订承包合同。合同

规定，赵某每年向单位上缴承包年利润后，本人的病、伤、残、亡等企业均不负责。赵某开的是"面的"车，一次发生交通事故，赵某负伤致残，根据双方签订的合同，该出租汽车公司不负担赵某任何伤残待遇费用，赵某和该公司发生了争议，并向劳动争议仲裁机构申请仲裁，要求解决其伤残待遇问题。

　　问：该条款有效吗？为什么？

第3章

劳动合同的履行与变更

本章导读

本章的主要内容为劳动合同的履行和劳动合同的变更。

3.1 劳动合同的履行

所谓劳动合同的履行，是指劳动合同的双方当事人依照劳动合同的约定，全面履行各自义务的过程。劳动合同最显著的特征在于用人单位与劳动者订立劳动合同的目的是劳动过程的实现，而非劳动成果的交付。因此，劳动合同的履行对于用人单位和劳动者都是至关重要的，用人单位可以利用劳动力不断创造价值，劳动者也可以获取劳动报酬。只有劳动合同的双方当事人按照劳动合同的约定，认真履行自己的义务，才能真正实现劳动的过程。

3.1.1 劳动合同履行的原则

劳动合同的履行是指劳动合同的双方当事人按照合同规定，履行各自义务的行为。劳动合同依法订立即具有法律约束力，当事人双方必须履行合同规定的义务。任何第三方不得非法干预劳动合同的履行。劳动合同履行原则是指用人单位与劳动者在履行劳动合同过程中，共同遵守的行为准则。

1. 亲自履行原则

亲自履行原则即劳动者应当本人完成在劳动合同中约定的义务，不能委托他人代为履行，更不得剽窃或抄袭他人的成果作为自己的工作成果。劳动合同是一种具有较强人身属性的合同，合同双方当事人具有高度的人身信赖关系是劳动合同的特征。劳动关系是具有人身性质的社会关系，作为双向选择产物的劳动合同也体现了特定主体之间的信赖关系，劳动者希望就职于特定的单位，用人单位在根据岗位需要而选定了具备相应技能的劳动者后，也必然要求劳动者亲自完成各项工作任务。因此，劳动合同的履行过程中，任何一方不得擅自将自己的合同义务交由第三方完成，否则就构成违约，需要承担相应的法律责任。

由于双方当事人在签订合同时是经过了慎重的选择，尤其是用人单位在选择劳动者时是考量了该劳动者本人的工作能力，使得该合同具有了不可替代的人身信赖关系。因此，劳动者亲自履行义务是必然也是必须的。若劳动者委托第三人履行义务，则劳动关系已经丧失了劳动合同订立时的合意基础。若劳动者剽窃抄袭他人的工作成果，不仅违反了劳动合同的亲自履行原则，同时也侵犯了他人合法权益，有可能承担侵犯知识产权的法律责任。

2. 全面履行原则

《劳动合同法》第 29 条规定："用人单位与劳动者应当按照劳动合同的约定，全面履行各自的义务。"所谓全面履行原则，就是劳动合同的双方当事人，必须按照劳动合同全部条款的规定，履行自己应当履行的义务。劳动合同的内容是一个整体，合同条款的内在联系不能分割。全面履行的原则，就是要求当事人遵守约定，履行自己的全部义务。之所以作出这样的规定是由于劳动合同是用人单位与劳动者在平等自愿、协商一致的前提下所订立的，合法有效的劳动合同对双方而言都有拘束力，因此必须得到全面、充分的履行。全面履行要求劳动者按照约定的期限，约定的工作内容、工作时间和工作地点，以及其他约定的事项履行义务；用人单位应当按照约定支付劳动报酬，购买社会保险，培训劳动者，支付各种福利等。双方当事人除按照劳动合同的约定履行义务以外，还应当履行法定的附随义务。具体包括以下内容。① 用人单位对劳动者的保护和发展义务。用人单位应当尽可能地保障工作环境的安全、健康，使劳动者免受人身和财产上的威胁。用人单位还应当为劳动者提供公平的发展机会。另外，根据《劳动法》，用人单位应当建立职业培训制度，按照国家规定提取和使用职业培训经费，根据本单位实际，有计划地对劳动者进行职业培训。从事技术工种的劳动者，上岗前必须经过培训。② 劳动者对用人单位的忠实义务。包括合理地利用用人单位提供的办公资源，保护用人单位的利益，遵守保密义务等。

3. 实际履行原则

实际履行原则是指劳动合同双方当事人要按照劳动合同定的标的履行自己的义务和实现自己的权利，不得以其他标的或方式来代替。实际履行原则要求劳动合同的当事人双方必须按照合同约定的时间、期限、地点，用约定的方式，按质、按量全部履行自己承担的义务，既不能只履行部分义务而将其他义务置之不顾，也不得擅自变更合同，更不得任意不履行合同或者解除合同。① 用人单位给劳动者提供必要的劳动条件、支付相应的劳动报酬，劳动者要通过提供一定数量和质量的劳动，来保证用人单位正常的生产经营活动。

劳动合同的实际履行原则是由劳动合同的性质和目的决定的，劳动合同的目的是使劳动者的劳动力与用人单位的生产资料相结合，为用人单位创造利益，而劳动者因付出劳动而得到劳动报酬。如果劳动合同不实际履行的话，一切活动与目标都难以实现，用人单位不能进行生产，当然就不会产生利润，劳动者不参加劳动，也不会取得报酬，因此劳动合同的实际履行是具有重大意义的。

4. 协作履行原则

劳动合同当事人双方互相协作，共同完成劳动合同所约定的义务。一方面劳动者自觉遵守用人单位的各项规章制度，以主人翁的态度对待各项工作任务，自觉维护用人单位的利益；另一方面，用人单位也必须关心、爱护劳动者，体谅劳动者的各种困难和需要。只有双方协作、互相配合，才能构建和谐稳定的劳动关系，从而顺利实现合同目的。劳动合同的双方当事人要在履行劳动合同的过程中，相互协作、共同完成劳动合同所规定的义务。这一方面要求劳动者应当自觉遵守用人单位的规章制度和劳动纪律，以主人翁的姿态关心用人单位的利益和发展，为用人单位的发展献计出力。另一方面，用人单位也应当关心爱护劳动者，维护劳动者的权益。具体说来，协作履行要求双方做到：① 按照劳动合同的约定履行自己的义务，并为对方履行义务创造条件；② 当事人双方应当相互关心，通过各项管理制度，发现问题，及时提出改正的批评和建议，共同协商解决；③ 在发生问题时，双方都应该在

---

① 信春鹰. 中华人民共和国劳动合同法释义. 北京：法律出版社，2007.

法律允许的范围内，尽力协助对方解决问题；④ 发生劳动争议时，要从大局出发，积极争取协商解决，以维护和谐稳定的劳动关系。

总之，劳动者和用人单位在劳动合同签订后，要根据劳动合同的内容，按照劳动合同约定的履行时间、地点、方式和其他要求来履行劳动合同，才能使劳动合同在现实中得以实现。

3.1.2 劳动合同履行的特殊规定

尽管《劳动合同法》要求用人单位与劳动者依照合同约定全面履行各自的义务，但用人单位出于生产经营需要等原因，会对工作时间、劳动报酬等内容作出临时性的调整。为了避免用人单位滥用优势地位侵害劳动者的权益，《劳动合同法》对劳动合同履行中的问题作出了规定。

1. 关于劳动报酬的支付问题

1）用人单位按时足额支付劳动报酬的义务

按时、足额支付劳动报酬，是用人单位最基本的义务，该义务不仅来源于劳动合同的约定，也是法律所明确规定的。《劳动合同法》第 30 条规定，用人单位应当按照劳动合同约定和国家规定，向劳动者及时足额支付劳动报酬。用人单位在向劳动者支付劳动报酬时，应做到以下几点。

（1）按约定支付。劳动报酬是劳动合同的必备条款，向劳动者支付劳动报酬，也是用人单位最主要的合同义务。用人单位和劳动者可以在合同中约定工资的数量、工资支付的时间等，也可以约定工资是支付现金或是将工资汇到指定账户。劳动合同一旦生效，对双方都具有约束力，因此用人单位应当按照合同中约定的数量和方式支付劳动者的工资。劳动关系双方依法解除或终止劳动合同时，用人单位应在解除或终止劳动合同时一次付清劳动者工资。

（2）按国家规定支付。我国制定了许多关于工资的法律法规，对于其中的强制性规范，用人单位必须遵守，劳动者也应当有所了解以更好地保障自己的利益。第一，工资必须以法定货币支付。不得以实物及有价证券替代货币支付。这是国家的强制性规定，目的是为了保护劳动者的利益。现实中当企业经营出现困难时，经常会将产品强行摊派给职工以冲抵工资，这种做法也是法律严格禁止的。即使劳动者与用人单位约定以法定货币以外的其他形式支付工资，该约定也是无效的。第二，工资支付的时间。工资必须在用人单位与劳动者约定的日期支付。按照法律规定，工资至少每月支付一次，实行周、日、小时工资制的可按周、日、小时支付工资。原劳动部发布的《工资支付暂行规定》对支付时间还作了补充说明：如遇节假日或休息日，则应提前在最近的工作日支付。由此可见，用人单位支付劳动者的工资，只可早于约定的日期而不可迟于约定的日期。即便是实行年薪制的企业，也应当至少每月向劳动者支付一次工资。临时劳动实行工资即时清结的原则，对完成一次性临时劳动或某项具体工作的劳动者，用人单位应按有关协议或合同规定在其完成劳动任务后即支付工资。第三，最低工资标准。为了维护劳动者取得劳动报酬的合法权益，保障劳动者个人及其家庭成员的基本生活，我国法律规定，用人单位支付给劳动者的工资不得低于当地的最低工资标准。最低工资是指劳动者在法定工作时间或依法签订的劳动合同约定的工作时间内提供了正常劳动的前提下，用人单位依法应支付的最低劳动报酬。这里应当注意的是，用人单位对正常劳动不应当作狭义的理解，即认为只有劳动者实际工作了才算是正常劳动。这是一种误区，劳动与社会保障部 2004 年发布的《最低工资规定》中明确规定，劳动者依法享受带薪年休假、探亲假、婚丧假、生育（产）假、节育手术假等国家规定的假期间，以及法定工作时间内依法参加社会活动期间，视为提供了正常劳动。依法参加社会活动包括行使选举权，行使人大代表的职权期间等，用人单位都应当向劳动者正常支付工资，并且不得低于最低工资标准。第四，按照法律规定支付加班加点费。根据《劳动法》第 44 条规定，延长工作时间的，支付不低于工资的 150%；休息日安排劳动者工作又不能安排补休的，支付不低于工资的 200%；法定休假日安排劳动者工作的，支付不低于工资的 300%。

（3）及时足额支付劳动报酬。就是按照法律规定，劳动者的工资，用人单位至少每月支付一次，实行周、日、小时工资制的可按周、日、小时支付工资。用法律的形式规定工资支付的周期，是为了使劳动者获得劳动报酬的周期不会太长，以保障劳动者的权益。足额支付工资，也是用人单位的义务，只要劳动者履行了劳动合同规定的义务，就应当获得足额的工资。用人单位一般不得代扣劳动者工资。但是有下列情况之一的，用人单位可以代扣劳动者工资：用人单位代扣代缴的个人所得税；用人单位代扣代缴的应由劳动者个人负担的各项社会保险费用；法院判决、裁定中要求代扣的抚养费、赡养费；法律、法规规定可以从劳动者工资中扣除的其他费用。

2）劳动者申请支付令的权利

支付劳动报酬是用人单位的法定义务，如果用人单位违反这一义务，劳动者有权向劳动行政部门和人民法院寻求相应的救济。诉讼由于程序上的严谨性，往往处理时间会比较长，时间成本对于劳动者来说相对高昂，并且诉讼对于证据有很高的要求，如果劳动者平时缺乏法律意识没有保留足够的证据，则诉讼结果对劳动者是十分不利的。鉴于此，为了便于劳动者及时快速地保护自己的合法权益，《劳动合同法》第 30 条规定，用人单位拖欠或者未足额支付劳动报酬的，劳动者可以获得救济的方式是依法向当地人民法院申请支付令。

支付令，是人民法院依照债权人要求给付金钱或有价证券的申请，以支付令的形式，督促债务人限期履行义务的法律程序。也是我国《民事诉讼法》中规定的一种方便、快捷的债务清偿程序。就一般的劳动争议而言，必须按照"先仲裁后诉讼"的办法，劳动者不得直接向人民法院起诉。但考虑到拖欠劳动报酬的争议具有特殊性，大多数情况下具有事实清楚、权利义务关系明确的特点，因此为了保护劳动者权益，避免冗长的诉讼程序，《劳动合同法》赋予了劳动者申请支付令的权利。

《民事诉讼法》第 214 条规定："债权人请求债务人给付金钱、有价证券，符合下列条件的，可以向有管辖权的基层人民法院申请支付令：① 债权人与债务人没有其他债务纠纷的；② 支付令能够送达债务人的。申请书应当写明请求给付金钱或者有价证券的数量和所根据的事实、证据。"依照《民事诉讼法》的规定，劳动者作为债权人提出申请后，人民法院应当在 5 日内通知债权人是否受理。人民法院受理申请后，经审查债权人提供的事实、证据，对债权债务关系明确、合法的，应当在受理之日起 15 日内向用人单位发出支付令；申请不成立的，裁定予以驳回。用人单位应当自收到支付令之日起 15 日内清偿债务，或者向人民法院提出书面异议。用人单位在收到支付令之日起 15 日内不提出异议又不履行支付令的，劳动者可以向人民法院申请执行。

这样对于事实清楚、权利义务关系明确的劳动报酬争议，就有了一条快捷的救济途径。

但支付令程序同样也有缺点，其程序启动的简便性也决定了其结束的容易性。劳动者若启动了支付令程序，那么用人单位在收到支付令之日起有一段异议期，为期 15 天。在这 15 天之内，若用人单位没有向人民法院提出与支付令记载的债务有关的合法性与真实性的异议，那么支付令便正式生效，劳动者可以凭此支付令申请法院强制执行。但是如果用人单位提出了异议，法院也无须进行实质性审查，无论该异议是否有理由，支付令程序将被终结，该支付令也当然失效。但异议在下列情况下将被视为无效：① 异议必须以书面形式提出，口头异议无效；② 如果用人单位对债务本身没有异议，只是提出缺乏清偿能力的话，异议无效，不影响支付令的生效；③ 如果用人单位不在 15 天内提出异议，而是直接向法院起诉，同样不妨碍支付令的生效。

如果用人单位在收到支付令后的 15 日内向法院提出书面异议的，也就意味着当事人双方对案件事实或法律关系存在争议，此时支付令自行失效，该劳动报酬争议必须按照"先仲裁、后诉讼"的程序来加以解决。

3）劳动者追讨工资的其他方法

劳动关系的实践中，劳动者被拖欠工资是比较常见的，除申请支付令之外，劳动者还可以通过以下方式讨要自己的工资。

（1）与用人单位协商。在遭遇欠薪的第一时间，劳动者可以尝试以协商的方式和用人单位进行沟通，弄清楚欠薪的原因是否合理，是否符合法律规定的可以迟延支付的情形。若用人单位欠薪的原因合理合法，或者劳动者能够和用人单位达成谅解，那么双方可以约定支付工资的期限及各自在这期间的权利义务。《劳动合同法》赋予了劳动者更多的权利及用人单位更多的义务，有了法律作为后盾，劳资双方的地位更加平衡，劳动者也拥有了更多的谈判资本。尝试通过协商解决欠薪矛盾，是一种成本较低也不容易激化矛盾的方式。此外，工会是维护职工权益的重要组织，劳动者借助工会的力量通用单位进行协商，可以有效克服自己的弱势地位，从而更好地维护自己的合法权益。劳动者在被拖欠工资时，要有向工会求助的意识。工会也应当切实担负起自己的职责，向劳动者提供帮助，并监督用人单位全面履行义务。

（2）向劳动行政部门举报。当工资被拖欠后，劳动者可以向当地劳动行政部门举报用人单位的违法行为，劳动行政部门在接到举报后应当进行调查。根据《劳动保障监察条例》的规定，劳动行政部门应当对用人单位支付劳动者工资和执行最低工资标准的情况实施劳动保障检查。用人单位克扣或者无故拖欠劳动者工资报酬的，劳动行政部门应当责令用人单位限期支付劳动者的工资报酬，逾期不支付的，责令用人单位按照应付金额 50% 以上 100% 以下的标准计算，向劳动者加付赔偿金。

（3）向本单位劳动争议调解委员会申请调解。我国《劳动法》规定，劳动争议发生后，当事人可以向本单位劳动争议调解委员会申请调解。但这种方式适用于本单位设立了劳动争议调解委员会的情形。当事人申请调解，应当自知道或应当知道工资被拖欠之日起 30 日内，以口头或书面形式向劳动争议调解委员会提出申请，并填写《劳动争议调解申请书》。劳动争议调解委员会接到申请后，应当及时指派调解员对争议事项进行全面调查核实，召开有争议双方当事人参加的调解会议，听取双方当事人对争议事实和理由的陈述，在查明事实、分清是非的基础上，依照有关劳动法律、法规，以及依法制定的企业规章和劳动合同，公正调解。如果劳动者与用人单位达成了一致的调解协议，则双方应当自觉按照协议履行。应当注意的是，由于劳动争议调解委员会是一个民间组织而非官方机构，目的在于为劳资双方达成谅解提供平台，因此在其主持下达成的调解协议没有法律上的强制效力。因此当事人达成的调解协议只具有合同上的约束力，可以作为证据材料成为仲裁机构和人民法院裁判的依据，但是一方不得直接依据该协议申请法院强制执行。调解不成或调解协议得不到执行的，当事人可以直接向劳动争议仲裁委员会申请仲裁。

（4）申请仲裁机构仲裁。根据《劳动争议调解仲裁法》我国的劳动争议仲裁处理机构是各级劳动争议仲裁委员会，仲裁委员会是国家授权、依法独立处理劳动争议案件的专门机构，隶属于各级劳动行政主管部门。劳动者在遭遇欠薪后，如果调解协商都不成功，可以向劳动仲裁委员会申请仲裁。劳动者也可以不经过调解协商，直接申请劳动争议仲裁。提出仲裁要求的一方应当自劳动争议发生之日起 1 年内向劳动争议仲裁委员会提出书面申请。劳动争议发生之日是指当事人知道或者应当知道其权利被侵害之日。"知道或者应当知道其权利被侵害之日"是指有证据表明权利人知道自己的权利被侵害的日期，或者根据一般规律推定权利人知道自己的权利被侵害的日期。如果当事人的权利侵害处于一个连续状态时，申请仲裁的时间应当从侵害之日起计算，而不从侵权行为终结之日起计算。劳动者应当特别注意，由于劳动争议的仲裁时效与诉讼时效非常短，而且不会因为劳动者向用人单位讨要工资而中断并重新起算，所以当工资被拖欠且协商解决不成的，应当及时提起仲裁，以免因为过了时效而失去维护自己权益的机会。劳动者应当加强法律意识，注意保留必要证据以备不时之需。

我国劳动争议仲裁机关对劳动争议案件只进行一次裁决，实行"一裁终局"，仲裁裁决书一旦向当事人送达，对劳动争议仲裁机关和当事人都发生一定的法律效力，这种法律效力表现为：劳动争议仲裁机关不得自行撤销裁决或变更裁决，也不得另作裁决。但对于裁决中遗漏的事项和笔误、计算错误，应有权补充或变更。当事人不可以向上级劳动争议仲裁机关声明不服，如果当事人一方或者双方对仲裁不服，可以在收到仲裁裁决书之日起 15 日内向人民法院起诉。劳动仲裁书是国家机关作出的具有强制力的法律文书，当事人可以根据该裁决书向法院申请强制执行。但是该裁决书产生强制力有一个条件，那就是在 15 天之内双方当事人都没有向法院起诉，这样裁决书才能正式生效。如果在 15 天内一方或双方当事人向法院起诉，则应当以法院的判决为准。

（5）向人民法院提起诉讼。劳动者不服仲裁裁决，用人单位不服《劳动争议调解仲裁法》第 47 条规定以外情形所作的仲裁裁决，可以依法向法院起诉。按照我国法律规定，原则上劳动争议案件必须经过仲裁才能加入诉讼程序，但存在个别例外的情形。根据最高人民法院《劳动争议司法解释二》第 3 条的规定："劳动者以用人单位的工资欠条为证据直接向人民法院起诉，诉讼请求不涉及劳动关系其他争议的，视为拖欠劳动报酬争议，按照普通民事纠纷受理。"工资支付是一种特殊的债权债务关系，拖欠工资可视为债权债务关系纠纷，劳动者可以越过仲裁直接向法院起诉，但必须具备的前提条件是劳动者手里有确凿的证据——工资欠条，以及不涉及劳动关系的其他争议。根据《诉讼费用交纳办法》，劳动争议案件每件只需交纳 10 元的案件受理费，进一步降低了劳动者的维权成本。人民法院的一审判决作出后，若 15 日内当事人不上诉则正式产生法律效力。如果当事人在审判中通过人民法院调解达成了一致，则调解书自送达之日起便产生法律效力，可以申请强制执行，但是调解书不得上诉，只能够在符合法律规定的条件下申请重审。若当事人不服一审判决的，可以向上一级人民法院提起上诉。

无论是协商、举报、调解、仲裁还是诉讼与支付令程序，都是合法的讨薪方式。劳动者可以根据自己的实际情况选择合理的方式解决与用人单位之间的工资支付纠纷，避免采用极端的方法，因为法律是保护自己的最有力的武器。

2. 用人单位严格执行劳动定额标准

《劳动合同法》第31条规定：用人单位应当严格执行劳动定额标准，不得强迫或者变相强迫劳动者加班。用人单位安排加班的，应当按照国家有关规定向劳动者支付加班费。所谓劳动定额标准，是指在一定的生产技术和组织条件下，为生产一定量合格产品或完成一定量的工作所预先规定的劳动消耗标准，或者是在单位时间内预先规定的完成合格产品数量的标准。① 劳动者完成该劳动定额的，就意味着履行了自身的义务，用人单位就应当依照约定按时、足额支付劳动报酬。但必须强调的是，劳动定额标准应当是科学、合理的，即在正常的情况下，具备一般劳动技能与熟练程度的劳动者所能够达到的标准。制定科学、合理的劳动定额标准，对劳动者权益的保护非常重要。如果所制定的劳动定额标准太高，就会造成变相加班。

（1）根据标准工作时间确定劳动定额。根据《劳动法》和有关的行政法规的规定，对实行计件工作的劳动者，用人单位要根据每天8小时、每周40小时的标准工作时间合理确定其劳动定额和计件报酬标准。也就是说，计件工作的劳动者的劳动定额，应当以多数劳动者在正常工作的情况下，能够在每天8小时以内、每周40小时之内的法定工作时间完成的。超出这个标准，应当认定为不合理的劳动定额。

（2）对特定行业和人员实行缩短工时制。缩短工时制是规定劳动者每个工作日的工作时间少于标准工作日长度或每周工作天数少于标准工作天数的工作时间制度。因此，对实行缩短工时制的劳动定额就应当比实行标准工时制的少。适用这种制度的主要是从事特别艰苦、繁重、有毒有害、过度紧张工作的劳动者，如煤矿企业，以及在哺乳期的女员工。如我国法律规定，哺乳不满1周岁婴儿的女职工，每日可在工作时间内有1小时哺乳时间。

（3）对实行不定时工作制的参照标准工时制核定工作量。某些行业或职位的劳动者因为工作内容和工作性质所限，没有办法实行固定的工作时间制度，用人单位应按劳动法的规定，参照标准工时制核定工作量并采用弹性工作时间等适当方式，确保职工的休息休假权利和生产、工作任务的完成。具体有：企业中的高级管理人员、外勤人员、推销人员、部分值班人员和其他因工作无法按标准工作时间衡量的职工；企业中的长途运输人员、出租汽车司机和铁路、港口、仓库的部分装卸人员及因工作性质特殊，需机动作业的职工；其他因生产特点、工作特殊需要或职责范围的关系，适合实行不定时工作制的职工。

（4）对实行综合计算工时工作制的平均日工作时间和平均周工作时间应与法定标准工作时间基本相同。这种工时制分别以周、月、季、年等为周期，综合计算工作时间，但其平均日工作时间和平均周工作时间应与法定标准工作时间基本相同。具体适用的劳动者有：交通、铁路、邮电、水运、航空、渔业等行业中因工作性质特殊，需连续作业的职工；地质及资源勘探、建筑、制盐、制糖、旅游等受季节和自然条件限制的行业的部分职工等。

用人单位可以在此标准之上与劳动者约定具体的工时制度，但是无论采取何种工时制

---

① 董保华. 十大热点事件透视劳动合同法. 北京：法律出版社，2007.

度，在一个特定的周期内（周、月、季度、年），劳动者的工作时间都不能超过标准的工作时间。简而言之，劳动合同约定的工作时间不得超过法定的最高标准，用人单位安排劳动者在约定工作时间之外从事劳动的，都属于加班的范畴。

3. 加班加点要劳动者同意，且加班加点必须在法律许可的范围内

《劳动合同法》第 31 条规定："用人单位应当严格执行劳动定额标准，不得强迫或者变相强迫劳动者加班。用人单位安排加班的，应当按照国家有关规定向劳动者支付加班费。"从该条规定来看，《劳动合同法》对于加班采取了严格限制的态度，用人单位安排劳动者加班的，必须征得劳动者的同意，并且按照相关规定支付加班工资。

1）加班加点要劳动者自愿

加班是指劳动者在法定节假日和休息日进行工作。加点是指劳动者在标准工作日的工作时间外进行工作，即提前上班或推迟下班。《劳动合同法》明确规定用人单位不得变相强迫劳动者加班，如果劳动者不愿意，用人单位不得强迫其加班加点。如过量增加工作量，减少工作人手等，都是变相强迫加班的行为。

2）加班加点的限制

根据我国劳动法规，对加班加点的限制有几个方面。第一，延长工时的条件是用人单位生产经营需要。第二，延长工时的程序是用人单位将延长的理由、所需劳动者的数量和工作量的计算方法等与劳动者协商，在取得劳动者同意后，再适当延长劳动者的工作时间。第三，延长的时间限制。一般每日不得超过 1 个小时，因特殊原因需要延长工作时间的，在保障劳动者身体健康的条件下延长工作时间每日不得超过 3 小时，但是每月不得超过 36 小时。

此外，法律还规定了在特殊情况下，用人单位安排劳动者加班不受程序和长度的限制。如发生自然灾害、事故或者因其他原因，威胁人民的安全健康和国家资产受到严重威胁，需要紧急处理的；生产设备、交通运输线路、公共设施发生故障，影响生产和公众利益，必须及时抢修的；必须利用法定节假日或者公休日的停产期间进行设备检修、保养的；国家机关事业单位为维持国家紧急任务或完成上级安排的紧急任务的；商业、供销企业在旺季完成收购、运输、加工农副产品紧急任务的；符合法律、行政法规规定的其他紧急情形等。在这些情况下，用人单位安排劳动者加班，不受程序和加班时间长度的限制。

3）按照规定发放加班费

根据《劳动法》和《工资支付暂行规定》，加班费的计算有以下方式。

（1）用人单位依法安排劳动者在每天的法定标准工作时间以外延长工作时间的，应当按照不低于劳动合同约定的劳动者本人小时工资标准的 150% 支付劳动者工资。如劳动者每小时的工资为 20 元，当日加班两小时，则用人单位至少得支付劳动者 60 元（20×2×150%）加班费。

（2）用人单位依法安排劳动者在休息日工作且不能安排补休的，应当按照不低于劳动合同约定的劳动者本人日或小时工资标准的 200% 支付劳动者工资。如劳动者每天工资为 100 元，该月在休息日加班两天，则用人单位至少得支付劳动者 400 元（100×2×200%）加班费。

（3）用人单位依法安排劳动者在法定节假日工作的，按照不低于劳动合同约定工资标准的 300% 的标准支付劳动者工资。我国现行的全民法定休假节日包括元旦节（1 月 1 日）、春节（除夕至正月初二）、清明节（清明节当天）、劳动节（5 月 1 日）、端午节（端午节当天）、中秋节（中秋节当天）、国庆节（10月1—3日），共11天。全民法定休假日如遇休息日（星期六、星期天），应当在工作日补假。用人单位不得通过安排补休来代替发放加班费。

（4）实行计件工资的劳动者，在完成计件定额任务后，由用人单位安排延长工作时间的，应根据上述规定的原则，分别按照不低于其本人法定工作时间计件单价的150%、200%、300%支付其工资。

（5）经劳动行政部门批准实行综合计算工时工作制的，其综合计算工作时间超过法定标准工作时间的部分，应视为劳动者的加班时间，并应按上述规定支付劳动者加班费。

4. 劳动者对用人单位违法指令的拒绝权

《劳动合同法》第32条规定："劳动者拒绝用人单位管理人员违章指挥、强令冒险作业的，不视为违反劳动合同。劳动者对危害生命安全和身体健康的劳动条件，有权对用人单位提出批评、检举和控告。"法律赋予劳动者说"不"的权利，一方面是为了维护劳动者的利益，另一方面也是让用人单位接受劳动者的监督，从而维护安全生产。

一般情况下，劳动合同在订立后，用人单位与劳动者之间便建立了劳动用工关系，劳动者成为用人单位的一员，有义务遵守用人单位的规章制度和各项指令，用人单位也享有用工自主权，可以根据需要安排劳动者的工作。在劳动生产经营中，存在着许多不安全的因素，用人单位管理人员和劳动者都应当严格遵守安全操作规程，才能保障劳动者的生命安全及生产经营单位的财产安全。我国制定了大量的法律法规和规章来规范生产经营场所中的安全技术条件，劳动合同双方都应严格遵守。用人单位应当对劳动者进行安全知识的培训，并依规定指挥劳动者的工作。劳动者应当服从用人单位管理人员的指挥，但是也必须严格遵守安全操作规程。但现实中有的用人单位为了追求经济利益，不惜牺牲生产安全，而从事违章、冒险的生产作业，频繁发生的煤矿安全事故就是最典型的体现。针对这一问题，《劳动合同法》明确规定，用人单位管理人员违章指挥、强令冒险作业的，劳动者有权拒绝，并且不视为违反劳动合同。用人单位不得以此为由扣减劳动者的工资，降低或更换劳动者的工作岗位，更不得以此为由终止劳动合同。劳动者在这种情况下可以立即解除劳动合同，不必事先通知用人单位。法律作这样的规定是为了保障劳动者的安全。

5. 劳动者对危害生命和身体健康的劳动条件有批评、检举和控告的权利

根据我国《劳动法》的规定，用人单位应当为劳动者提供必要的安全卫生条件，除了严格遵守生产规程，不得违章指挥、强令冒险作业以外，还应当保证劳动场所和劳动条件的安全。有的企业为了追求经济效益，降低生产成本，不顾劳动者的生命健康安全，让劳动者长期在危险又恶劣的环境中工作，这对于劳动者是极大的危害。根据《劳动法》及其他法律法规，用人单位必须建立健全劳动安全卫生制度，严格执行国家的劳动安全卫生规程和标准，标准化、科学化地安排生产作业，对劳动者进行劳动安全卫生教育，积极采取切实有效的措施，防止劳动过程中的事故，减少职业危害。劳动安全卫生的各种设施必须符合国家规定的标准。新建、改建、扩建工程的劳动安全卫生设施必须与主体工程同时设计、同时施工、同时投入生产和使用。用人单位还必须为劳动者提供符合国家规定的劳动安全卫生条件和必要的劳动防护用品，对从事有职业危害作业的劳动者定期进行健康检查。从事特种作业的劳动者也必须经过专门培训并取得特种作业资格。

《劳动合同法》赋予了劳动者面对危害生命安全和身体健康的劳动条件，对用人单位提

出批评、检举和控告的权利。这一规定可以有效地保护劳动者的合法权利，遏制用人单位的违法生产活动，避免安全事故的发生。许多劳动者长期在危险恶劣的环境下工作，又不知道应该主张或如何主张自己的权利。其实，批评、检举和控告不仅是法律赋予劳动者的权利，也是劳动者作为一个普通公民在面临危险和侵害时当然享有的权利。在我国，劳动安全卫生的监督检查由卫生部门、安全生产监督管理部门、特种设备安全监督管理部门等有关部门依照有关的法律、行政法规执行。卫生部门主要负责用人单位职业病防治方面的监督检查，安全生产监督管理部门主要负责用人单位生产经营场所的安全生产条件、设备设施安全和作业场所的职业卫生方面的监督检查，特种设备安全监督管理部门主要负责关乎公众生命安全和身体健康的锅炉、压力容器、电梯、防爆电器等特种设备的安全生产的监督管理。

为了自身的生命健康安全，劳动者不仅应当具有安全生产意识，还应当具有保障自身安全的权利意识和行使权利的知识，避免在自己受到或将受侵害时投诉无门。批评、检举和控告权是劳动者的法律权利，用人单位不得阻止劳动者行使，更不得因为劳动者行使了这些权利而对其进行打击报复，否则将承担法律责任。

6. 用人单位变更仍需继续履行劳动合同的情形

现实生活中，大量的用人单位都表现为企业这样的经济组织，在市场竞争中，企业常常面临着破产、兼并、改制、分立等局面，当以上情况发生时，尽管其名称、法定代表人、所有制、股权结构等方面发生了变化，但其作为经济组织的本质并没有变，劳动合同也依然存在继续履行的必要性与可能性，因此，《劳动合同法》第 33 条、第 34 条要求变更后的用人单位继续履行与劳动者之间的劳动合同。

(1) 用人单位变更名称、法定代表人、主要负责人或者投资人等事项，不影响劳动合同的履行。从《民法通则》、《公司法》等法律的规定以及法学理论上看，企业作为法人，具有独立的法律人格，其名称、成员、负责人的变动实质上与企业本身无关，所以尽管用人单位的名称、法定代表人、主要负责人或者投资人等事项发生变化，但是用人单位本身并没有变更，劳动合同当然要继续履行，《劳动合同法》的规定只是对此进行强调。

(2) 用人单位发生合并或者分立等情况，原劳动合同继续有效，劳动合同由承继其权利和义务的用人单位继续履行。现实中有的用人单位为了逃避债务，将资金转移到新成立的法人或其他组织中，从而使得原单位丧失了继续履行劳动合同的能力。根据《劳动合同法》的规定，用人单位分立的，应当按照权利义务相一致的原则，由继承了原单位权利的新单位继续履行劳动合同，对劳动者负责。

3.2　劳动合同的变更

3.2.1　劳动合同变更的意义

所谓劳动合同的变更是指劳动关系双方当事人就已经订立的劳动合同的部分条款达成修改、补充协议的法律行为。劳动合同的变更有着重要意义。

1. 有利于完善劳动合同

劳动合同的变更发生在劳动合同订立以后、履行完毕之前，是对原约定的条款作部分修改、补充或删除，使劳动合同能够适应新情况，有利于对劳动合同的完善。

2. 是确保劳动合同全面履行的主要手段

劳动合同订立后，可能会出现新的情况，要让劳动合同得以继续履行，使劳动过程得以实现，及时根据新情况对劳动合同作出适当的变更，有利于确保劳动合同的全面履行。劳动合同的变更一般是发生在劳动合同生效或者成立后尚未履行或者尚未完全履行期间，变更是在原合同基础上所做的修改，不是签订新的合同，原合同中未被修改的部分效力不变，修改后的部分与原合同具有同等的法律效力，对双方当事人都具有约束力。

3.2.2　劳动合同变更的原因

应当说，双方当事人依法订立的劳动合同，对双方都会产生约束力。双方都应当按照劳动合同履行自己的义务，但是劳动者与用人单位签订劳动合同时，总会有一些无法预料的社会生活和市场条件的因素，如企业的经济效益及整个社会的经济发展等。当订立劳动合同所依据的客观情况发生变化，使得劳动合同难以履行或继续履行会损害合同当事人的利益时，《劳动合同法》允许当事人在一定的条件下变更劳动合同。《劳动合同法》第35条规定："用人单位与劳动者协商一致，可以变更劳动合同约定的内容。变更劳动合同，应当采用书面形式。变更后的劳动合同文本由用人单位和劳动者各执一份。"

1. 劳动合同变更的原因

1）劳动者的原因导致劳动合同变更

按照《劳动合同法》第40条的规定，如果劳动者患病或者非因工负伤，在规定的医疗期满后不能从事原工作的情况下，用人单位要另外安排劳动者的工作，变更其工作岗位。另外，劳动者怀孕期间，或者身体健康状况发生变化，也可能产生工作岗位的变化。劳动者要求变更劳动报酬，如劳动者自身人力价值的增长，应当得到更多的劳动报酬，也会导致劳动合同变更。

2）用人单位的原因导致劳动合同变更

在现实生活中，大量的用人单位都表现为企业这样的经济组织，在市场竞争中，企业常常面临着破产、兼并、改制、分立等局面，如企业改制、转产或重组，需要变更劳动者的工作岗位和薪酬待遇；当以上情况发生时，尽管其名称、法定代表人、所有制、股权结构等方面发生了变化，但其作为经济组织的本质并没有变，劳动合同也依然存在继续履行的必要性与可能性，因此，《劳动合同法》要求变更后的用人单位继续履行与劳动者之间的劳动合同，理论上将这种现象称为劳动合同的承继。

3）客观原因导致劳动合同变更

国家劳动政策法规发生重大变化需要修改劳动合同的，最低工资变化、社会保险发生变化、自然灾害、社会动乱等，这些情况下，都可能导致劳动合同的变更。

一般说来，劳动合同变更仅仅是指劳动合同内容的变更，由用人单位和劳动者协商一致，对已经订立的劳动合同的内容做部分修改、补充或者删减，劳动合同内容的变更会直接导致当事人双方权利义务关系的变动。值得注意的是，变更是在原合同基础上所做的修改，不是签订新的合同，原合同中未被修改的部分效力不变，修改后的部分与原合同具有同等的法律效力，对双方当事人都具有约束力。

2. 变更劳动合同的规则

根据《劳动合同法》第 35 条，当事人双方变更劳动合同的要遵守以下规定。

（1）双方在平等自愿的基础上协商一致。劳动合同的变更必须经用人单位和劳动者双方同意。用人单位和劳动者都不得单方变更合同，任何单方的变更都是无效的。用人单位更不得强迫或变相强迫劳动者变更劳动合同。对工会主席、副主席岗位，用人单位不得随意调动，需要执行《工会法》的规定。

（2）不得违反法律法规的强制规定。尤其是在工作时间、工资支付的形式、最低工资标准及劳动安全卫生方面，国家有许多法律法规进行了详细的强制性规定。用人单位和劳动者变更劳动合同时切不可违反这些规定，否则不仅会导致变更的条款无效，甚至有可能受到处罚。

（3）必须采用书面形式。订立劳动合同应当采取书面形式，变更合同是对原合同的延伸，自然也应当采取书面形式。这一规定，也是为了避免劳动合同双方当事人因合同的变更问题产生争议。值得注意的是，劳动合同变更的书面形式不是劳动合同变更的有效条件。最高人民法院《劳动争议司法解释四》第 11 条规定："变更劳动合同未采用书面形式，但已经实际履行了口头变更的劳动合同超过一个月，且变更后的劳动合同内容不违反法律、行政法规、国家政策以及公序良俗，当事人以未采用书面形式为由主张劳动合同变更无效的，人民法院不予支持。"这一规定要求劳动者要提高自我保护意识，及时要求用人单位签订书面劳动合同。

（4）变更后的劳动合同文本双方各执一份。变更后的劳动合同文本由用人单位、劳动者双方各执一份，一旦发生争议，变更后的劳动合同可以作为证据使用。

3.2.3　劳动合同变更的程序与法律后果

1. 劳动合同变更的程序

（1）预告变更要求。需要变更劳动合同的一方当事人，应当按照规定的时间，向对方当事人提出变更劳动合同的要求，说明变更劳动合同的理由、条款、条件，以及请求对方当事人答复的期限。

（2）一方作出答复。收到另外一方当事人提出的变更请求后，通常应当在对方要求的期限内作出答复，可以是同意对方的请求，也可以是不同意对方的请求，还可以提出不同的意见要求另行协商。

（3）签订书面的变更协议。劳动合同的变更必须经用人单位和劳动者双方同意。用人单位和劳动者都不得单方变更合同，任何单方的变更都是无效的。用人单位更不得强迫或变相强迫劳动者变更劳动合同。为了保护劳动者，防止用人单位滥用其优势地位，《劳动合同法》将劳动合同的变更限定为双方协商一致前提下的变更，双方协商一致后，可以就变更达成书面的协议，并签名盖章。

2. 劳动合同变更的法律后果

劳动合同依法变更后，当事人之间的权利义务从变更合同的协议所约定之日起发生变更。如果约定的变更日期是在变更的手续全面完成日之前，那么在前一日期至后一日期之间，劳动者应当得到因为劳动合同的变更而增加的利益，如得到补发的工资。

3. 用人单位单方调整劳动者工作岗位的合法性探讨

按照《劳动合同法》的规定，劳动合同的变更原本应当是双方协商一致后进行变更，而在现实生活中，用人单位会适时地调整劳动者工作岗位，以实现人力资源的合理配置，应对市场竞争。《劳动合同法》第17条将"工作内容和工作地点"规定为劳动合同的必备条款，要求用人单位与劳动者在缔约时加以明确。工作岗位的调整，势必导致实际情况与合同文本的不一致，因此应当属于劳动合同变更的范畴，所以岗位调整必须按照《劳动合同法》第35条的要求，由双方协商一致，然后采取书面协议的方式来实现。这样看来，用人单位单方调整劳动者工作岗位无疑是违法的。对用人单位单方调整劳动者工作岗位，应当区分不同的情况进行考虑，不应当作这种教条化的处理。

1）劳动者接受用人单位的安排

根据《劳动合同法》第35条的规定，劳动合同的变更要由双方协商一致，并采取书面形式进行。如果用人单位是采取发出调令的方式调整工作岗位，没有与劳动者事先协商、征得劳动者的同意，但劳动者在接到用人单位的指令后，没有当即表示反对，并接受了新的工作岗位。这种行为，就是对用人单位调职命令的承认，虽然没有用人单位与劳动者之间的协商程序，但双方已经有了默示的合意。从实践中看，这种做法也是普遍存在的，用人单位作为用工者，调整劳动者岗位很多都是以调职命令的形式进行，劳动者服从该命令也就意味着协商一致过程的结束。

2）无书面变更协议是否导致变更无效

工作岗位的调整并没有书面的变更协议，是否会导致变更无效呢？我们认为，尽管《劳动合同法》第35条规定了劳动合同的变更应当采用书面的形式，但书面形式不是劳动合同变更的有效要件。因为：第一，法律之所以将变更限定为书面变更，目的在于纠纷发生后的举证便利，如果没有书面变更协议，但双方都认可的变更的情况下，书面变更协议的举证功能自然失去了意义；第二，从法律后果上看，《劳动合同法》并没有对非书面形式的变更规定相应的法律责任，因此第35条中对书面变更的要求，只能是对双方（尤其是用人单位）赋予了补签书面协议的法律义务，违反这个要求，并不必然导致变更无效；第三，从劳动合同的特殊性上看，劳动合同的履行与变更原本就是密切联系的，劳动合同的存续期较长，客观环境不断变化，当事人双方必须及时加以应对，这就决定了劳动合同的变更是一种更为频繁和普遍现象，如果仅以没有签订书面变更协议为由就否定变更的效力，那无疑是脱离实际，必然会给用工活动带来不必要的麻烦。

3）劳动合同中附加了用人单位有根据工作需要调动劳动者工作岗位的约定是否有效

由于《劳动法》和《劳动合同法》均要求劳动合同的变更必须由用人单位与劳动者协商一致才能进行，因此，有的用人单位便在劳动合同中附加了用人单位有根据工作需要调动劳动者工作岗位的约定。实际上是试图通过合同赋予自身单方调整劳动者工作岗位的权利。而这种约定是否有效，在实践中存在不同的看法。我们认为，对于实现赋予用人单位单方调整劳动者工作岗位的约定是否有效，应当分两种情况讨论。

（1）如果该约定的内容比较具体，明确了哪些情形下，用人单位可以调整工作岗位，具有可操作性，那么劳动者在劳动合同上签字，就意味着对这一约定的承诺，从而也就赋予了用人单位单方调整工作岗位的权利。今后一旦出现约定的情形，用人单位自然可以调整劳动者的工作岗位。由于约定的内容比较具体，我们也可以从文本上审查该约定是否公平，是否显著侵害了劳动者的权利，如果没有，就应当认为该约定是有效的。

（2）如果该约定的内容很笼统，只是将单方调整劳动者工作岗位的权利概括地赋予用人单位，那么，按照《劳动合同法》的相关规定，该约定的效力是有问题的。尽管劳动合同是双方协商一致的产物，法律也要求用人单位与劳动者按照合同约定全面履行各自的义务，但为了防止用人单位滥用其优势地位，《劳动合同法》对于劳动合同的约定内容设计了诸多的限制。例如，第 26 条就规定，用人单位免除自己法定责任、排除劳动者权利的合同内容是无效的。而第 35 条又赋予了劳动者对合同变更说"不"的权利。如果允许用人单位根据需要调整劳动者工作岗位的约定，其内容过于笼统，并没有将需要调整岗位的情况进行细化，缺乏可执行性，实际上排除了劳动者说"不"的权利，应当属于无效的约定了。但我们认为这一判断也不应过于绝对。既然立法的目的在于防止用人单位滥用优势地位，侵害劳动者权利，对于在劳动合同中实现赋予用人单位单方调整劳动者工作岗位的约定，其只是产生了侵害劳动者权利的危险，而这一危险是否会出现，则需要在具体的案件中进行考察。如果用人单位的调职可能的确是出于生产经营需要，而劳动合同事先也有允许调职的约定，用人单位并没有侵害劳动者的恶意，这种情况下也将该约定认定为无效是不妥的，在这样的情况下，用人单位应当承担举证责任，如果用人单位能够举出充分的证据证明其调职具有合理性，那么该约定就可以成为用人单位单方变更劳动合同、调整劳动者工作岗位的合法依据。如果用人单位不能举证，则其调职行为就是无效的。2002 年上海市高级人民法院民一庭《关于审理劳动争议案件若干问题的解答》这一规范性文件中就采取了这样的处理办法，该文件中有这样的表述："用人单位和劳动者因劳动合同中约定，用人单位有权根据生产经营需要随时调整劳动者工作内容或岗位，双方为此发生争议的，应由用人单位举证证明其调职具有充分的合理性。用人单位不能举证证明其调职具有充分合理性的，双方仍应按原劳动合同履行。"我们认为这种处理方式是比较合理的。

本 章 小 结

本章的主要内容为劳动合同的履行原则、劳动合同履行中的特殊问题、劳动合同变更的意义、劳动合同变更的原因、劳动合同变更的法律后果等。

本章的重点是劳动合同履行中的特殊性规定，劳动合同的变更及劳动合同变更的法律后果。

本章的难点是劳动合同变更的情形认定。

本章学习资料

[1] 灵琳. 主体变更是否影响劳动合同履行. 劳动保障世界，2008（2）.

[2] 王全兴，黄昆. 中国劳动法. 北京：中国政法大学出版社，2008.

[3] 郭捷. 劳动法与社会保障法. 北京：法律出版社，2008.

[4] 黎建飞. 劳动合同法热点、难点、疑点问题全解. 北京：中国法制出版社，2008.

[5] 张霞. 劳动法实施中的疑难问题. 北京：中国人民公安大学出版社，2009.

［6］李素琴. 劳动合同履行中存在的法律问题及实例分析. 山西省政法管理干部学院学报. 2007（4）.

［7］董保华. 口头劳动合同的效力研判：评劳动争议司法解释草案中的口头形式变更书面合同. 政治与法律，2012（12）.

［8］周国良，李红，刘文华. 用人单位解除合同提前通知工会的理解与执行. 中国劳动，2013（12）.

本章复习思考题

一、名词解释

劳动合同的履行　劳动合同变更　支付令

二、单项选择题

1.《劳动合同法》规定劳动合同变更的形式应当是（　　）。

    A. 口头形式   B. 书面形式

    C. 口头或书面形式   D. 以上三种都错误

2. 劳动合同履行的原则不包括（　　）。

    A. 全面履行原则   B. 实际履行原则   C. 亲自履行原则   D. 按约履行原则

3. 人民法院受理劳动者的工资支付令申请后，经审查债权人提供的事实、证据，对债权债务关系明确、合法的，应当向用人单位发出支付令的时间是（　　）。

    A. 在受理之日起 5 日内   B. 在受理之日起 10 日内

    C. 在受理之日起 15 日内   D. 在受理之日起 20 日内

三、多项选择题

1. 劳动合同履行的原则包括（　　）。

    A. 全面履行原则   B. 实际履行原则

    C. 亲自履行原则   D. 协作履行原则

    E. 按约履行原则

2. 劳动合同变更的程序包括（　　）。

    A. 预告变更要求   B. 一方作出答复

    C. 签订书面的变更协议   D. 变更的劳动合同文本双方各执一份

    E. 送交劳动行政部门备案

四、判断说明题

1. 劳动合同的变更可以采取口头形式。（　　）

2. 劳动合同的主体是不可以变更的。（　　）

3. 用人单位可以任意调整劳动者工作岗位。（　　）

五、简述题

1. 劳动合同履行的原则是什么？

2. 劳动合同变更的情形有哪些？

3. 劳动合同变更的法律后果是什么？

六、论述题

1. 《劳动合同法》在劳动合同的履行制度中如何体现保护劳动者利益的立法精神？

2. 劳动合同的变更与民事合同的变更有何异同？

七、案例分析题

1. 黄某是某销售公司的业务代表，与公司订立了为期 5 年的劳动合同，在黄某工作一年多后，由于业绩突出，公司决定将其提拔为所在部门的副经理，黄某在该职位工作了 6 个多月后，觉得受约束太多，而且与下属之间的人际关系也很难相处，遂向公司要求调回原岗位工作，在遭到拒绝后，黄某便提起劳动争议仲裁，要求确认调职行为无效，由公司继续履行原劳动合同约定的内容。

问：公司的调职行为是否合法？为什么？

2. 李某是一家酒店的客房部副经理，其与酒店的劳动合同中有这样的约定，即酒店可以根据实际需要，对李某的工作岗位进行调整，并相应地调整其劳动报酬，对此李某应当服从。后来酒店任命李某为前台主管，并相应降低了李某的工资。李某表示不服，遂提起仲裁，要求继续在原岗位任职。

问：仲裁机构是否应当支持李某的请求？为什么？

第4章
劳动合同的解除和终止

本章导读

本章内容涉及劳动合同的解除、解除劳动合同损害赔偿计算标准、劳动合同的终止及后果等。

导读案例

陈渝因酷爱读书，一边工作，一边通过在职攻读硕士学位，获得了重庆某大学的硕士研究生学位。根据公司的发展需要。2005年经公司同意，陈渝考取了清华大学博士研究生。公司与陈渝在2005年5月签订了服务期协议，约定陈渝读博期间，公司照样发放工资、奖金，并且支付学费和每年2万元的科研补助费，陈渝获得博士学位后必须回公司工作10年；若在未满10年之前离开公司，陈渝必须支付违约金100万元。在读博的第二年，陈渝已经升任该公司重点项目的副总设计师及某研究所副所长。2008年7月陈渝获得博士学位回单位工作。2010年6月，陈渝以应邀参加美国一个研究项目为由，书面向公司提出辞职，并要求解除劳动关系，在公司不同意的情况下于2010年7月20日离开公司。同年8月，公司即向当地劳动争议仲裁委员会申请仲裁。要求陈渝按照协议支付100万元的违约金，因担任重要职务离职给单位造成的损失500万元等合计600万元的赔偿。陈渝认为公司向自己支付的全部费用也不超过50万，不同意支付。

问：1. 陈渝是否应当支付违约金？为什么？
2. 陈渝是否应当全额支付100万元的违约金？为什么？
3. 公司提出的500万元的赔偿是否合法？为什么？

4.1 劳动合同的解除

4.1.1 劳动合同解除的概念与分类

1. 劳动合同解除的含义

所谓劳动合同的解除，是指劳动合同生效后，尚未履行或尚未履行完毕之前当事人双方或一方依法提前消灭劳动合同关系的法律行为。劳动合同的解除是劳动合同的提前消灭，在劳动合同订立后、尚未履行完毕前，效力被终止。

（1）被解除的劳动合同是有效的劳动合同。被解除的劳动合同是有效的劳动合同，这是解除劳动合同的基础。只有有效的劳动合同才存在被解除的问题，如果劳动合同无效，是自始无效，应适用劳动合同无效的规范来解决。

（2）解除劳动合同只能在劳动合同依法订立后，未履行完毕前进行。在劳动合同订立之前，劳动关系还没有产生，不存在解除的问题。劳动合同履行完毕后，当事人双方的权利义务已经终止，不需要用解除行为来终止双方的权利义务。

（3）劳动合同解除形式法定。按照法律规定，一是由双方当事人根据各自的主客观情况的变化协商解除劳动合同；二是一方当事人根据法律的规定事由单方解除劳动合同。

（4）劳动合同的解除，是提前终止双方的权利义务关系，使得当事人之间的劳动关系提前消灭。

2. 劳动合同解除的分类

劳动合同的解除，可以按照不同的标准，进行以下几种分类。

（1）按照劳动合同解除方式的不同分为单方解除和协议解除。单方解除是指劳动合同中的一方在享有单方解除权的条件下，依照法定程序对劳动合同进行解除。因此，单方解除是劳动合同一方当事人依法享有的权利，不需要经过对方当事人同意，其单方决定就可以解除劳动合同。单方解除权人行使单方解除劳动合同的权利时可以只根据自己一方的行为依法消灭了与对方建立的劳动合同关系。所以，法律对劳动合同中另一方当事人的保护就显得更为重要和迫切。特别是对劳动合同关系中处于相对弱势的劳动者一方的保护就更为重要了。正是基于这个原因，我国《劳动合同法》对单方解除权规定了许多方面的限制条件。所谓协议解除，又称约定解除，是指劳动合同双方当事人在协商一致的基础上达成协议，解除劳动合同。协议解除劳动合同是法律赋予劳动关系当事人以合意的方式消灭劳动权利义务关系的一种途径。其优点在于这是通过劳动关系当事人双方的合意将劳动权利义务关系予以消灭的，从而回避了单方解除劳动合同这种比较刚性的手段，可以最大限度地避免单方解除劳动合同可能带来的冲突。① 所以，虽然劳动法理论十分强调国家对劳动合同解除和终止的适当干预，但基于传统私法的意思自治原则，劳动合同的双方当事人协议解除劳动合同的做法还是得到各国法律肯定的。

（2）按照解除劳动合同条件的依据不同分为法定解除和约定解除。所谓法定解除，是指劳动者或用人单位在符合劳动法规定合同解除条件的情况下，单方面解除劳动合同。立法之所以规定劳动合同解除条件，旨在限制单方解除劳动合同（尤其是辞退）的任意性，以维护劳动关系的稳定性，保护处在弱势地位的劳动者。因此许多国家的劳动立法，既有许可性条件的规定，又有禁止性条件的规定，以保护劳动者的权益。所谓约定解除，是指劳动者或用人单位在符合集体合同或劳动合同依法约定的合同解除条件下，单方解除劳动合同，又称为约定解除权。它不同于因约定的终止条件（学理上称为解除条件）成就而终止，当约定的终止条件成就时，劳动合同即时终止，不需要解除权人的解除行为。而在条件成就时，解除权人仅仅获得了解除权，解除权人须作出解除合同的意思表示，劳动合同才解除，解除权人不行使解除权，劳动合同不能因此而解除。需要说明的是，劳动合同的解除以法定解除为主，约定解除权的范围是非常小的。民法的基本原则是合同自由，只要不违反国家的强制

---

① 杨景宇，李飞. 中华人民共和国劳动合同法释义. 北京：中国人事出版社，2007.

性规定，当事人可以对合同内容任意作出约定，当然可以约定解除权。但是，在劳动合同中，只能在法定的适用于约定解除的范围之内约定解除权，并且不得与法定的禁止性条件相悖，也不得与辞职的法定许可性条件相冲突。①

（3）根据导致合同解除的原因中是否包含当事人的过错分为有过错解除和无过错解除。所谓有过错解除，即由于一方当事人的过错行为导致对方当事人行使解除权而解除劳动合同。包括劳动者因用人单位的过错而辞职和用人单位因劳动者的过错而辞退。这里的过错，只限于以严重到足以导致辞退或辞职之程度为准，轻微过错不包括在内。因此，有过错解除的条件具有强制性，一般由立法规定，在世界各国已经成为通例。所谓无过错解除，即在对方当事人无过错行为或过错行为轻微的情况下单方面解除劳动合同。为了减少或避免合同解除可能给对方当事人造成的损失，立法要求劳动者或用人单位在解除合同前向对方预告，而且还应要求用人单位对辞退或辞职的劳动者都给予一定的经济补偿。②

（4）以行使单方解除权解除劳动合同时，是否需要合同一方预先通知对方分为单方预告解除和单方即时解除。所谓单方预告解除，是指经过预先通知对方当事人后才可以单方解除劳动合同。所谓单方即时解除，是指在通知到达合同的对方当事人时劳动合同即解除。

（5）以行使单方解除权的主体不同分为劳动者单方解除（辞职）和用人单位单方解除（辞退）。劳动者单方解除（辞职）是指劳动者依照法律规定单方解除劳动合同。用人单位单方解除（辞退）是指用人单位依照法律规定单方解除劳动合同的行为。从上述五种分类可以看出，后四种都是针对单方解除劳动合同所作出的分类。可见，单方解除劳动合同是一个比较复杂的问题，也是我们研究劳动合同解除制度中的重点和难点问题。

4.1.2 劳动合同解除的条件和程序

1. 劳动合同的协议解除

1）协议解除的含义

《劳动合同法》第36条规定："用人单位与劳动者协商一致，可以解除劳动合同。"根据劳动合同订立的自由原则，用人单位与劳动者协商一致就可以解除劳动合同，而不需要法律的规定或者双方事先的约定。所谓协议解除，是指劳动合同的双方当事人在协商一致的基础上达成协议，解除劳动合同。劳动合同是在双方协商一致的基础上订立的，当然也允许其自愿协商解除，而不问解除的理由和原因。协议解除劳动合同是双方当事人意思表示一致的结果。只要一方提出解除的要求，另一方表示同意即可。

协议解除与单方解除的区别主要在于：第一，条件不同，协议解除必须双方达成一致，而单方解除必须符合法律规定的条件；第二，公权力的介入情况不同，协议解除体现的是当事人的意思自治，只要达成一致，就不问其他理由，受到的限制较少，单方解除法律设定了条件和程序，体现了国家公权力对合同自由的干预和限制。

2）协议解除的条件

劳动合同依法订立后，就在用人单位与劳动者之间建立了劳动法律关系，具有了法律效力，任何一方不得因后悔或者难以履行而擅自解除劳动合同。但是，为了保障用人单位的用

---

① 郭才森. 劳动者解除劳动合同制度研究［D］. 济南：山东大学，2005.
② 王全兴. 劳动法. 北京：法律出版社，1997.

人自主权和劳动者劳动权的实现，法律规定符合特定条件和依据相应的程序，用人单位与劳动者可以在不违背国家利益和社会公共利益的情况下，解除劳动合同。《劳动合同法》第 36 条规定："用人单位与劳动者协商一致，可以解除劳动合同。"但是协议解除劳动合同必须具备一定的条件。第一，被解除的劳动合同是依法成立且有效的劳动合同，没有成立的、无效的劳动合同不能协商解除。第二，解除时间必须是在劳动合同依法订立之后、尚未全部履行完毕之前实施。第三，用人单位与劳动者均有权提出解除劳动合同的请求。第四，在双方自愿、平等协商的基础上达成一致意见，可以不受劳动合同中约定的终止条件的限制。

3）协议解除的后果

虽然双方当事人都有权提出协商解除劳动合同的请求，但由不同的当事人提出解除的，其法律后果也不同。根据《劳动合同法》第 46 条的规定，用人单位向劳动者提出解除劳动合同并与劳动者协商一致解除劳动合同的，应当向劳动者支付经济补偿金。换言之，如果是劳动者向用人单位提出解除劳动合同并与用人单位协商解除劳动合同的，用人单位无须向劳动者支付经济补偿金。

2. 劳动者单方解除劳动合同

为了保障劳动者自由选择职业的权利，以及促进劳动资源的合理配置，《劳动合同法》允许劳动者自由地单方解除劳动合同，而无须用人单位的同意。但对于不同的情况，《劳动合同法》第 37 条和第 38 条分别作了规定，即预告解除和即时解除。

1）劳动者预告解除劳动合同

劳动者预告解除，也称为劳动者预告辞职，是指劳动者解除劳动合同不需要任何理由，只需要提前一定的期限告知用人单位即可解除劳动合同。根据《劳动合同法》第 37 条的规定，劳动者在预告解除劳动合同时，无须提出任何理由。法律之所以在当事人双方都无过错的情况下，赋予劳动者无条件的预告解除权，是为了保障在劳动关系中处于弱势的劳动者，使劳动者享有充分自由选择职业的权利。《劳动合同法》规定了劳动者预告解除的两种情形。

（1）试用期内预告解除劳动合同。劳动者在试用期内提前 3 日通知用人单位解除劳动合同。劳动合同的试用期既是用人单位对劳动者的考察期，也是劳动者选择用人单位的选择期。因此，法律对劳动者在试用期内单方解除劳动合同的限制较少，无须提前 30 日通知用人单位，也不需要采用书面形式，而只要提前 3 日以任何方式通知用人单位即可。《劳动合同法》的这一规定改变了《劳动法》第 32 条规定的劳动者可以在试用期任何时候提出解除劳动合同的规定，其目的是为了防止劳动者突然提出解除劳动合同而给用人单位的正常业务开展带来一定的困难。

（2）试用期以外的预告解除。劳动合同期限内提前 30 日书面通知用人单位解除劳动合同。在劳动合同试用期满后的劳动合同履行中，劳动者要解除劳动合同的，需要提前 30 日以书面形式通知用人单位。法律之所以作这样的规定，主要是为了让用人单位有比较充足的时间安排工作，避免因劳动者解除劳动合同给生产经营带来影响，同时，也兼顾劳动者的利益。

2）劳动者即时解除劳动合同

（1）劳动者即时解除的概念与特征。所谓劳动者即时解除，又称为即时辞职，是指在发生法律法规规定的特殊事由时，劳动者无须预告而随时通知用人单位即可解除劳动合同。

《劳动合同法》赋予劳动者即时解除劳动合同的权利，主要是为了在用人单位违反劳动合同的约定或者违反法律法规的强制性规定时，赋予劳动者一定的救济方法，以便能够及时地维护劳动者的合法权益。即时辞职是在用人单位毫无准备的情况下发生的，用人单位可能无法及时安排其他劳动者来顶替辞职劳动者的工作，而对生产工作产生不良影响，法律规定劳动者的即时辞职只能发生在用人单位有过错的情况下。与劳动者预告辞职相比，劳动者即时辞职的特征有三。一是没有预告期。劳动者可以随时辞职。二是必须是在法定条件下行使。法律规定了劳动者即时辞职的法定情形，在用人单位有过错的情况下才可以行使。三是用人单位要支付经济补偿金。按照《劳动合同法》第38条和《劳动合同法实施条例》第18条的规定，劳动者即时解除有两种情形，根据劳动者即时解除是否需要通知用人单位，即时辞职可以分为随时通知的辞职和无须通知的辞职。前者要求劳动者在辞职时需履行通知用人单位的义务，不得不辞而别。后者是指劳动者可以不通知用人单位而自行离职，可以不辞而别。

（2）劳动者随时通知辞职的法定情形。

第一，用人单位未按照劳动合同约定提供劳动保护或者劳动条件的。劳动保护条件是劳动者进行安全、卫生工作以及保障其人身安全的必备要件。劳动条件是指劳动者在劳动过程中的工作环境等条件。只有在用人单位提供了劳动合同约定的劳动保护或者劳动条件的情况下，劳动者的健康权才能得到保障。《国际劳动公约和建议书》就规定了工时、休息、安全、防护、卫生等方面的劳动条件。不同性质的劳动合同，其劳动条件亦不相同，如建筑、交通运输等高危险的行业，用人单位就应当提供更高要求的相应的保护措施。用人单位违反劳动合同约定的劳动条件，属于违约行为；而不提供合格的劳动保护条件，则是属于违法行为。这些行为都侵犯了劳动者正当合法的劳动权益，甚至会威胁到劳动者的生命、身体健康等。因此，法律规定劳动者有随时通知用人单位解除劳动合同的权利。

第二，用人单位未及时足额支付劳动报酬的。《劳动合同法》要求用人单位应当及时足额地支付劳动报酬。在劳动者按劳动合同履行了劳动义务后，用人单位就应向劳动者及时支付足额的劳动报酬。但在实际生活中，用人单位无故拖欠、克扣工资的情况屡见不鲜，劳动者的生活会因为用人单位不及时支付工资而受影响。在这种情况下，一方面可以由劳动行政部门责令其向劳动者支付劳动报酬和经济补偿金；另一方面劳动者也可以即时解除劳动合同以维护自身合法权益。

第三，用人单位未依法为劳动者缴纳社会保险费的。社会保险，是对劳动者在暂时或永久丧失劳动能力，或者失业及发生其他困难的情况下，运用社会力量给这些劳动者以一定程度的收入损失补偿，使之能继续达到基本生活水平的一种制度。社会保险是国家立法确认并强制单位和劳动者必须依法参加并缴纳社会保险费。因此，用人单位未为劳动者缴纳社会保险费是违法行为，劳动者可以随时解除劳动合同。

第四，用人单位的规章制度违反法律、法规的规定，损害劳动者权益的。用人单位的规章制度可以规范劳动者的劳动行为，对劳动者的合法权益有重大影响。因此，《劳动合同法》第4条第1款明确规定："用人单位应当依法建立和完善劳动规章制度，保障劳动者享有劳动权利、履行劳动义务。"为了切实维护劳动者的权益，在用人单位的规章制度违反法律法规规定的情况下，劳动者可以随时解除劳动合同。

第五，用人单位以欺诈、胁迫的手段或者乘人之危，使劳动者在违背真实意思的情况下订立或者变更劳动合同的。根据劳动合同订立的平等自愿原则，劳动合同的订立、变更应完全出于双方当事人的意愿，任何一方不得以欺诈、胁迫的手段或者乘人之危而强迫对方订立、变更劳动合同。根据《劳动合同法》第 26 条的规定，用人单位以欺诈、胁迫的手段或者乘人之危，使劳动者在违背真实意思的情况下订立或者变更劳动合同的，劳动合同无效，因此劳动者可以随时要求解除该劳动合同。

第六，用人单位在劳动合同中免除自己的法定责任、排除劳动者权利的。劳动合同订立的公平原则，要求用人单位应当依据社会公认的公平观念与劳动者订立劳动合同。用人单位在劳动合同中免除自己的法定责任、排除劳动者权利，严重损害了处于弱势的劳动者的合法权益，也违背了公平原则的要求。因此，在用人单位免除自己的法定责任、排除劳动者权利的情况下，《劳动合同法》赋予了劳动者随时解除劳动合同的权利。

第七，用人单位违反法律、行政法规强制性规定的。根据劳动合同订立的合法原则，劳动合同的内容必须符合法律、行政法规的强制性规定，违反法律法规强制性规定的合同条款无效。此时，劳动者也有权随时解除劳动合同。

第八，法律、行政法规规定劳动者可以解除劳动合同的其他情形。由于现实生活的情况千变万化，《劳动合同法》无法穷尽用人单位侵害劳动者合法权益的所有形式，因此规定在其他法律或行政法规规定了劳动者可以解除劳动合同的情形时，亦可适用《劳动合同法》的相关规定。

（3）劳动者无须通知的辞职。

第一，用人单位以暴力、威胁或者非法限制人身自由的手段强迫劳动者劳动的。劳动者的人身权利和自由是各种权利中的基本权利，受到宪法和法律的严格保护。用人单位以暴力、威胁或者非法限制人身自由的手段强迫劳动者劳动的行为，严重侵害了劳动者的基本权利，是非法的，劳动者有权随时解除劳动合同，而无须事先告知用人单位。

第二，用人单位违章指挥、强令冒险作业危及劳动者人身安全的。用人单位在行使劳动合同所约定的权利时，必须符合法律法规和规章制度的规定。对于用人单位不顾劳动者的人身安全，违章指挥、强令从事危险作业的劳动者，在没有安全防护措施的情况下，进行冒险作业的，劳动者有权拒绝，并可以即时解除劳动合同，亦无须事先告知用人单位，完全按照自己的意愿立即解除劳动合同，用人单位对劳动者解除劳动合同的意思无须知晓。

3. 用人单位单方解除劳动合同

用人单位单方解除劳动合同，又称为用人单位单方辞退，是指当法律法规规定的情形发生时，用人单位可以单方解除劳动合同的情形。为了更好地维护劳动者的合法权益，我国的《劳动合同法》对用人单位可以单方解除劳动合同的情形进行了严格的限制，明确了用人单位可以预告解除、即时解除和裁员解除劳动合同的具体情形。同时，《劳动合同法》第 43 条规定，不管通过哪种方式，用人单位单方解除劳动合同的，应当事先将理由通知工会。

1）用人单位预告解除劳动合同

用人单位预告解除，也称为用人单位预告辞退或非过错性辞退，是指用人单位依照法律规定的期限，提前通知劳动者或者给予劳动者一定的补偿后才能解除劳动合同的行为。用人单位的预告解除与劳动者的预告解除不同：首先，劳动者预告解除劳动合同不需要提出任何理由，而用人单位则只有在法律法规规定的情形出现时，才能提出预告解除；其次，在出现用人单位可以预告解除劳动合同的情形时，用人单位既可以选择提前 30 日以书面形式通知劳动者而解除合同，也可以选择额外支付劳动者一个月工资以解除合同。《劳动合同法》之所以这样规定主要是为了避免用人单位随意解除劳动合同，从而维护劳动者的合法权益。根据《劳动合同法》第40条规定，具有以下情形之一的，用人单位可以预告解除劳动合同。

（1）劳动者患病或者非因工负伤，在规定的医疗期满后不能从事原工作，也不能从事由用人单位另行安排的工作的。该规定的适用，应当具备以下几个条件。一是劳动者必须是患病或者非因工负伤，如果是患职业病或因公负伤的，适用工伤制度的规定。二是医疗期满，如果是在医疗期间，用人单位不得解除劳动合同。根据劳动部颁行的《企业职工患病或非因工负伤医疗期规定》，医疗期是指职工因患病或非因工负伤停止工作治病休息的时限，不是其伤病治愈所需要的时间。三是医疗期满后，劳动者不能从事原工作，也不能从事用人单位另行安排的工作。因此，用人单位依据这一规定解除劳动合同时，必须先给劳动者安排其他工作，只有在劳动者无法从事时，才能行使解除权。

（2）劳动者不能胜任工作，经过培训或者调整工作岗位，仍不能胜任工作的。这里的"不能胜任工作"，是指劳动者不能按要求完成劳动合同中约定的任务或同工种、同岗位人员的正常工作量。当劳动者不能胜任工作，不能按照劳动合同的约定付出劳动时，劳动合同就没有继续履行的必要。但判断劳动者"不能胜任"的标准不能由用人单位任意确定，用人单位也不能故意提高定额标准，使劳动者无法完成工作任务，而应当有相关证明并与劳动者所从事的劳动相联系。在确认劳动者不能胜任工作之后，用人单位还应当对劳动者进行培训或者调整工作岗位。只有在经过培训或调整工作岗位后劳动者仍然不能胜任工作的情况下，用人单位才能行使预告解除劳动合同的权利。

（3）劳动合同订立时所依据的客观情况发生重大变化，致使劳动合同无法履行，经用人单位与劳动者协商，未能变更劳动合同内容达成协议的。客观情况发生重大变化，主要是指发生不可抗力，如地震、水灾等情况，或出现了致使劳动合同无法履行的客观情况，如企业迁移、合并。在出现上述重大变化后，用人单位首先应当与劳动者协商以变更原劳动合同，只有在双方不能对变更劳动合同内容达成协议时，用人单位才能预告解除劳动合同。

2）用人单位即时解除劳动合同

用人单位即时解除劳动合同，又称为过错性辞退、过错性解雇、即时辞退等，是指用人单位可以不必提前预告而解除劳动合同的行为。与用人单位预告解除劳动合同相比，即时解除劳动合同对劳动者的影响更大，因而法律对用人单位即时解除劳动合同的情形进行了更加严格的限制，只有劳动者在工作中存在严重过错的情况下，用人单位才享有此项权利。《劳动合同法》第39条具体规定了以下几种用人单位可以即时解除劳动合同的情形。

（1）劳动者在试用期间被证明不符合录用条件的。劳动合同的试用期是用人单位对劳动者的考察期，如果劳动者在此期间被证明不符合录用条件，用人单位就可以即时解除劳动合同。但此规定的适用应当具备的两个条件：一是劳动者正在试用期内，如果劳动合同约定的试用期已经届满，用人单位不得以此为由解除劳动合同；二是有证据表明劳动者不符合录用条件。所谓录用条件，必须是法律、法规规定的一般条件以及用人单位在录用劳动者前公布的录用条件，不能包括试用期间以及试用期届满后用人单位自己抬高的录用条件，即录用条件要有合法性和合理性。但在现实生活中，经常发生用人单位在未能证明劳动者不符合录用条件的情况下就解除劳动合同，给劳动者的权益造成了极大的损害。按照法律规定，用人单位应当对劳动者不符合录用条件的事实予以证明，否则劳动者可以拒绝解除劳动合同。

（2）劳动者严重违反用人单位的规章制度的。适用这一规定解除劳动合同必须具备如下条件。一是用人单位的规章制度是合法有效的。用人单位的规章制度是劳动者履行劳动义务的依据，如果劳动者严重违反用人单位的规章制度，用人单位有权即时解除劳动合同。如果规章制度不合法，即使劳动者严重违反用人单位的规章制度，用人单位也不能解除劳动合同。二是劳动者严重违反用人单位的规章制度。是否严重违反，需要根据实际情况予以判断，只有在违章程度严重的情况下，用人单位才有权解除劳动合同，否则劳动者有权拒绝解除。

（3）劳动者严重失职，营私舞弊，给用人单位造成重大损害的。根据诚实信用原则的要求，劳动者应坚守工作岗位，严格按照劳动合同的约定完成工作任务，而不得利用职务之便牟取私利，损害单位利益。在劳动者既存在严重失职、营私舞弊的行为，又给用人单位造成重大损害的情况下，用人单位有权解除劳动合同。也就是说，要两个条件同时具备，缺一不可。

（4）劳动者同时与其他用人单位建立劳动关系，对完成本单位的工作任务造成严重影响，或者经用人单位提出，拒不改正的。为了保证劳动合同的正常履行，劳动法规定劳动者只能与一个用人单位建立劳动关系，否则用人单位有权解除劳动合同。但在用人单位解除劳动合同时，除了证明劳动者与其他用人单位建立劳动关系外，还须证明已向劳动者提出但其拒不改正。

（5）劳动者以欺诈、胁迫的手段或者乘人之危，使用人单位在违背真实意思的情况下订立或者变更劳动合同的。根据劳动合同订立的平等自愿原则，不仅用人单位不得以欺诈、胁迫的手段或乘人之危强迫劳动者订立劳动合同，劳动者也不得采取这些手段使用人单位在违背真实意思的情况下订立或者变更劳动合同。劳动者以欺诈、胁迫手段或者乘人之危强迫用人单位订立或者变更劳动合同的，该合同无效，因此用人单位有权即时解除劳动合同。

（6）劳动者被依法追究刑事责任的。劳动者被依法追究刑事责任，是指在劳动合同存续期间，劳动者因触犯刑法，被人民法院依法判处刑罚的情形。但仅被有关机关拘留或逮捕，或者虽被法院宣告有罪但免予刑事处罚的，不属于被追究刑事责任的情形，因此用人单位不得以此解除劳动合同。

3）用人单位裁员解除劳动合同

用人单位裁员解除劳动合同通常称为经济裁员，是指用人单位濒临破产进行法定整顿期间或者生产经营状况发生严重困难，需一次性辞退大批劳动者，以改善生产经营状况的一种手段。经济性裁员在本质上属于用人单位对劳动合同的无过错性单方预告解除劳动合同，是法律为了平衡用人单位和劳动者的利益而作出的规定。

（1）用人单位裁员解除劳动合同与用人单位预告解除和即时解除劳动合同的不同。一是解除情形不同。裁员解除是以用人单位的生产经营状况变化为前提；而用人单位预告解除是因为劳动者客观不能履行劳动合同，即时解除是因为劳动者在履行合同过程中存在重大过错。二是解除的程序不同。《劳动合同法》规定了用人单位裁员的特殊程序：需要裁减人员20人以上或者裁减不足20人但占企业职工总数10%以上的，用人单位需提前30日向工会或者全体职工说明情况，听取工会或者职工的意见，其后还要将裁减人员方案向劳动行政部门报告方可裁减人员；而用人单位预告解除和即时解除则无须如此复杂的程序。

（2）经济裁员的要件。《劳动合同法》第41条第1款规定了用人单位经济裁员必须满足以下条件。

第一，符合法定的情形。根据《劳动合同法》第41条的规定，用人单位经济裁员的法定情形有四种：一是依照《企业破产法》规定进行重整的。根据《企业破产法》的规定，企业法人不能清偿到期债务，并且资产不足以清偿全部债务或者明显缺乏清偿能力，或者有明显丧失清偿能力可能的，可以依法进行重整。此时，为了企业的更好发展，用人单位可以进行裁员。二是生产经营发生严重困难的。生产经营发生严重困难，是指用人单位生产经营恶化，并达到当地政府规定的严重困难企业标准的情形。在这种情况下，如果确实需要通过裁员来克服企业困难的，用人单位可以进行裁员。三是企业转产、重大技术革新或者经营方式调整，经变更劳动合同后，仍需裁减人员的。在用人单位转产、重大技术革新或者经营方式调整过程中，可能导致工作岗位的减少。此时，用人单位应当与劳动者协商变更劳动合同，但如果在劳动合同变更之后，仍然需要裁减人员的，用人单位可以按照法定程序进行裁减。四是其他因劳动合同订立时所依据的客观经济情况发生重大变化，致使劳动合同无法履行的。为了让用人单位能够更好地适应客观经济情况的变化，法律赋予了用人单位在由于客观经济情况变化而导致劳动合同无法履行时解除劳动合同的权利。

第二，因发生所列的法定情形导致劳动合同无法履行。如果发生了《劳动合同法》第41条所列出的四种情形，企业与劳动者之间的劳动合同仍然可以继续履行的，企业没有裁员的必要。

第三，裁员的人数必须达到法定标准。由于经济裁员是一次性辞退大批劳动者，容易引发社会问题，因此法律对裁员的法定标准有规定，要求是裁减人员20人以上或者裁减不足20人但占企业职工总数10%以上的，只有符合这一条件，才可以经济裁员。如果裁减的人数不符合这一条件，用人单位就只能通过与劳动者协商解除劳动合同。

第四，听取工会或者全体职工的意见，并向劳动行政部门报告。《劳动合同法》第41条规定，用人单位继续经济性裁员，需要提前30日向工会或者全体职工说明情况，听取工会或者职工的意见后，裁减人员方案经向劳动行政部门报告，方可裁减人员。

（3）经济性裁员的特殊规定。为了防止用人单位侵害劳动者的利益，法律对经济性裁员，规定了优先留用和优先录用。一是优先留用。《劳动合同法》第41条规定裁减人员时，应当优先留用与本单位订立较长期限的固定期限劳动合同的人员、与本单位订立无固定期限劳动合同的人员、家庭无其他就业人员并有需要扶养的老人或者未成年人的人员。二是优先录用。《劳动合同法》第41条规定，用人单位依法裁减人员，如果在6个月内重新招用人员的，应当通知被裁减的人员，并在同等条件下优先招用被裁减的人员。

（4）经济性裁员的程序。为了尽量减缓经济性裁员对劳动者和整个社会的安定团结造成的冲击，《劳动合同法》延续了《劳动法》关于经济性裁员的程序性规定，要求用人单位进行经济裁员必须履行法定程序。第一步，必须提前30日向工会或者全体职工说明情况。由于经济性裁员涉及较多劳动者的权益，为便于工会和劳动者了解裁减理由，获得工会和劳动者对经济性裁员行为的理解和认同，用人单位必须提前30日向工会或者全体职工说明情况，并听取工会或者职工的意见。第二步，提出裁减人员方案，内容包括：被裁减人员名单，裁减时间及实施步骤，符合法律、法规规定和集体合同约定的被裁减人员经济补偿办法。第三步，将裁减人员方案征求工会或者职工的意见，并对方案进行修改和完善。用人单位经向工会或者全体职工说明情况，听取工会或者职工的意见，对原裁减人员方案进行必要修改后，形成正式的裁减人员方案。第四步，向当地劳动行政部门报告裁减人员方案。该裁减人员方案需要向劳动行政部门报告，以使劳动行政部门了解裁减情况，必要时采取相应措施，防止出现意外情况，监督经济性裁员合法进行。第五步，由用人单位正式公布裁减人员方案，办理解除劳动合同手续，按照有关规定向被裁减人员支付经济补偿金。

4）用人单位预告解除和裁员的禁止性规定

为了保护劳动者中最弱势群体的权益，《劳动合同法》除了规定用人单位可以解除劳动合同的情形外，还专门规定了不得解除劳动合同的情形。根据《劳动合同法》第 42 条的规定，劳动者有下列情形之一的，用人单位不得预告解除和裁员解除劳动合同。

（1）从事接触职业病危害作业的劳动者未进行离岗前职业健康检查，或者疑似职业病病人在诊断或者医学观察期间的。为了保护劳动者的健康及相关权益，《劳动合同法》和《职业病防治法》都规定，对未进行离岗前职业健康检查的劳动者，或者劳动者在疑似职业病病人诊断或者医学观察期间，用人单位不得解除或者终止劳动合同。

（2）在本单位患职业病或者因工负伤并被确认丧失或者部分丧失劳动能力的。根据《职业病防治法》第 2 条的规定，职业病是指用人单位的劳动者在职业活动中，因接触粉尘、放射性物质和其他有毒、有害物质等因素而引起的疾病，并明确规定了职业病的种类。因工负伤又称工伤，是指劳动者在工作过程中身体受到伤害。《工伤保险条例》对属于工伤的情形作了明确的规定。劳动者患职业病或者因工负伤并被确认丧失或者部分丧失劳动能力的，用人单位不得对其进行预告解除或裁员解除劳动合同。但如果劳动者仅仅是患职业病或因工负伤，而未丧失或者部分丧失劳动能力的，用人单位有权预告解除和裁员。

（3）患病或者非因工负伤，在规定的医疗期内的。医疗期，是指劳动者根据其在用人单位工作的年限，依法可以享受停工医疗并发给病假工资的期间。《企业职工患病或非因工负伤医疗期规定》对不同劳动者的医疗期进行了详细的规定。在此期间，用人单位不得对劳动者进行预告解除和裁员解除劳动合同。

（4）女职工在孕期、产期、哺乳期的。妇女有与男性不同的生理特点，往往会在劳动中遇到一些特殊困难。为了对她们的特殊利益进行保护，保障其安全和健康，法律规定女职工在孕期、产期、哺乳期内，用人单位不得对其进行预告解除和裁员解除劳动合同。

（5）在本单位连续工作满 15 年，且距法定退休年龄不足 5 年的。除了特殊职业外，我国法律规定的退休年龄是男性 60 周岁，女性 55 周岁。在本单位连续工作满 15 年，且距法定退休年龄不足 5 年的职工，对用人单位作出了相当的贡献，如果随意解除其劳动合同，将使他们面临生活困难等问题。因此，法律规定对这部分劳动者，用人单位不得预告解除和裁员解除劳动合同，从而更好地保障了这些弱势劳动者的劳动权益。

（6）法律、行政法规规定的其他情形。除了《劳动合同法》外，其他法律、行政法规也可能规定有用人单位不得解除劳动合同的情形，为了法律之间的相互协调，这些其他情形也可适用《劳动合同法》的相关规定，也为以后的立法留下空间。

以上情形只是约束了用人单位预告解除和裁员解除劳动合同的权利，但如果出现了法律所规定的用人单位有权即时解除劳动合同的情形，则不受该规定的约束。

4.1.3　劳动合同解除的后果

劳动合同解除的后果，是指劳动合同的解除所导致的法律后果，即劳动合同的解除对双方当事人附随产生的法律规定的权利义务。① 无论是双方协商解除还是当事人单方解除劳动合同，都会产生相应的法律后果，但解除的方式不同，产生的法律后果也不相同。

1. 用人单位的义务

1）支付经济补偿

除了用人单位即时解除和劳动者预告解除以及劳动者提出并协商解除劳动合同的情形外，劳动合同解除一般都要求用人单位支付经济补偿。《劳动合同法》第46条规定了用人单位应当支付经济补偿的具体情形。

（1）在法律所规定的情形出现时，劳动者即时解除劳动合同的。用人单位有违法违约行为的，劳动者可以即时解除劳动合同。此时由于用人单位存在过错，所以劳动者有权要求其支付经济补偿。

（2）用人单位向劳动者提出解除劳动合同并与劳动者协商一致解除劳动合同的。这一规定有利于促进劳动力的流动。在用人单位提出协商解除劳动合同时，如果不需要向劳动者支付经济补偿，那么很多劳动者就不会同意解除，从而限制了劳动力资源的合理配置。但是，如果是劳动者主动提出协商解除劳动合同的，则不得要求用人单位支付经济补偿。

（3）在出现劳动者不能实际履行劳动合同约定义务的情形时，用人单位预告解除劳动合同的。这里所说的劳动者不能实际履行劳动合同的情形，是指《劳动合同法》第40条所规定的用人单位可以预告解除劳动合同的三种情形。在这些情形下，劳动者并不存在重大过错，用人单位也没有过失，但法律为了平衡双方的权利义务，规定用人单位应向劳动者支付经济补偿。

（4）用人单位因生产经营状况发生变化而裁员解除劳动合同的。这种情形与上述第三种情形相同，劳动者和用人单位都不存在过错，而是由于客观原因的变化造成劳动合同的履行并无实际意义。法律为了更好地保障劳动者的权益，规定了用人单位向劳动者支付经济补偿的义务。

（5）法律、行政法规规定的其他情形。其他法律、行政法规中有关用人单位支付经济补偿规定的，依然可以适用劳动合同法的相关规定。

同时，《劳动合同法》第47条对支付经济补偿的标准作出了明确规定，经济补偿按劳动者在本单位工作的年限，每满1年支付1个月工资的标准支付；6个月以上不满1年的，按1年计算；不满6个月的，支付半个月工资的经济补偿。劳动者月工资高于用人单位所在地直辖市、设区的市级人民政府公布的本地区上年度职工月平均工资3倍的，向其支付经济补偿的标准按职工月平均工资3倍的数额支付，向其支付的年限最高不超过12年。《违反和解除劳动合同的经济补偿办法》第10条规定："用人单位解除劳动合同后，未按规定给予劳动者经济补偿的，除全额发给经济补偿金外，还须按该经济补偿金数额的25%支付额外经济补偿金。"

最高人民法院《劳动争议司法解释四》第5条明确规定："劳动者非因本人原因从原用人单位被安排到新用人单位工作，原用人单位未支付经济补偿，劳动者依照劳动合同法第38条规定与新用人单位解除劳动合同，或者新用人单位向劳动者提出解除、终止劳动合同，在计算支付经济补偿或赔偿金的工作年限时，劳动者请求把在原用人单位的工作年限合并计

---

① 王全兴. 劳动法学. 北京：中国法制出版社，2001.

算为新用人单位工作年限的，人民法院应予支持。用人单位符合下列情形之一的，应当认定属于'劳动者非因本人原因从原用人单位被安排到新用人单位工作'：（一）劳动者仍在原工作场所、工作岗位工作，劳动合同主体由原用人单位变更为新用人单位；（二）用人单位以组织委派或任命形式对劳动者进行工作调动；（三）因用人单位合并、分立等原因导致劳动者工作调动；（四）用人单位及其关联企业与劳动者轮流订立劳动合同；（五）其他合理情形。"该条是对《劳动合同法实施条例》第 10 条规定的延伸，是为了规制用人单位利用调动或利用不同用工主体交替与劳动者订立劳动合同，以少算劳动者的工作年限，达到少支付经济补偿的目的。在本条规定的五项具体情形下，劳动者请求把在原用人单位的工作年限合并计算为新用人单位工作年限的，人民法院应予支持。

2）支付医疗补助费

根据《违反和解除劳动合同的经济补偿办法》第 6 条规定，"劳动者患病或者非因工负伤，经劳动鉴定委员会确认不能从事原工作，也不能从事用人单位另行安排的工作而解除劳动合同的，用人单位给劳动者支付经济补偿金的同时，还应发给不低于 6 个月工资的医疗补助费。患重病和绝症的还应增加医疗补助费，患重病的增加部分不低于医疗补助费的 50%，患绝症的增加部分不低于医疗补助费的 100%。"

3）支付经济赔偿金

根据《劳动合同法》第 48 条规定，用人单位违反《劳动合同法》的规定解除劳动合同时，即用人单位无单方解除权而解除劳动合同时，劳动者要求继续履行劳动合同的，用人单位应当继续履行；劳动者不要求继续履行劳动合同或者劳动合同已经不能继续履行的，用人单位应当按照上述经济补偿标准的 2 倍向劳动者支付赔偿金。最高人民法院《劳动争议司法解释四》第 12 条明确规定："建立了工会组织的用人单位解除劳动合同符合《劳动合同法》第 39 条、第 40 条规定，但未按照《劳动合同法》第 43 条规定事先通知工会，劳动者以用人单位违法解除劳动合同为由请求用人单位支付赔偿金的，人民法院应予支持，但起诉前用人单位已经补正有关程序的除外。"此条规定明确了在单位已经建立了工会组织的情况下，用人单位依照《劳动合同法》第 39 条、第 40 条规定单方解除劳动合同，未通知工会的属违法解雇行为。劳动者要求用人单位支付赔偿金，人民法院要支持。

4）附随义务

附随义务，是指除了合同约定的义务外，为维护相对人的利益，依据诚实信用原则，于个别情况下要求一方当事人作为或不作为的义务。①《劳动合同法》第 50 条规定了劳动合同解除后用人单位的附随义务。

（1）用人单位应当在解除或者终止劳动合同时出具解除或者终止劳动合同的证明。法律规定用人单位的此项义务主要是为了保障劳动者的就业权利，以及保证劳动力的正常流动。《劳动合同法》第 91 条规定："用人单位招用与其他用人单位尚未解除或者终止劳动合同的劳动者，给其他用人单位造成损失的，应当承担连带赔偿责任。"因此，如果用人单位在解除劳动合同后不出具解除劳动合同的证明，就会使其他用人单位因害怕承担连带责任而不敢招录劳动者，不仅损害劳动者的就业权利，更不利于劳动资源的合理利用。

（2）用人单位应当在解除劳动合同后的 15 天内为劳动者办理档案和社会保险关系转移

---

① 葛立朝，朱建农．合同法．杭州：浙江大学出版社，2008.

手续。劳动者的劳动档案在实践中是极其重要的，如果没有劳动档案就不能正常就业，因此在劳动合同解除后应当及时为劳动者办理档案转移手续。我国社会保险征缴是由用人单位代行缴纳的，如果没有转移社会保险关系，新用人单位就无法为劳动者缴纳社会保险费，从而损害了劳动者的合法权益。因此，法律规定用人单位在解除劳动合同后 15 天内应当为劳动者办理社会保险关系转移手续。

（3）用人单位对已经解除的劳动合同文本，至少保存 2 年备查。劳动合同是确定双方当事人权利义务的契约，也是解决双方争议的依据，为了避免以后双方发生争议后无证可查，法律规定用人单位对已经解除的劳动合同文本至少保存 2 年。

2. 劳动者的义务

1）支付违约金和赔偿金

《劳动合同法》对于劳动者向用人单位支付违约金或赔偿金的情况进行了严格的限制。违约金仅限于劳动合同约定了服务期或者竞业禁止时两种情况。对于违约金的问题前文已有所介绍，这里不再重复。《劳动合同法》第 90 条规定："劳动者违反本法规定解除劳动合同，或者违反劳动合同约定的保密义务或者竞业限制，给用人单位造成损失的，应当承担赔偿责任。"例如，不存在劳动者即时解除劳动合同的情形时，劳动者未通知用人单位而直接解除劳动合同，从而给用人单位造成损失的，应当承担赔偿责任。

2）附随义务

（1）办理工作交接。根据诚实信用原则，《劳动合同法》第 50 条第 2 款规定："劳动者应当按照双方约定，办理工作交接。"法律之所以这样规定，主要是为了避免因劳动合同的解除而给用人单位造成不必要的损失。

（2）保密义务和竞业限制。经与用人单位约定负有保守用人单位商业秘密的劳动者，不得在劳动合同终止或解除后到另一用人单位或自己建立的单位，从事与用人单位具有竞争关系的工作。根据《劳动合同法》第 24 条的规定，负有竞业限制义务的人员，即用人单位的高级管理人员、高级技术人员和其他负有保密义务的人员，在解除劳动合同之后，根据其与用人单位的约定，不得到与用人单位生产或者经营同类产品、从事同类业务的有竞争关系的其他用人单位，或者自己开业生产或者经营同类产品、从事同类业务。但该竞业禁止的期限不得超过劳动合同解除后 2 年。最高人民法院《劳动争议司法解释四》第 10 条规定："劳动者违反竞业限制约定，向用人单位支付违约金后，用人单位要求劳动者按照约定继续履行竞业限制义务的，人民法院应予支持。"按此规定，劳动者违反竞业限制约定并向用人单位支付违约金后，如果用人单位要求劳动者按照约定继续履行竞业限制义务的，劳动者应当继续履行竞业限制的义务。

4.1.4 解除劳动合同损害赔偿计算标准

1. 解除劳动合同的损害赔偿

在实践中常常出现用人单位或劳动者违法解除劳动合同的情形，如用人单位与处在"三期"内的女职工或在医疗期内的职工解除劳动合同，劳动者"不辞而别"并给用人单位造成了损失等，这就涉及损害赔偿的问题。

1）适用损害赔偿的前提

值得注意的是，此处损害赔偿的前提是"违法"解除劳动合同，即用人单位和劳动者的解除行为具有违法性。这里的"法"主要指的是《劳动合同法》有关劳动合同解除与终止的强制性规定。如果解除行为具有合法性，就不存在损害赔偿的问题，而只可能涉及经济补偿金问题。

2）须正确区分赔偿金、违约金与经济补偿金的关系

三者在《劳动合同法》中均有规定，易引起混淆。适用违约金必须满足两个基础性的条件：在合同中约定了违约条款和出现了违约行为。《劳动合同法》只允许用人单位与劳动者就专项培训服务期与竞业限制约定违约金条款，其他任何事项均不得约定为由劳动者承担违约金责任的条款。在违约金条款中通常有违约金数额的约定，但在损害赔偿金中却不存在事先有关损害赔偿数额的约定，而是依照法律的规定或者实际损失来计算。如前所述，赔偿金与经济补偿金的区别在于：一是前者是由于违法解除行为而引起的，后者是合法解除行为才可能产生；二是前者的支付具有双向性，即它既适用于用人单位违法解除劳动合同的情形，也适用于劳动者的违法解除行为；而后者具有单向性，它是专属于用人单位的义务，劳动者无须向用人单位支付经济补偿金。

3）损害赔偿金与经济补偿金能否并用

在《劳动合同法实施条例》出台前，存有较大的争议。一种观点主张二者可以并用，其理由是经济补偿金是弥补损失，而赔偿金与违法行为相联系，具有惩罚的性质；另一种观点认为，按照立法的本意，经济补偿金和赔偿金一个适用于合法解除一个适用于违法解除，二者有不同的适用范围，不应并用。《劳动合同法实施条例》第 25 条明确规定："用人单位违反《劳动合同法》的规定解除或者终止劳动合同，依照《劳动合同法》第 87 条的规定支付了赔偿金的，不再支付经济补偿。赔偿金的计算年限自用工之日起计算。"

2. 用人单位解除劳动合同的损害赔偿金的计算

《劳动合同法》第 48 条规定："用人单位违反本法规定解除或者终止劳动合同，劳动者要求继续履行劳动合同的，用人单位应当继续履行；劳动者不要求继续履行劳动合同或者劳动合同已经不能继续履行的，用人单位应当依照本法第 87 条规定支付赔偿金。"而依照《劳动合同法》第 87 条的规定，用人单位违法解除或终止劳动合同的，其向劳动者支付的赔偿金是经济补偿金的 2 倍。在理解第 48 条时，应注意以下几点：首先，用人单位解除或终止劳动合同的行为具有违法性，具体指违反《劳动合同法》第 39 条至第 45 条的强制性和禁止性规定；其次，劳动者享有继续履行合同或要求用人单位支付赔偿金的选择权，劳动者不愿意继续履行合同或已不能继续履行合同的，用人单位应支付 2 倍于经济补偿金的赔偿金。

因此，在计算赔偿金的时候，应该先计算在合法解除劳动合同时所应支付的经济补偿金的数额，然后乘以 2 就可以得到违法解除劳动合同的赔偿金了。用数学公式可以这样表示：用人单位违法解除劳动合同的赔偿金=经济补偿金×2。

经济补偿金是以劳动者在用人单位的工作年限为基础而计算的，工作年限每满一年就支付劳动者 1 个月的工资，6 个月以上不满 1 年的，按 1 年计算，不满 6 个月的，支付半个月的工资。这里的"以上"、"年满"包括本数，而"不满"则不包括本数，比如一位劳动者在用人单位的工作时间恰好是 6 个月，若符合给付经济补偿金的情形，用人单位应支付 1 个月的工资作为经济补偿金；相反，即使差 1 天满 6 个月，用人单位仍只需支付半个月的工资作为经济补偿金。相比与《违法和解除劳动合同的经济补偿办法》第 5 条笼统地只按"满 1

年"计算，《劳动合同法》在计算方式上作了细化，将6个月以上不满1年和不满6个月的作了不同对待，这样更加科学和公平。对于高薪劳动者（月工资高于所在地上年度职工月平均工资3倍的），《劳动合同法》对其经济补偿的标准按职工月平均工资3倍的数额支付，且支付的最高年限不超过12年。以上所说的月工资是指在终止劳动合同前劳动者12个月的平均工资，劳动者在劳动合同解除或者终止前12个月的平均工资低于当地最低工资标准的，按照当地最低工资标准计算；劳动者工作不满12个月的，按照实际工作的月数计算平均工资。

用人单位在解除或终止劳动合同后未依法支付经济补偿金的，首先由劳动行政部门责令期限予以支付，逾期仍不支付的，用人单位除最终要支付应付经济补偿金外，还应支付加付赔偿金，其标准是应付经济补偿金的50%以上100%以下，具体比例应根据用人单位的违法性质和程度予以自由裁量。

3. 劳动者解除劳动合同的损害赔偿

《劳动合同法》第90条指出："劳动者违反本法规定解除劳动合同，或者违反劳动合同中约定的保密义务或者竞业限制，给用人单位造成损失的，应当承担赔偿责任。"在理解本条时需注意以下三方面：首先，劳动者解除劳动合同具有违法性，具体是指违反《劳动合同法》第37条、38条的相关规定；或者劳动者有违反合同中有关保密义务或竞业限制的约定；其次，劳动者的违法解除合同行为或违约行为给用人单位造成了损失，若没有造成损失，劳动者亦不需承担赔偿责任；最后，劳动者违法解除合同的行为与用人单位的损失之间具有因果关系。除了《劳动合同法》第90条的规定以外，《劳动法》第102条、《关于贯彻执行〈劳动法〉若干问题的意见》第33条均有相似规定。

在此，《劳动合同法》并没有对造成损失后所应赔偿的范围加以明确，不过1995年劳动部颁行的《违反〈劳动法〉有关劳动合同规定的赔偿办法》第4条的规定可以给司法实践一些参考。按照该《办法》劳动者应赔偿给用人单位的损失包括：① 招收录用劳动者所支付的费用；② 用人单位为劳动者支付的培训费用，但双方另有约定的按约定处理，值得注意的是，《劳动合同法》第22条仅允许对"专项培训费用"约定违约金并且其数额不得超过服务期尚未履行部分所应分摊的培训费用，因此，双方的约定不得违反《劳动合同法》第22条的强制性规定；③ 对生产、经营和工作造成的直接经济损失；④ 劳动合同约定的其他赔偿费用，这里同样需要注意不得违反《劳动合同法》的强制性规定，如违约金的规定。

劳动者违反保密义务的约定是一种不诚信的行为，在给用人单位造成损失的前提下，也要依法承担赔偿责任。依《违反〈劳动法〉有关劳动合同规定的赔偿办法》第5条的规定，其赔偿金的支付应依《反不正当竞争法》第20条来处理。即损失可以计算出来的，按计算出来的损失赔偿并且应承担用人单位合理支付的调查费用；若损失难以计算的，则赔偿因侵权行为所获得的利润并承担用人单位所支付的合理调查费用。对于竞业限制，法律规定可以由用人单位和劳动者约定违约金，因此若出现对竞业限制义务的违反，可以按合同的约定予以赔偿。

4. 用人单位与劳动者的连带赔偿责任

此处的连带责任是新用人单位与劳动者对原用人单位的连带责任，连带责任是一种对外不分份额的责任，新用人单位与劳动者作为一个整体对原用人单位承担责任，原用人单位有权请求新用人单位与劳动者之中的一个或全部赔偿其损失，新用人单位与劳动者之一赔偿全部损失后，其对外的债务归于消灭。《劳动合同法》第 91 条规定："用人单位招用与其他用人单位尚未解除或者终止劳动合同的劳动者，给其他用人单位造成损失的，应当承担连带赔偿责任。"根据原劳动部《关于实行劳动合同制度若干问题的通知》第 17 条的规定："用人单位招用职工时应查验终止、解除劳动合同证明，以及其他能证明该职工与任何用人单位不存在劳动关系的凭证，方可与其签订劳动合同。"因此，新用人单位与劳动者对原用人单位承担连带赔偿责任的前提至少有两个：一是新用人单位负有查验劳动者与原用人单位终止、解除劳动合同凭证的义务；二是新用人单位未履行该项义务给原用人单位造成了损失的后果。

原劳动部《违反〈劳动法〉有关劳动合同规定的赔偿办法》第 6 条不仅对新用人单位与劳动者对原用人单位的连带赔偿责任，而且还明确了新用人单位的赔偿份额以及连带责任的赔偿范围。首先，新用人单位的赔偿份额不低于对原用人单位造成经济损失的 70%，这样可以更为有利地保护原用人单位的利益，以免因劳动者无力赔偿而得不到及时的救济，同时也是督促新用人单位认真履行其查验义务；其次，在赔偿范围上包括对生产、经营、工作所造成的直接经济损失和侵犯商业秘密所造成的损失。对因侵犯商业秘密所造成的损失按照《反不正当竞争法》第 20 条的规定处理，即可以计算损失的，赔偿可以计算的损失以及合理的调查费用；无法计算损失的，赔偿因侵权行为所获的利润以及合理的调查费用。

4.2　劳动合同的终止

4.2.1　劳动合同终止的概述

1. 劳动合同终止的含义

劳动合同终止是指劳动合同的法律效力自然消灭或经判决、裁决而消灭。由于一定法律事实的出现使劳动关系依法被终结，劳动者和用人单位一般不再执行原劳动合同中的权利义务，但依约定和诚实信用原则，劳动者和用人单位仍应履行一定的后合同义务，如竞业限制、保守秘密等义务，后文将有述及。

在谈到劳动合同终止的时候，不得不对它与劳动合同解除的关系作一简要阐述。依据《合同法》原理，合同的解除理应属于合同终止的事由之一，我国《合同法》第 91 条也将合同解除作为合同权利义务终止的情形之一。相比而言，无论是《劳动法》还是《劳动合同法》对劳动合同的解除与终止都是分别予以规定的，劳动合同的解除并不包含在终止之中。这就涉及对劳动合同解除与终止的两种不同立法体例：并列规定与包容规定。从比较法的视野考察，有些国家采包容理论，如法国、德国、英国。两种立法体例各有优劣，我国对劳动合同解除与终止的立法坚持的是并列规定的立场。有学者指出，在并列规定的模式下，劳动合同终止的事由基本上为客观事件，而劳动合同的解除则属于法律行为。事件和行为是根据是否与行为人意志有关的客观情况而划分的，事件是不以行为人的意志为转移的客观情况，行为是体现行为人主观意志的客观情形，二者统归于民事法律事实。从《劳动合同法》的规定来看基本上是遵循着这一区分事实的，劳动合同的解除需要用人单位和劳动者实施一定的行为才可以产生效力，而劳动合同的终止多是因为期限届满以及用人单位或劳动者一方或双方主体资格的不复存在而产生效力。

我国《劳动合同法》第44条前5项将常见的劳动合同终止的条件予以列举，第6项作为兜底条款以涵盖其他无法详细举例的情形。这一形式既便于司法实践的操作也弥补了列举无法穷尽所有规则的不足，提高了法律的适用性。1995年实行的《劳动法》第23条也对劳动合同的终止作了规定："劳动合同期满或者当事人约定的劳动合同终止条件出现，劳动合同即行终止。"相比而言，《劳动合同法》第44条对此作了诸多完善和部分修改，主要表现在增加了劳动合同终止的事由，同时删除了"当事人约定的劳动合同终止条件出现，劳动合同即行终止"的规定，也就是说，用人单位不得与劳动者在合同条款里约定合同终止的条件，这是对《劳动法》第19条将"劳动合同的终止条件"作为合同必备条款的重大修改。之所以将劳动合同终止的事由法定化，而不交由当事人决定，主要在于防止用人单位利用其强势地位将对劳动者不利的条件约定为终止条件，从而损害弱势一方劳动者的合法权益。另外在《劳动合同法》施行前，用人单位利用可以约定合同终止条件，将某些用人单位解除合同的事由作为终止事由，从而规避解除某些合同而要支付经济补偿的义务。因为劳动部《关于贯彻执行〈劳动法〉若干问题的意见》第38条指出："劳动合同期满或者当事人约定的劳动合同终止条件出现，劳动合同即行终止，用人单位可以不支付劳动者经济补偿金。国家另有规定的，从其规定。"而随着《劳动合同法》的实施，其第46条第5项明确规定除用人单位维持或提高劳动合同约定条件续订劳动合同而劳动者不同意续订的以外，终止固定期限劳动合同仍应支付经济补偿。

2. 劳动合同终止与劳动合同解除的区别

劳动合同的解除与终止，都是劳动合同制度中的重要内容，二者的区别主要表现在以下方面。

（1）发生原因不同。《劳动合同法》第44条规定，引起劳动合同终止的原因有劳动合同期满、劳动者开始依法享受基本养老保险待遇、劳动者死亡或被人民法院宣告死亡或宣告失踪、用人单位被依法宣告破产的、用人单位被吊销营业执照或责令关闭撤销或用人单位决定提前解散、法律法规规定的其他情形。而劳动合同的解除原因在劳动合同法的第36～41条作出了规定，有双方协商一致解除劳动合同、劳动者单方解除劳动合同和用人单位单方解除劳动合同。其中，劳动者单方解除和用人单位单方解除的法定情形是比较多的，我们在4.1节中已经阐述。

（2）法律后果不同。劳动合同终止一般说来是当事人双方无过错的情况下终止，因此用人单位一般不承担责任，不支付经济补偿金。只有在用人单位有过错的情况下才需要支付经济补偿金。如用人单位被依法宣告破产、用人单位被吊销营业执照或责令关闭撤销、用人单位自己决定提前解散等情况，用人单位要支付经济补偿金。而劳动合同的解除，多是因为劳动者或用人单位主观上有过错造成的，法律规定用人单位要承担支付经济补偿金的情形比较多。比如，用人单位出现第38条规定的过错行为导致劳动合同解除的、用人单位依照第40条的规定预告解除劳动合同的、依照第41条第1款的规定解除劳动合同的，都需要向劳动者支付经济补偿金。

4.2.2　劳动合同终止的法定事由

我国《劳动合同法》第 44 条对劳动合同的终止事由作出了规定。

1. 劳动合同期满

劳动合同期限一般是指始于劳动合同依法成立，终于劳动合同终止的这段时间。劳动合同期满是最典型的劳动合同终止情形，劳动合同期满，表示原来在劳动合同中约定的双方的权利义务已经履行完毕，劳动合同已经没有了继续存在的必要。

2. 劳动者开始依法享受基本养老保险待遇

基本养老保险是为保障企业离退休人员的基本生活而由国家强制实施的一种社会保险，它同失业保险、生育保险、医疗保险和工伤保险共同构成我国目前社会保险的五大内容。按照我国法律规定，劳动者享受基本养老保险待遇的条件是三个：一是退出劳动领域；二是劳动者达到法定退休年龄；三是缴费年限已累计满 15 年。

1）劳动者退出劳动领域

所谓退出劳动领域，是指劳动者从劳动岗位上退下来，休息休养，不再与用人单位建立劳动关系。《劳动合同法实施条例》第 21 条针对此种情况作出了明确："劳动者达到法定退休年龄的，劳动合同终止。"也就是说，劳动者达到法定退休年龄但未依法享受基本养老保险待遇时，其与用人单位的劳动合同仍然终止。

2）劳动者达到法定退休年龄

劳动者达到退休年龄是享受基本养老保险待遇的基础。关于退休年龄，根据国务院1978 年颁发的《关于工人退休、退职的暂行办法》以及 2001 年劳动与社会保障部办公厅对北京市劳动和社会保障局"关于企业职工'法定退休年龄'含义"的复函可以分成以下几种情形：① 男工人年满 60 周岁，女工人年满 50 周岁，女干部年满 55 周岁，连续工龄满 10年；② 从事井下、高空、高温、特别繁重体力劳动或者其他有害身体健康的工作，男年满55 周岁、女年满 45 周岁，连续工龄满十年；③ 男年满 50 周岁，女年满 45 周岁，连续工龄10 年，由医院证明，并经劳动鉴定委员会确认，完全丧失劳动能力的；④ 因工致残，由医院证明，并经劳动鉴定委员会确认，完全丧失劳动能力的。

3）缴费年限已累计满 15 年

2005 年国务院颁发第 38 号文件《关于完善企业职工基本养老保险制度的决定》（以下简称 2005 年 38 号文件），对企业职工基本养老保险制度做了完善。在计发基本养老保险金时，该文件区分了四种情形。① 劳动者在国务院 1997 年颁发第 26 文件《关于建立统一的企业职工基本养老保险制度的决定》（以下简称 1997 年 26 号文件）实施后参加工作、缴费年限累计满 15 年的（包含视同缴费年限，下同），退休后按月发放基本养老金。基本养老金由基础养老金和个人账户养老金组成。② 在 1997 年 26 号文件实施前参加工作，在 2005年 38 号文件实施后退休且缴费年限累计满 15 年的，除了发放基本养老金外，还发放过渡性养老金。③ 在 2005 年 38 号文件实施后达到退休年龄但缴费年限累计不满 15 年的，不发放基础养老金，个人账户储存额予以一次性支付，基本养老保险关系终止。④ 2005 年 38 号文件实施前已经离退休的，仍按原来的规定发放基本养老金，并执行基本养老金调整办法。

3. 劳动者死亡或被人民法院宣告死亡或宣告失踪

自然人的民事权利能力始于出生，终于死亡，这里的"死亡"包括自然死亡和宣告死亡。宣告死亡是指法院根据利害关系人的申请，依法定的程序推定失踪达到一定期限的公民死亡并予以宣告的制度。死亡是一个法律事件，它的后果是使自然人的民事主体资格归于消灭。宣告失踪是指法院根据利害关系人的申请，依法定的程序宣告下落不明达到一定期限的公民为失踪人的法律制度。宣告失踪同宣告死亡一样，均导致劳动合同中劳动者无法履行义务，劳动关系是一种具有强烈人身属性的权利义务关系，劳动合同是用人单位基于对劳动者的认可而签订的，若作为劳动合同的一方当事人——劳动者的主体资格不复存在，原劳动合同中的相关内容也就无法继续履行，此时劳动合同将依法终止。

4. 用人单位被依法宣告破产

宣告破产是指当债务人的全部资产不能清偿到期债务时，通过一定的程序将债务人的全部资产供债权人平均受偿，使债务人免除不能清偿的其他债务，并由人民法院宣告破产解散。我国《企业破产法》第 2 条第 1 款规定："企业法人不能清偿到期债务，并且资产不足以清偿全部债务或者明显缺乏清偿能力的，依照本法规定清理债务。"用人单位一旦被法院宣告破产，即将进入破产清算程序，用人单位的主体资格也将归于消灭。同劳动者死亡或被法院宣告死亡、宣告失踪一样，用人单位被宣告破产，其作为劳动合同一方当事人的主体地位将消失，此时劳动合同的效力依法终止。破产程序终结后，管理人应在 10 日内持法院终结破产程序的裁定，向破产人的原登记机关办理注销登记，此时用人单位的民事权利能力最终消灭。

5. 用人单位被吊销营业执照、责令关闭、撤销或者用人单位决定提前解散

所谓吊销营业执照，是指剥夺用人单位已经取得的营业执照，使其丧失从事生产或者经营的资格。根据我国《公司登记管理条例》等相关法律法规，我国吊销营业执照的理由可归纳为以下主要方面。一是虚假注册。即以各类虚假文件（含虚假注册资本证明等）骗取注册。凡以虚假注册或者欺骗手段骗取营业执照，并情节严重时，皆有可能被吊销营业执照。二是无故不开业或者停业。即公司成立后无正当理由超过 6 个月未开业的，或者开业后自行停业连续 6 个月以上的，由公司登记机关吊销营业执照。三是伪造、涂改、出租、出借、转让营业执照，情节严重。四是虚假评估、验资。承担资产评估、验资或者验证的机构提供虚假材料的或承担资产评估、验资或者验证的机构因过失提供有重大遗漏的报告的，可由有关主管部门依法责令该机构停业、吊销直接责任人员的资格证书，吊销营业执照。五是利用公司名义从事危害国家安全、社会公共利益的严重违法行为的。吊销企业法人营业执照，是工商行政管理局根据国家工商行政法规对违法的企业法人作出的一种行政处罚。企业法人被吊销营业执照后，应当依法进行清算，清算程序结束并办理工商注销登记后，该企业法人才归于消灭。所谓责令关闭，是指行为人违反了法律、行政法规的规定，被行政机关做除了停止生产或者经营的处罚决定，从而停止生产或者经营。所谓用人单位被撤销，是指行政机关撤销有瑕疵的公司登记。所谓用人单位决定提前解散，是指在股东会或者股东大会决议解散，或者公司合并或者分立需要解散，或者持有公司全部股东表决权百分之十以上的股东，请求人民法院解散公司的情形下，用人单位提前于公司章程规定的公司终止时间而解散公司的。《公司法》第 180 条规定了五种解散公司的情形：① 公司章程规定的营业期届满或者公司章程规定的其他解散事由出现；② 股东会或者股东大会决议解散；③ 因公司合并或者分立需要解散；④ 依法被吊销营业执照、责令关闭或者被撤销；⑤ 人民法院依照本法第 182 条的规定予以解散。依据《公司法》的相关规定，除因分立、合并而解散公司的外，其他事由导致的解散均应在解散事由出现之日起 15 日内成立清算组开始清算。在清算期间，公司继续存续，但不得开展与清算无关的经营活动；若公司的财产不足以清偿债务的，清算组应当依法向法院申请宣告破产。

6. 法律、行政法规规定的其他情形

此处的"法律"应作狭义理解，即仅指全国人民代表大会及其常务委员会制定或修改的法律。《劳动合同法》将终止劳动合同事由的权限仅仅赋予了狭义的"法律"和行政法规，而不包括行政规章、地方性法规以及地方政府规章。换句话说，除了法律和行政法规外，其他任何规范性文件均无权设定终止劳动合同的事由。最高人民法院《劳动争议司法解释四》第 13 条是对《劳动合同法》第 44 条第 6 项"法律、行政法规规定的其他情形"的补充规定。用人单位经营期限届满不再继续经营，是司法解释明确的一种劳动合同终止的情形，劳动者在"用人单位经营期限届满不再继续经营"导致劳动合同不能继续履行的情况下，可以要求用人单位给予经济补偿。

4.2.3　劳动合同终止的限制

《劳动合同法》仅对"合同期满"而导致劳动合同终止的情形作了例外规定，并未对劳动者与用人单位主体身份的消灭而导致合同终止作出限制性规定。《劳动合同法》第 45 条指出："劳动合同期满，有本法第四十二条规定情形之一的，劳动合同应当续延至相应的情形消失时终止。但是，本法第四十二条第二项规定丧失或者部分丧失劳动能力劳动者的劳动合同的终止，按照国家有关工伤保险的规定执行。"据此，劳动合同终止的限制主要有以下几种情形。

1. 从事接触职业病危害作业的劳动者未进行离岗前职业健康检查，或疑似职业病病人在诊断或医学观察期间的，不得终止劳动合同

劳动者享有在一个健康的环境中工作的权利，对于接触职业病危害作业的劳动者，用人单位须采取积极措施加以保护。《职业病防治法》第 36 条明确规定："对从事接触职业病危害的作业的劳动者，用人单位应当按照国务院安全生产监督管理部门、卫生行政部门的规定组织上岗前、在岗期间和离岗时的职业健康检查，并将检查结果书面告知劳动者。……对未进行离岗前职业健康检查的劳动者不得解除或者终止与其订立的劳动合同。"第 56 条还规定："用人单位应当及时安排对疑似职业病病人进行诊断；在疑似职业病病人诊断或者医学观察期间，不得解除或者终止与其订立的劳动合同。"总之，用人单位须对接触职业病危害作业的劳动者进行离职前健康检查或对疑似职业病人经过了诊断或医学观察期后并且确定没有患上职业病的，才能终止劳动合同。

2. 在本单位患职业病或因工负伤并被确认丧失或部分丧失劳动能力

根据《工伤保险条例》的规定，劳动功能障碍分为十个伤残等级，最重的为一级伤残，最轻的为十级伤残。法律依据伤残情况的不同作出了不同规定。

（1）若职工因工致残并被劳动能力鉴定委员会鉴定为一至四级伤残的，劳动者退出工作岗位，但保留与用人单位的劳动关系，并享受一次性伤残补助金、伤残津贴等待遇，即此时劳动合同并未终止。

（2）职工因工致残并被鉴定为五级、六级伤残的，保留与用人单位的劳动关系，由用人单位安排适当工作并享受一次性伤残补助金、伤残津贴等待遇。若职工本人提出解除或终止劳动关系的，可以解除或终止劳动关系，并由用人单位支付一次性工伤医疗补助金和伤残就业补助金。即在此种情形下，原则上劳动合同不终止，但工伤职工自己提出解除或终止的不在此限。

（3）若被鉴定为七至十级伤残，并且劳动合同期满的，劳动合同终止，或职工本人提出解除劳动合同的，可以允许，并由用人单位支付一次性工伤医疗补助金和残疾就业补助金。

3. 患病或非因工负伤，在规定的医疗期内

根据劳动部颁行的《企业职工患病或非因工负伤医疗期规定》，医疗期是指职工因患病或非因工负伤停止工作治病休息的时限，并且在此期限内不得解除劳动合同。该《规定》第 3 条指出，应根据职工本人实际参加工作年限和在本单位工作年限，给予 3 个月到 24 个月的医疗期。详言之：① 实际工作年限 10 年以下，在本单位工作年限 5 年以下的为 3 个月；5 年以上的为 6 个月；② 实际工作年限 10 年以上，在本单位工作年限 5 年以下的为 6 个月；5 年以上 10 年以下的为 9 个月；10 年以上 15 年以下的为 12 个月；15 年以上 20 年以下的为 18 个月；20 年以上的为 24 个月。第 4 条进一步指出："医疗期三个月的按六个月内累计病休时间计算；六个月的按十二个月内累计病休时间计算；九个月的按十五个月内累计病休时间计算；十二个月的按十八个月内累计病休时间计算；十八个月的按二十四个月内累计病休时间计算；二十四个月的按三十个月内累计病休时间计算。"在实践中，一些企业和地方劳动部门反映最长 24 个月的医疗期过短，在执行时遇到一定困难，故劳动部再发《关于贯彻〈企业职工患病或非因工负伤医疗期规定〉的通知》，指出医疗期应从病休第一天开始累计计算；对某些特殊疾病（如癌症、精神病、瘫痪等）在 24 个月内尚不能痊愈的，经企业和劳动主管部门批准，可适当延长医疗期。对于被认定为患有难以治疗的疾病的，医疗期满后，由劳动鉴定委员会参照工伤与职业病致残程度鉴定标准进行劳动能力的鉴定。若被鉴定为一至四级伤残的，应当退出劳动岗位，解除劳动关系，并办理退休、退职手续，享受退休、退职待遇。

4. 女职工在孕期、产期、哺乳期

为了保护女职工在"三期"内的合法权益，禁止在此期限内解除或因合同期满而终止劳动合同。国务院早在 1988 年的《女职工劳动保护规定》的第 8 条和第 9 条就对女职工的产假和哺乳期进行了规定；而在 1995 年劳动部印发的《关于贯彻执行〈劳动法〉若干问题的意见》第 34 条明确指出："除劳动法第二十五条规定的情形外，劳动者在医疗期、孕期、产期和哺乳期内，劳动合同期限届满时，用人单位不得终止劳动合同。劳动合同的期限应自动延续至医疗期、孕期、产期和哺乳期期满为止。"2005 年修改的《妇女权益保障法》第 27 条也再次重申女职工在此期限内的不得由用人单位单方解除或终止合同或服务协议。

5. 在本单位连续工作满 15 年且距法定退休年龄不足 5 年

考虑到年龄较大的劳动者对社会作出了较多贡献，并且一旦解除或终止与此类劳动者的劳动合同将使其难以重新就业，故立法对年龄偏大的劳动者给予了特殊保护，规定对连续工作满 15 年且距法定退休年龄不足 5 年的劳动者，不得解除或因合同期满而终止劳动合同。

《劳动合同法》第 14 条第 2 款第 2 项对劳动者在用人单位连续工作满 10 年且距法定退休年龄不足 10 年的，用人单位应与其订立无固定期限劳动合同，这也是对年龄偏大劳动者的一种特殊保护。法律之所以作出这些倾斜性的规定，一方面是对年龄偏大劳动者所作贡献的承认，同时也是用人单位理应承担的社会责任。

4.2.4　劳动合同终止的法律后果

1. 劳动合同双方权利义务的终止

劳动合同终止导致劳动者与用人单位之间的劳动关系消灭，劳动合同失去法律效力，劳动者与用人单位之间不再有权利义务关系。

2. 用人单位在劳动合同终止后的相关义务

（1）支付经济补偿金的义务。在《劳动合同法》实行前，因劳动合同终止的，用人单位一般不予支付经济补偿金，如劳动部《关于贯彻执行〈劳动法〉若干问题的意见》第38条就指出："劳动合同期满或当事人约定的劳动合同终止条件出现，劳动合同即行终止，用人单位可以不支付劳动者经济补偿金。国家另有规定的，可以从其规定。"但此次《劳动合同法》在第46条明确了用人单位对三种终止劳动合同的情形应予支付经济补偿金：合同期满，除用人单位维持或提高劳动合同约定条件续订劳动合同，劳动者不同意续订的外，应向劳动者支付经济补偿金；用人单位被依法宣告破产的；用人单位被吊销营业执照、责令关闭、撤销或用人单位决定提前解散的。另外，最高人民法院《劳动争议司法解释四》第7条规定：当事人在劳动合同或者保密协议中约定了竞业限制和经济补偿，当事人解除劳动合同后，劳动者履行了竞业限制义务后要求用人单位支付经济补偿的，人民法院应予支持。第13条还明确了"劳动合同法施行后，因用人单位经营期限届满不再继续经营导致劳动合同不能继续履行，劳动者请求用人单位支付经济补偿的，人民法院应予支持"。按照这一规定，用人单位经营期限届满不再继续经营，导致劳动合同不能继续履行的情况下，应当向劳动者支付经济补偿。依《劳动合同法》第50条第2款，经济补偿金在劳动者办理工作交接时支付。

（2）出具终止劳动合同证明的义务。劳动合同终止的，用人单位负有出具终止合同证明的义务，依照《劳动合同法实施条例》第24条的规定，该证明的内容包括劳动合同期限、终止劳动合同的日期、工作岗位和工作年限。用人单位出具的终止劳动合同的证明主要在以下两个方面具有重要的现实意义。首先，是办理失业保险和享受失业保险待遇的依据。根据《失业保险条例》第16条第2款的规定，城镇企事业单位的失业人员应持单位终止或解除劳动关系的证明，及时到指定的社会保险经办机构办理失业登记，失业保险金自办理失业登记之日起计算。其次，便于劳动者寻找到新的工作。《劳动法》第99条和《劳动合同法》第91条均指出，新用人单位招用与原用人单位尚未解除或终止劳动合同的劳动者，给原用人单位造成损失的，新用人单位须与劳动者对原用人单位承担连带赔偿责任。实践中，新用人单位在招用员工时通常都会查看劳动者是否有原用人单位开具的离职证明文件，以免承担连带责任。用人单位不履行该项义务的，由劳动行政部门责令改正；给劳动者造成损害的，还应依法承担赔偿责任。

（3）办理劳动者人事档案和社会保险关系转移手续的义务。人事档案在劳动者调职、寻找新工作等方面具有重要的意义，是全面考核、评价劳动者的依据。根据《企业职工档案管理工作规定》第18条的规定："企业职工调动、辞职、解除劳动合同或被开除、辞退等，应由职工所在单位在一个月内将其档案转交其新的工作单位或其户口所在地的街道劳动（组织人事）部门。职工被劳教、劳改，原所在单位今后还准备录用的，其档案由原所在单位保管。"此次《劳动合同法》将其明确规定为用人单位的一项法定义务，并且使原本在"一个月内"办理完毕的，现在须在"十五日内"办理完结。依《劳动合同法》第84条第3款的规定，在劳动合同终止后，若用人单位扣押劳动者档案的，由劳动行政部门责令期限退还给劳动者并处以罚款；若由此给劳动者造成损害的，还应承担赔偿责任。《劳动合同法》第49条规定："国家采取措施建立健全劳动者社会保险关系跨地区转移接续制度"，由于我国目前还未能实现社会保险的全国统筹，因此办理好劳动者社会保险关系的跨地区转移手续就显得十分重要。用人单位须在终止劳动合同的十五日内办理好劳动者社会保险关系的转移手续。

（4）对终止劳动合同文本保存2年以上备查的义务。劳动合同文本是劳动者与用人单位之间履行各自义务的书面凭证，具有证据的作用。之所以这样规定，在于劳动合同终止后双方若发生纠纷可以诉诸或参照劳动合同文本的内容，以便有据可查。

（5）违法终止劳动合同的损害赔偿责任。若用人单位违反《劳动合同法》关于终止劳动合同的规定，劳动者要求继续履行劳动合同的，用人单位应当履行；劳动者不要求继续履行或已不能继续履行的，用人单位应按经济补偿数额的2倍支付给劳动者赔偿金。

3. 劳动者在劳动合同终止后的相关义务

（1）依约办理工作交接手续的义务。此项义务是依诚实信用原则所产生的一项附随义务，在劳动合同终止后，劳动者应当依照与用人单位的约定办理好自己手头上的工作交接手续，比如单位的财物用品、档案、印章等应妥善交给相关部门。在实践中，为了防止和减少一些劳动者在未办理好相关工作交接手续就离职的情形，《劳动合同法》第50条第2款明确了在办结完工作交接手续时用人单位才支付经济补偿金，以此平衡双方的利益。当然，如果劳动者办理了工作交接但用人单位却拒不支付经济补偿金的，用人单位还可能另行承担应付经济补偿金数额50%以上100%以下的赔偿金。

（2）保密义务和竞业限制义务。竞业限制是指用人单位与负有保密义务的劳动者约定的在劳动合同终止后的一定期限内，劳动者自己不得生产、经营与用人单位有竞争关系同类产品或业务，也不得到与用人单位有竞争关系的其他单位任职。竞业限制有严格的条件制约，包括竞业限制的人员限于单位的高级管理人员、高级技术人员和其他负有保密义务的人员；期限最长不得超过2年；约定的竞业限制的地域、范围不得违反法律、行政法规的规定；竞业限制要按月给劳动者支付经济补偿等。若劳动者与用人单位在劳动合同中约定了保密义务和竞业限制义务的，劳动者在合同终止后应当履行该项义务；若劳动者违反该项义务，并给用人单位造成损失的，应当承担赔偿责任。根据最高人民法院《劳动争议司法解释四》第7条规定："当事人在劳动合同或者保密协议中约定了竞业限制和经济补偿，当事人解除劳动合同时，除另有约定外，用人单位要求劳动者履行竞业限制义务，人民法院应予支持。"这一条将竞业限制条款的有效性与违法解除劳动合同相分离，劳动合同的解除不影响竞业限制协议的效力，对用人单位的商业秘密保护更为有利。该解释第10条还规定，劳动者违反竞业限制约定，向用人单位支付违约金后，用人单位要求劳动者按照约定继续履行竞业限制义务的，劳动者应当继续履行竞业限制的义务。

导读案例解析

1. 陈渝应当向公司支付违约金

理由是：第一，陈渝与公司签订的服务期协议是合法的。首先，公司为其支付了专项的培训经费。陈渝读博士是单位同意的，并且对其按照在职在岗人员的情况给予相关待遇，不仅支付其学费，而且还有工资、奖金和科研经费等，公司提供的属于为公司的发展需要而支付专门费用。其次，对陈渝进行的专业技术培训，提高了其专业知识和职业技能，使得在读博的第二年，陈渝就升任该公司重点项目的副总设计师及某研究所副所长。最后，服务期协议是在双方自愿的情况下签订的。因此，根据《劳动合同法》的规定，用人单位为劳动者提供了较大数量的经费对劳动者进行专项培训的，可以与受训的劳动者约定服务期。

第二，劳动者违反服务期约定的，应当按照约定向用人单位支付违约金。因为，《劳动合同法》第 22 条第 2 款明确规定：劳动者违反服务期约定的，应当按照约定向用人单位支付违约金。按此规定，如果劳动者在服务期内违反约定跳槽的，要承担按照约定向用人单位支付违约金的责任。

2. 不应当

因为《劳动合同法》对支付违约金的限制性规定。第一，明确规定违约金的数额不得超过用人单位提供的培训费用。这是明确了支付违约金的上限标准。劳动者一旦违背服务期协议，即于服务期届满之前单方面确定不向用人单位提供劳动，那么劳动者就必须向用人单位支付服务期协议约定的违约金。服务期违约金的数量由双方在签订服务期协议时协商确定，但是不能超出用人单位向该劳动者所提供的所有专项培训费用。同时，《劳动合同法实施条例》第 16 条明确规定："劳动合同法第 22 条第 2 款规定的培训费用，包括用人单位为了对劳动者进行专业技术培训而支付的有凭证的培训费用、培训期间的差旅费用及因培训产生的用于该劳动者的其他直接费用。"这个规定确定了服务期违约金的上限。违约金应当按照这个标准进行确定。如果公司支付的学费、工资、奖金和科研经费的总数为 50 万元，违约金不得超过 50 万元。

第二，明确规定了用人单位要求劳动者支付的违约金不得超过服务期尚未履行部分所应分摊的培训费用。这是规定了具体的计算方式。因为劳动者的服务期总是表现为一段时间的持续，因此，这笔费用，也应当相应地在该时间内进行摊销。劳动者违约后具体支付给用人单位的违约金还要受到一定限制，即实际支付的违约金不能超过服务期未实际履行部分应当分摊的培训费用。

本案中陈渝已经回单位工作满 2 年，如果公司支付的是 50 万元的费用，约定要工作 10 年，平摊在每年是 5 万元，那么，在工作了 2 年之后，陈渝只需要支付的违约金是 40 万元。

3. 公司提出的 500 万元的赔偿不合法

因为，该公司是认为陈渝担任重要职务离职给单位造成的损失要陈渝承担，在《劳动合同法》中明确规定了用人单位可以和特定的劳动者约定竞业限制。所谓竞业限制是指用人单位的高级管理人员、高级技术人员和其他负有保密义务的人员，在劳动合同终止或解除后的一定期限内，不得到与本单位生产或经营同类产品，从事同类业务的有竞争关系的其他用人单位工作，或者自己开业生产或者经营与本单位同类的产品、从事与本单位同类的业务。《劳动合同法》规定用人单位可以和劳动者约定竞业限制，其目的在于保护用人单位所持有的商业秘密不受侵犯，也为了防止用人单位之间为获取商业秘密而进行恶性竞争。《劳动合同法》中明确竞业限制的主体是用人单位的高级管理人员、高级技术人员和其他负有保密义务的人员；明确了竞业限制的内容是劳动者在多长的时间、多大的地域范围内，不得在哪些类型的用人单位任职，或者不得从事哪些行业的工作和经营；明确了竞业限制的最长期限是两年；明确了竞业限制不得违反国家法律法规的规定。由于竞业限制是对劳动者就业权的限制，也是对自由竞争的一种限制，因此，竞业限制的实施，必须是以保护合法利益为前提，并不能违反社会公共利益和国家的法律法规；明确了用人单位要向劳动者提供竞业限制期间的经济补偿。在本案中，该公司没有和陈渝就竞业限制作出任何协议，虽然陈渝是该公司的高级管理人员和高级技术人员，但因为公司事先没有与陈渝签订竞业限制协议，当然就不能要求其承担赔偿损失的责任。

本 章 小 结

　　本章的主要内容是劳动合同的解除与终止。主要包括劳动合同解除的含义与分类，劳动合同解除的条件与程序，劳动合同解除的后果，劳动合同终止的概述、劳动合同终止的法定事由、劳动合同终止的限制性规定、劳动合同终止的法律后果等方面的内容。

　　本章的重点是劳动合同的解除，对劳动合同解除方式的法定条件的理解和掌握，以及劳动合同解除后果的理解。

　　本章的难点是劳动合同解除的条件及劳动合同解除的后果。

本章学习资料

　　［1］王全兴，黄昆．中国劳动法．北京：中国政法大学出版社，2008.

　　［2］郭捷．劳动法与社会保障法．北京：法律出版社，2008.

　　［3］胡彩霄．劳动法精要．北京：中国政法大学出版社，2007.

　　［4］黎建飞．劳动合同法热点、难点、疑点问题全解．北京：中国法制出版社，2008.

　　［5］董保华．十大热点事件透视劳动合同法．北京：法律出版社，2007.

　　［6］张霞．劳动法实施中的疑难问题．北京：中国人民公安大学出版社，2009.

　　［7］陈闯．劳动合同案例精编精析．北京：中国检察出版社，2008.

　　［8］周国良．劳动合同终止和解除（一）～（三）．中国劳动，2008（2）-（4）.

　　［9］李向志．两次固定期限合同期满时用人单位终止是否构成违法终止．中国劳动，2012（7）.

　　［10］沈同仙．论完善我国不当解雇的法律救济措施．中国法学，2012（6）.

本章复习思考题

一、名词解释

劳动合同解除　劳动合同终止　非过错性辞退　过错性辞退　预告辞职　即时辞职

二、单项选择题

1. 用人单位可以单方解除劳动合同的法定情形是（　　　　）。

A. 职工患病并在规定的医疗期

B. 女职工在孕期、产期、哺乳期

C. 职工患职业病丧失部分劳动能力

D. 劳动者严重失职、营私舞弊、给用人单位造成重大损害的

2. 劳动者在试用期解除劳动合同，需要（　　　）。

A. 提前 3 天通知用人单位　　　　B. 提前 7 天通知用人单位

C. 提前 10 天通知用人单位　　　　D. 提前 30 天通知用人单位

3. 企业经济裁员，以下可以裁减的人员是（　　　）。

A. 职工非因工负伤，在规定的医疗期内的

B. 女职工在孕期、产期、哺乳期的

C. 在本单位连续工作满十年

D. 在本单位患职业病或者因工负伤并被确认丧失或者部分丧失劳动能力的

三、多项选择题

1. 下列属于劳动合同终止的情形是（　　　）。

A. 劳动合同期满的

B. 劳动者开始依法享受基本养老保险待遇的

C. 劳动者死亡，或者被人民法院宣告死亡或者宣告失踪的

D. 用人单位被依法宣告破产的

E. 用人单位被吊销营业执照、责令关闭、撤销的

2. 劳动者可以单方解除劳动合同的情形包括（　　　）。

A. 用人单位未按照劳动合同约定提供劳动保护或者劳动条件的

B. 用人单位未及时足额支付劳动报酬的

C. 用人单位未依法为劳动者缴纳社会保险费的

D. 用人单位的规章制度违反法律、法规的规定，损害劳动者权益的

E. 用人单位免除自己的法定责任、排除劳动者权利的

3. 某公司欲解除与职工李某之间的劳动合同，公司提出的以下解约理由或做法中，有法律依据的是（　　　）。

A. 李某经过培训仍不能胜任现工作

B. 李某不满 25 周岁而结婚，违反了公司关于男职工满 25 周岁才能结婚的规定

C. 公司因严重亏损而决定裁员，因此解除与李某的劳动合同

D. 李某非因公出车祸受伤住院，公司向李某送去 3 个月工资并通知其解除劳动合同

4. 根据是否通知用人单位，劳动者即时辞职可以分为（　　　）。

A. 随时通知辞职　　　　　　　　B. 预告性辞职

C. 无须通知的辞职　　　　　　　D. 协议解除

E. 即时辞退

四、判断分析题

1. 劳动合同解除与劳动合同终止的法律后果完全相同。（　　　）

2. 只要是劳动合同双方协商解除劳动合同都不需用人单位支付经济补偿金。（　　　）

3. 劳动者预告解除劳动合同必须提前 30 天通知用人单位。（　　　）

4. 用人单位单方解除劳动合同必须是劳动者有过错。（　　）

5. 用人单位有权根据自己的生产经营状况自主决定进行经济裁员。（　　）

五、简述题

1. 劳动者有权即时解除劳动合同的情形有哪些？

2. 用人单位有权预告解除劳动合同的情形有哪些？

3. 劳动合同解除后，用人单位应当向劳动者支付经济补偿金的情形有哪些？

4. 经济补偿金的标准如何计算？

5. 用人单位经济裁员的程序是什么？

6. 用人单位经济裁员的限制性规定是什么？

7. 劳动合同终止的法定情形是什么？

六、论述题

1. 试述劳动者单方解除劳动合同的意义。

2. 试述劳动合同解除的分类。

3. 试述劳动合同解除的法律后果。

七、案例分析题

1. 2008 年 2 月李某与 A 公司签订了为期 2 年的劳动合同。在 2008 年 11 月，李某嫌工资过低，以口头形式向 A 公司的部门主管提出解除劳动合同，A 公司未予答复。过了一个月，李某即跳槽到 B 公司上班，并与 B 公司签订了劳动合同。A 公司知晓此事后，即给李某发了一封电子邮件，希望李某能重回 A 公司工作，但李某未予回应。随后 A 公司又与现在李某所在的 B 公司进行了书面联系，希望 B 公司能够放人，让李某重回 A 公司。但 B 公司以 A 公司与李某的纠纷与自己无关，即使有问题也应由 A 公司与李某双方解决为由，不解除与李某的劳动合同并不予放人。据查证，李某离开 A 公司后，其负责的一个项目开发被迫延期，并最终导致 A 公司因延期而向项目委托方支付了违约金 10 万元。现 A 公司向劳动争议仲裁委员会提起仲裁，要求李某与 B 公司承担 10 万元的连带赔偿责任。

问：（1）李某与 A 公司的劳动合同是否已经解除？为什么？

（2）A 公司的主张是否合法？为什么？

2. 2005 年 1 月郭某入职于某公司，劳动合同期限从 2005 年 1 月 1 日至 2009 年 6 月 30 日。劳动合同到期后，公司未及时与郭某终止劳动关系，郭某仍在公司工作。至 2009 年 8 月 28 日公司向郭某提出，合同于 2009 年 6 月 30 日已经到期终止了，现终止双方的劳动关系。在经济补偿金的支付年限上双方发生了争议：郭某认为公司应该支付其 5 个月的工资作为经济补偿金；而公司则认为双方是终止劳动关系，经济补偿金应该从 2008 年 1 月开始计算，即只同意支付 2 个月的工资作为经济补偿金。协商未果，郭某向劳动争议仲裁委员会提起仲裁。

问：（1）郭某与某公司的劳动关系是属于解除还是终止？

（2）某公司应该支付郭某几个月的工资作为经济补偿金？

3. 李某于 1998 年 1 月起在北京某旅游公司工作，双方连续签订过几次劳动合同。2007 年 1 月 1 日，双方签订了至 2009 年 12 月 31 日止的劳动合同。2009 年 11 月 29 日，旅游公司向李某发出《不再续签劳动合同通知》。2010 年 2 月，李某向所在区劳动争议仲裁委员会申请仲裁，提交了医院出具的 2009 年 12 月 28 日至 2010 年 2 月 7 日的 6 份诊断证明书，医生诊断建议李某全休至 2010 年 2 月 27 日。李某认为劳动合同期限终止时，自己尚在医疗期内，因此，劳动合同应当在医疗期满后终止。而此时自己已经在旅游公司工作满十年，旅游公司应当与自己签订无固定期限劳动合同，并支付 1 月份病假工资及经济补偿金。旅游公司则认为，公司与李某的劳动合同于 2009 年 12 月 31 日终止，不同意签订无固定期限劳动合同。

问：（1）李某与旅游公司的劳动合同何时终止？

（2）在合同终止前若李某提出签订无固定期限劳动合同，旅游公司应否同意签订？为什么？

第5章

集体合同

本章导读

本章涉及的主要内容是集体合同的概念与特征、集体合同的分类、集体合同的订立与效力、集体合同争议的处理。

导读案例

2008 年 1 月 3 日，甲公司与工会经过协商签订了集体合同，规定职工的月工资从原来的不低于 800 元改为 1 200 元。2008 年 2 月 8 日，甲公司将集体合同文本送劳动行政部门审查，但劳动行政部门一直未予答复。2008 年 6 月，甲公司招聘王某为销售人员，双方签订了为期 2 年的合同，月工资为 1 500 元。几个月过去了，王某业绩不佳，公司渐渐地对他失去信心。2009 年 2 月，公司降低了王某的工资，只发给王某 800 元工资。王某就此事与公司协商未果，2010 年 3 月，王某向劳动争议仲裁委员会申请仲裁。

问：（1）甲公司的集体合同是否生效？为什么？

（2）甲公司发给王某每月 800 元工资的做法是否合法？为什么？

5.1　集体合同的概述

5.1.1　集体合同的概念与特征

1. 集体合同的含义

集体合同，又称集体协议、团体协约或联合工作合同。它萌芽于 18 世纪末资本主义自由竞争时期，主要是工人通过集体的力量与雇佣者达成更有利于保护劳动者利益的劳动协约，是工人对个人劳动契约中严苛的劳动条件进行反抗的产物。在我国，集体合同是指工会或劳动者代表以全体劳动者的名义与用人单位或其组织之间就劳动者的劳动条件与劳动待遇等事项在平等协商谈判的基础上达成的书面协议。

集体合同制度在我国正式出现的标志是 1994 年通过的《劳动法》，该法以专章的形式规定了劳动合同和集体合同。此后，劳动和社会保障部还颁布了《集体合同规定》和《工资集体协商办法》，这些部门规章是我国集体合同制度的进一步完善。此次《劳动合同法》在第 5 章第 1 节以专门一节的法律条文规定集体合同，这也必将极大地促进集体合同制度在中国的发展完善，从而更好地保护劳动者的合法权益，构建与发展和谐稳定的劳动关系。

2. 集体合同制度的意义

（1）集体合同制度可以建立用人单位与全体职工的对话机制，协调劳动关系，避免矛盾。集体合同制度通过工会或劳动者代表与用人单位之间的集体协商实现劳资双方的对话与沟通。通过这个对话机制，双方都可以了解到彼此的利益需求，并在此基础上达到最大的一致。劳动者与用人单位之间的这种集体协商可以有效地避免企业与职工之间的矛盾和对立，使双方的利益冲突能够以和平的方式解决，而不是使用过激的手段。集体协商的双方当事人将协商成果以集体合同文本的形式固定下来之后，还可以有效地协调劳动关系，促进生产的稳定发展。

（2）集体合同能够更好地维护职工的合法权益，提高劳动者的生活水平。虽然法律为劳动关系的各个方面都制定了比较完善的标准，其目的也是为了保护劳动者的权益，但是由于种种原因，法律规定的利益标准总是比较低的。所以国家就希望借助集体合同来让职工在法定标准之上获得更多的利益，比如劳动安全卫生条件的改善、劳动报酬的定期提高、休息休假时间的增加、补充保险的完善等。虽然劳动者借助法律不可能获得充分的收益，但却可以联合起来通过订立集体合同来不断改善自己的工作和生活水平。

（3）集体合同有利于树立工会组织在职工中的威信，促进职工的团结。在现实生活中部分企业的工会由于没有履行好自己的职责而受到职工的质疑，职工对工会也缺乏认同感。这种现象也使得职工没能得到工会的帮助而处于不利地位，用人单位更是可以借此来恶意地侵犯职工的合法权益。由于集体合同主要是由工会代表劳动者同用人单位就有关事项进行协商后缔结的，所以工会只要切实履行自己的职责，在集体合同中为职工争取更多的利益，就一定会受到全体职工的拥护，得到职工的支持与认同，职工也会自发地团结在工会周围，当他们的权益受到侵害时，也愿意求助于工会。工会威信的提高，有利于协调劳动者与用人单位的关系，实现劳资双方利益的最大化，最终达到促进企业的生产发展、提高生产效率的目的。

（4）对法律和劳动合同的未尽之处进行补充。现实生活中的劳动关系复杂多变，而法律的原则性规定往往不能涵盖所有可能的情形，随着社会的进步，法律也会落后于现实。定期订立的集体合同则是有针对性地对劳动关系进行调整，它可以有效地弥补法律的空白。同时，劳动者的弱势地位使得用人单位往往不与劳动者签订书面劳动合同或者签订非常简单且不包括所有法定内容的劳动合同。为了避免用人单位通过这种方式来损害劳动者的合法权益，《劳动合同法》规定，如果劳动合同在某个方面约定不明确的，就要参照集体合同的规定执行。

3. 集体合同的特征

（1）集体合同主体特定。集体合同的主体一方是用人单位或用人单位团体，另一方是工会或劳动者代表。工会作为集体合同的一方当事人，必须站在劳动者一边，代表劳动者的意志和利益，为劳动者争取权力和利益。未建立工会的企业，由上级工会指导劳动者民主推举代表与用人单位签订集体合同。所推举的协商代表也同样是站在劳动者的立场上，为劳动者争取权力与利益。用人单位一方的协商代表，由用人单位法定代表人指派，首席代表由单位法定代表人担任或由其书面委托的其他管理人员担任。

（2）集体合同的内容特定。由于集体合同签订的目的不在于确定职工与本单位间的劳动关系，而是双方就与劳动关系相关的事项进行协商，目的在于进一步确保劳动者基本劳动权利和劳动条件，以充分调动劳动者的潜力，协调稳定劳动关系。因此，集体合同的内容是涉及劳动者的集体劳动条件，包括劳动报酬、工作时间、福利待遇等内容。

（3）集体合同对当事人约束的不均衡。个人劳动合同对当事人双方具有同样的约束力，而集体合同主要是规定用人单位对劳动者应当承担的责任，对劳动者一方的义务不作规定或规定的很少。由于用人单位与劳动者地位的不平等，通过集体合同增加用人单位的义务，就为了修正这种地位的不平等，使个人劳动关系更加公平。用人单位违反集体合同义务需承担法律上的责任，因此集体合同对用人单位具有法律约束力。而本单位职工如未能履行集体合同中的义务，则法律并没有明确规定相应的责任，因此职工主要是受道德上的约束。

（4）集体合同形式的要式性。集体合同为要式合同，即其生效需要具备法定的形式和程序。根据《劳动合同法》和《集体合同规定》，集体合同必须采取书面形式订立并且订立后应当报送劳动行政部门，劳动行政部门自收到集体合同文本之日起15日内未提出异议的，集体合同即行生效。

（5）集体合同具有劳动基准法的效能。集体合同的内容多涉及劳动基准法的规定，它规定用人单位在不低于国家劳动标准的基础上，向劳动者提供劳动条件与生活条件。集体合同一旦签订，对签订集体合同的单个用人单位或用人单位团体所代表的全体用人单位，以及工会所代表的全体劳动者，都具有约束力。我国《劳动法》第35条规定："依法签订的集体合同对企业和企业全体职工具有约束力。职工个人与企业订立的劳动合同中劳动条件和劳动报酬等标准不得低于集体合同的规定。"《集体合同规定》第6条明确："集体合同或专项集体合同，对用人单位和本单位的全体职工具有法律约束力。用人单位与职工个人签订的劳动合同约定的劳动条件和劳动报酬等标准，不得低于集体合同或专项集体合同的规定。"

4. 集体合同与劳动合同的联系与区别

1）集体合同与劳动合同的联系

（1）都是属于调整劳动关系的制度。劳动合同是基础，集体合同是为了更好地平衡协调劳动关系。

（2）当事人的意思表示自由受到一定的限制。不管是集体合同还是劳动合同，都有国家公权力的介入，国家通过立法对集体合同和劳动合同的内容、形式、订立的程序等都有规定，使得当事人的意思自治受到限制。

2）集体合同与劳动合同的区别

（1）订立合同的主体（即合同的当事人）不同。劳动合同是单个的劳动者同用人单位订立的，即使当用人单位在大量招录员工时同多个劳动者同时签订合同，每一个合同也只对特定的劳动者有效。集体合同则是工会或职工代表代表全体职工与用人单位订立的，它的主体是用人单位的全体劳动者而不是特定的某个劳动者。对于行业性集体合同和区域性集体合同而言，其主体更是包括了某个行业或者某个行政区域内的全体劳动者和用人单位。

（2）追求的效果不同。单个劳动者与用人单位签订劳动合同主要是为了确立劳动关系，即实现就业和招录员工。而集体合同则是全体劳动者与用人单位在已有劳动关系的基础上，为劳动关系设定一些具体的标准，从而进一步协调和稳定劳动关系。一般来讲，集体合同都是全体职工在法律对劳动关系规定的最低标准的基础上，与用人单位寻求一种更高的利益标准，以此来改善工作条件和提高生活水平。

（3）内容不同。劳动合同是劳动者个人与用人单位就劳动关系的各个方面所达成的约定，涉及该劳动者的劳动条件和标准问题，也只适用于单个劳动者。集体合同则涉及全体劳动者的权利义务，具有整体性。另外集体合同也可以只涉及劳动关系的某个方面，如工资标准，而劳动合同的内容则比较全面。

（4）效力不同。从效力的层次上看，集体合同的效力高于劳动合同，劳动合同中有关劳动报酬和劳动标准的规定不得低于集体合同，否则按集体合同的标准执行。从效力的范围来看，劳动合同的效力仅限于缔结合同的单个劳动者和用人单位。而集体合同的效力则及于用人单位的全体劳动者。对于行业性和区域性集体合同来说，某个行业和区域的全体劳动者和用人单位都要受到集体合同的约束。不论这些用人单位和工会是否参加了行业性或者区域性的集体协商。

（5）合同的形式不同。集体合同具有比较严格的订立程序和生效条件。集体合同草案要经过职工大会或职工代表大会的通过，并报送劳动行政部门审查。审查通过后应当在相应范围内公布。这些法定程序决定了集体合同必须采取书面形式订立。与之相反，法律允许劳动合同在特殊情况下以口头形式存在，比如《劳动合同法》规定用人单位只要在实际用工之日起的一个月内订立书面合同即可，在此之前的劳动关系不受影响。非全日制用工则允许使用口头合同。

5.1.2　集体合同的分类

1. 根据内容的不同将集体合同分为综合性的集体合同和专项性的集体合同

这是我国 2004 年《集体合同规定》对集体合同采用的一种分类方法。综合性的集体合同的内容十分广泛，比较全面，包括劳动条件，争议的处理，责任的承担等各个方面。而专项性的集体合同是指双方仅就集体协商的某项内容达成一致，其内容比较单一，仅是集体劳动条件中的一项，一个用人单位往往可以与本单位职工签订多个专项集体合同。

2. 根据调整的不同范围可将集体合同分为全国性集体合同、企业性的集体合同、行业性的集体合同、区域性的集体合同

通常集体合同都为企业集体合同，即企业中职工工会代表与企业代表间签订的合同。我国《集体合同规定》和《劳动合同法》主要对企业集体合同作出了规制。但在国外还存在全国性的工会与全国性的雇主组织之间签订的集体合同，即全国性集体合同，全国集体合同通常有利于执行和贯彻国家的相关政策。所谓行业性集体合同，是指在某个行业内，由地方工会或者行业性工会联合会与该行业内用人单位代表，就劳动报酬、工作时间、休息休假、劳动安全卫生、保险福利等方面依照法律规定进行平等协商而订立的书面协议。

区域性集体合同是在区域工会组织和区域雇主组织之间签订的集体协议。关于行业性集体合同和区域性集体合同的适用，《劳动合同法》第 53 条规定，行业性、区域性集体合同对当地本行业、本区域的用人单位具有约束力。因此，是否参加集体协商并不影响用人单位遵守该行业性、区域性集体合同的义务。只要是本行业、本区域的劳动者，都可以援引该集体合同的规定来维护自己的权益。

3. 根据是否具有强制力可将集体合同分为自由集体合同和强制性集体合同

自由集体合同是单位职工和本单位依据法律的相关规定自愿订立的协议。强制性集体合同则通常是指仲裁机构就集体劳动过程中发生的争议及相关问题形成的必须执行的裁决，其裁决书记载内容从某种意义上来说就是一个强制性的集体合同。

4. 根据期限的不同可将集体合同分为定期集体合同和不定期集体合同

与个人劳动合同相同，法律通常对集体合同的期限也作出了相应规定。一般来说集体合同都为定期合同，如我国就规定集体合同或专项集体合同期限一般为 1 至 3 年。而有的国家则没有规定集体合同终止的时间。

5.2　集体合同的订立与效力

5.2.1　集体合同的订立

集体合同的订立是指用人单位代表与本单位职工代表依据法律、法规、规章的规定就报酬、休假、福利等劳动条件和对集体合同争议的处理、责任的承担等与劳动关系有关的问题通过协商一致达成协议的法律行为。集体合同的签订是在基本原则的指导下，用人单位代表与职工代表根据相关法律规定的程序协商订立的，因此集体合同的订立涉及以下问题。

1. 订立集体合同的原则

《集体合同规定》第 5 条规定：签订集体合同需要遵守法律、法规、规章及国家有关规定；相互尊重，平等协商；诚实守信，公平合作；兼顾双方合法权益；不得采取过激行为。集体合同的协商签订必须以上基本原则作为指导，并将其精神实质贯彻合同的始终。

（1）合法性原则。合法性原则是指集体合同的双方应当按照法定程序、形式和内容签订集体合同。要做到程序合法、内容合法。程序合法是当事人双方在集体合同的起草、协商、签字等环节上，都应当按照法律规定来进行。内容合法是指当事人在集体合同中确立的各个条款必须符合法律的规定。无论是签订的主体、签订的程序，还是集体合同的内容都不得违反法律、法规、规章及国家有关规定，否则将导致合同部分或者全部无效。

（2）互相尊重、平等协商原则。签订集体合同的双方当事人必须互相尊重，平等协商。用人单位和本单位职工订立集体合同应以平等自愿为基础，签订合同的过程中双方也应互尊互重，用人单位不得以其经济地位的优势胁迫职工方订立不平等条约。职工方也不得采取任何过激的行为。

（3）诚实信用、公平合作的原则。诚信是劳动合同的订立原则，也是集体合同的订立原则。签订集体合同双方当事人都应该恪守诺言，相互信任，在平等的基础上达成一致。遵守诚实信用、公平合作的原则，不得提供任何虚假的信息和资料，不得以欺诈的手段与他方订立合同。

（4）兼顾双方的合法权益原则。集体合同的签订应该兼顾双方的合法权益，其内容既要保证劳动者的权利，同时也要考虑到企业的现实情况，实现双方当事人利益的双赢。这就要求双方充分理解对方的意见和要求，不能只顾自己的眼前利益，更不能损害他方的利益。

2. 订立集体合同的程序

1）确定集体合同协商代表

集体合同中权利和义务的实质享有和承担者为用人单位和本单位职工，即集体合同是在用人单位和本单位职工之间形成的协议。但集体合同订立前协商的主体则为用人单位代表和工会或工人代表。根据《集体合同规定》的要求，用人单位一方的协商代表，由用人单位法定代表人指派，首席代表由单位法定代表人担任或由其书面委托的其他管理人员担任。本单位职工代表职工一方的协商代表由本单位工会选派。未建立工会的，由本单位职工民主推荐，并经本单位半数以上职工同意。职工一方的首席代表由本单位工会主席担任。工会主席可以书面委托其他协商代表代理首席代表。工会主席空缺的，首席代表由工会主要负责人担任。未建立工会的，职工一方的首席代表从协商代表中民主推举产生。双方协商代表在协商过程中应该严格遵守订立集体合同的原则，认真履行协商代表参加集体协商；接受本方人员质询，及时向本方人员公布协商情况并征求意见；提供与集体协商有关的情况和资料；代表本方参加集体协商争议的处理；监督集体合同或专项集体合同的履行以及法律、法规和规章规定的其他职责。协商代表代表了集体合同主体的利益，因此必须恪尽职守，认真行使法律赋予代表的权利同时谨慎地履行其义务。

2）集体协商、形成草案

（1）集体协商的提出。任何一方均可就签订集体合同或专项集体合同以及相关事宜，以书面形式向对方提出进行集体协商的要求。一方提出进行集体协商要求的，另一方应当在收到集体协商要求之日起 20 日内以书面形式给予回应，无正当理由不得拒绝进行集体协商。

（2）订立集体协商前的准备工作。订立集体合同前双方代表应该熟悉与集体协商内容有关的法律、法规、规章和制度；了解与集体协商内容有关的情况和资料，收集用人单位和职工对协商意向所持的意见；拟定集体协商议题，集体协商议题可由提出协商一方起草，也可由双方指派代表共同起草；确定集体协商的时间、地点等事项；共同确定一名非协商代表担任集体协商记录员。记录员应保持中立、公正，并为集体协商双方保密。

（3）集体协商会议的进行。根据《集体合同规定》第 34 条规定，首先宣布议程和会议纪律，然后一方首席代表提出协商的具体内容和要求，另一方首席代表就对方的要求作出回应；协商双方就商谈事项发表各自意见，开展充分讨论；双方首席代表归纳意见。达成一致的，应当形成集体合同草案或专项集体合同草案，由双方首席代表签字。如果最后集体协商未达成一致意见或出现事先未预料的问题时，经双方协商，可以中止协商。中止期限及下次协商时间、地点、内容由双方商定。

3）通过草案

协商双方就商谈事项达成一致后形成集体合同草案或专项集体合同草案，并由双方首席代表签字。由于最终形成的集体合同要对用人单位和全体职工发生约束力，所以《集体合同规定》明确要求经双方协商代表协商一致的集体合同草案或专项集体合同草案应当提交职工代表大会或者全体职工讨论。职工代表大会或者全体职工讨论集体合同草案或专项集体合同草案，应当有三分之二以上职工代表或者职工出席，且须经全体职工代表半数以上或者全体职工半数以上同意，集体合同草案或专项集体合同草案方获通过。

4）集体合同的审查

（1）报送审查的期限。集体合同草案提交职工代表大会或者全体职工讨论通过后，由双方首席代表签字，在双方首席代表签字之日起 10 日内，由用人单位一方将文本一式三份报送劳动保障行政部门审查。

（2）审查机关与管辖范围。集体合同或专项集体合同审查实行属地管辖，具体管辖范围由省级劳动保障行政部门规定。中央管辖的企业以及跨省、自治区、直辖市的用人单位的集体合同应当报送劳动保障部或劳动保障部指定的省级劳动保障行政部门。县级以上劳动行政部门负责审查本行政区域的集体合同和专项集体合同。

（3）审查内容。劳动保障行政部门应当对报送的集体合同或专项集体合同的下列事项进行合法性审查：一是审查集体协商双方的主体资格是否符合法律、法规和规章规定；二是审查集体协商程序是否违反法律、法规、规章规定；三是审查集体合同或专项集体合同内容是否与国家规定相抵触。

（4）审查意见书与审查期限。劳动保障行政部门在收到集体合同后要进行登记，然后进行审查，如果对集体合同或专项集体合同有异议的，应当自收到文本之日起 15 日内将《审查意见书》送达双方协商代表。《审查意见书》应当载明的内容是：第一，集体合同或专项集体合同当事人双方的名称、地址；第二，劳动保障行政部门收到集体合同或专项集体合同的时间；第三，审查意见；第四，作出审查意见的时间。《审查意见书》应当加盖劳动保障行政部门印章。用人单位与本单位职工就劳动保障行政部门提出异议的事项经集体协商重新签订集体合同或专项集体合同的，用人单位一方应当根据本规定第 42 条将文本报送劳动保障行政部门审查。

5）集体合同的生效与公布

劳动保障行政部门自收到文本之日起 15 日内未提出异议的，集体合同或专项集体合同即行生效。生效的集体合同或专项集体合同，应当自其生效之日起由协商代表及时以适当的形式向本方全体人员公布。

5.2.2 集体合同的内容

合同通常是以当事人双方的权利和义务为内容。根据《集体合同规定》和《劳动合同法》的规定，集体合同的内容应是用人单位和本单位职工就与劳动关系相关的问题形成的权利和义务。《集体合同规定》中列举了集体合同的相关内容，但并不强制必须在集体合同中约定所有列举的事项，可以就其中的一项或几项进行协商。另外，法律还规定对双方认为应当协商的其他内容也可以进行约定。因此，集体合同的内容并不局限于明文列举的项目，但必须与劳动关系相关且不得违背法律、法规、规章的规定。具体来看，集体合同可以包括以下内容。

1. 劳动报酬

根据《工资支付暂行规定》的相关规定，报酬的支付主要包括工资支付项目、工资支付水平、工资支付形式、工资支付对象、工资支付时间以及特殊情况下的工资支付。另外，集体合同还可以就加班加点工资及津贴、补贴标准和奖金分配办法、试用期或者病假期的工资支付情况进行约定以及其他与劳动报酬有关的内容。

2. 工作时间

主要包括：工时制度，也就是劳动者每天和每周的工作时间；加班的时间安排及限制；倒班和轮休等制度。有关工作时间的约定不得超过相关法律的规定并且遇节假日加班应依法支付报酬。

3. 休息休假

主要包括：日休息时间，周休息时间；无法实行标准工时职工的休息时间；探亲假、年休假、病事假、女职工生理病假和产假等假期；职工带薪休假等假期的期限、休假期间的待遇等问题。

4. 劳动安全与卫生

主要是有关本单位劳动安全卫生责任制度；劳动条件及安全卫生设施；劳动防护用品发放标准；劳动安全卫生规程和标准；另外还要涉及职工健康检查、职业病的防治等内容。劳动安全和卫生问题与职工的身体健康，甚至与生命紧密相连，因此其约定必须符合法律有关规定，实际劳动中用人单位应严格执行相关标准，实施相关约定。

5. 补充保险和福利

我国现在以社会保险为主，在缴纳保险费后，职工通常可以享受到养老保险、医疗保险、失业保险、工伤保险和女职工的生育险。集体合同中可以补充保险的种类、范围，并且还可就基本福利制度和福利设施，文化、教育、娱乐等设施进行约定。

6. 女职工和未成年工特殊保护

主要有女职工和未成年工禁忌从事的劳动；女职工在经期、孕期、产期和哺乳期的劳动保护；女职工和未成年职工的定期健康检查；未成年工的使用和登记制度。

7. 职业技能培训

职业技能培训的内容主要有培训的对象、时间等；职业技能培训项目规划及年度计划，职业技能培训费用的提取、使用；保障和改善职业技能培训的措施等。

8. 劳动合同管理

主要是有关劳动合同签订的时间；劳动合同变更、解除、续订的一般原则；无固定期限劳动合同的终止条件；有劳动合同期限的条件；试用期的条件和期限等内容。

9. 奖惩

主要包括：奖惩的相关考核制度、奖惩范围、条件、内容等。

10. 裁员

裁员是指因用人单位的原因解除劳动合同。主要内容有裁员的方案、程序、实施办法以及相关补偿标准。

11. 集体合同期限

根据我国《集体合同规定》的要求，集体合同的期限为 1 至 3 年。因此，双方当事人有关集体合同期限的约定不能低于 1 年，也不能超过 3 年。

12. 变更、解除集体合同的程序

双方协商一致就可以变更或解除集体合同，但双方也可就变更和解除集体合同的事由或协商程序进行约定。

13. 履行集体合同发生争议时的协商处理办法

集体合同履行争议的处理首先由双方协商，集体协商过程中发生争议，双方当事人不能协商解决的，当事人一方或双方可以书面向劳动保障行政部门提出协调处理申请；未提出申请的，劳动保障行政部门认为必要时也可以进行协调处理。当事人对争议处理的约定不能违背以上规定。另外，可就处理争议的协商程序的相关内容进行约定。

14. 违反集体合同的责任

主要包括：一方违反集体合同时应承担的责任类型和责任方式、违反合同的免责情况等。

15. 双方认为应当协商的其他内容

双方认为应当协商的其他内容可以是录用、调动和辞退职工的程序，参加企业管理办法等和劳动关系有关的内容，但其约定不得违反相关法律、法规和规章。

5.2.3 集体合同的效力

集体合同的效力即集体合同所具有的法律约束力，通常是指集体合同对人的效力、空间效力和时间效力。

1. 集体合同对人的效力

对人的效力是指集体合同对什么人有约束力。依法签订的集体合同对用人单位及其团体所代表的全体用人单位，对工会组织及其所代表的全体劳动者和本单位的全体职工具有法律约束力。《劳动合同法》第54条第2款规定，依法订立的集体合同对用人单位和劳动者具有约束力。所以集体合同的效力及于用人单位的全体劳动者，不论他何时被录用，是否参加了工会，也不论他在职工大会或职工代表大会审议集体合同草案是持什么态度，只要劳动者与用人单位之间存在劳动关系，就可以享受集体合同的待遇。在合法权益受到侵犯时也可以援用集体合同的规定来向劳动争议仲裁机构和人民法院来寻求救济。

对于集体合同签订后新录用的职工来说，由于集体合同是由工会代表全体劳动者同用人单位缔结的，而所谓的"全体劳动者"本身就是一个动态的概念，它的构成人员可能会随时出现变化，不断有人加入企业或退出企业。这种变化并不会影响集体合同对全体劳动者的效力。同样的道理，集体合同签订后企业法定代表人或管理层的其他人事变动也不影响集体合同的效力。

对于没有加入工会的职工来说，集体合同也同样有效。根据《工会法》的规定，工会的性质是职工自愿结合的工人阶级的群众组织。工会的职责是维护职工合法权益。工会应当通过平等协商和集体合同制度，协调劳动关系，维护企业职工劳动权益。工会必须密切联系职工，听取和反映职工的意见和要求，关心职工的生活，帮助职工解决困难，全心全意为职工服务。综上所述，工会的性质决定了劳动者有加入工会或者不加入工会的自由。但工会的职责是维护全体职工的合法权益而不仅仅是维护会员的权益。在集体协商过程中，工会始终代表全体职工同用人单位谈判从而争取到更多的利益。用人单位内部的任何一名职工都有权享受集体合同所规定的权益。

总之，集体合同的效力十分广泛，用人单位雇佣的任何劳动者，包括在签订集体合同之前被录用的和签订集体合同之后被录用，包括工会成员与非工会成员，还包括支持集体合同的劳动者和反对集体合同的劳动者，都可以享受集体合同规定的权利并且要受到集体合同的约束。

2. 集体合同的空间效力

集体合同的空间效力是指集体合同在什么地域、产业范围发生效力。空间效力是根据集体合同的性质决定的。全国性的集体合同，在全国范围内发生法律效力；区域性集体合同，在该区域内发生法律效力；行业集体合同在该行业内部发生法律效力；企业集体合同在本企业内部发生法律效力。

3. 集体合同的时间效力

时间效力是指集体合同何时生效、何时终止以及有无溯及力和余后效力的问题。集体合同的时间效力有三种表现形式。一是当期效力。指集体合同在其存续期间内具有约束力。我国劳动立法对集体合同的生效和终止作出了明确的规定，《集体合同规定》第 47 条规定："劳动保障行政部门自收到文本之日起 15 日内未提出异议的，集体合同或专项集体合同即行生效。"明确了生效的时间，第 38 条明确规定："集体合同或专项集体合同期限一般为 1 至 3 年，期满或双方约定的终止条件出现，即行终止。"因此，我国的集体合同是有固定期限的，而且只在存续期有效。二是溯及效力即对生效前已经签订的劳动合同是否具有约束力。有约束力的即为有溯及力，不产生约束力的即无溯及力，集体合同一般是不具有溯及力的。但是，有的国家规定，当事人有特别的理由，并经集体合同管理机关认可，允许集体合同有约束力。三是余后效力，是指集体合同终止后对依法订立并仍然生效的劳动合同继续产生约束力的状况。规定余后效力是为了避免出现在集体合同终止后，新的集体合同未产生而出现无规则状态。我国劳动立法没有对集体合同的余后效力作出规定。

5.3　集体合同争议的处理

5.3.1　集体合同争议的概念

1. 集体合同争议的概念

《劳动合同法》第 56 条规定，用人单位违反集体合同，侵犯职工劳动权益的，工会可以依法要求用人单位承担责任；因履行集体合同发生争议，经协商解决不成的，工会可以依法申请仲裁、提起诉讼。本条是关于集体合同争议的新规定。集体合同争议实际上是一种特殊的劳动合同争议，它是指工会或职工代表与用人单位或雇主以及雇主团体在举行集体协商，签订集体合同，以及履行集体合同等事项上产生的争议。所以集体合同争议实际上包括了履行合同时的争议和举行集体协商、签订集体合同的争议等。

2. 集体合同争议与集团合同争议的区别

集体合同争议与集团合同争议不是一个概念。后者是指多个劳动者因为有共同的争议事项而与用人单位所产生的争议。二者有明显的区别：首先从争议的当事人来看，集体合同争议当事人的劳动者一方是工会或者职工代表，而集团合同争议当事人的劳动者一方是特定的一些职工；其次从争议的内容来看，集体合同争议涉及的是集体合同的签订、履行等，而集团合同争议所涉及的是劳动合同中所约定的权利义务。

集体合同担负着保护劳动者合法权益的责任，而且它的涉及面广，影响重大。因此，有集体合同而产生的争议必须得到迅速、妥善的处理，否则很容易激化矛盾，导致比较严重的后果。为此，法律对于集体合同争议的处理也有比较特别的规定。

5.3.2　集体合同争议的处理

1. 签订集体合同争议的处理

签订集体合同争议是指集体合同当事人在协商签订集体合同时发生的分歧。《劳动法》和《集体合同规定》对争议处理的管辖、程序等问题作了规定。

（1）争议处理的申请。《劳动法》第 84 条规定，因签订集体合同发生争议，当事人协商解决不成的，当地人民政府劳动行政部门可以组织有关各方协调处理。《集体合同规定》第 49 条规定，集体协商过程中发生争议，双方当事人不能协商解决的，当事人一方或双方可以书面向劳动保障行政部门提出协调处理申请；未提出申请的，劳动保障行政部门认为必要时也可以进行协调处理。根据以上规定，争议处理可以由当事人提出，也可由劳动保障行政部门依权进行协调处理。

（2）争议处理的管辖。《集体合同规定》第 51 条规定，集体协商争议处理实行属地管辖，具体管辖范围由省级劳动保障行政部门规定。中央管辖的企业以及跨省、自治区、直辖市用人单位因集体协商发生的争议，由劳动保障部指定的省级劳动保障行政部门组织同级工会和企业组织等三方面的人员协调处理，必要时，劳动保障部也可以组织有关方面协调处理。可见签订集体合同争议的处理采取的是属地管辖原则，具体处理部门由有管辖权的劳动保障行政部门进行规定。

（3）争议处理的程序。处理集体协商争议要求调查了解争议的情况；研究制订协调处理争议的方案。在此基础上对争议进行协调处理，最后要制作《协调处理协议书》。

（4）争议处理的期限。《集体合同规定》第 52 条规定，协调处理集体协商争议，应当自受理协调处理申请之日起 30 日内结束协调处理工作。期满未结束的，可以适当延长协调期限，但延长期限不得超过 15 日。即对签订集体合同争议的处理时间从受理申请之日起最长不得超过 45 日。

（5）争议处理的法律后果。申请由劳动保障行政部门进行争议处理或由劳动保障行政部门自行进行协调处理的在处理争议后应制作《协调处理协议书》，并载明协调处理申请、争议的事实和协调结果。《协调处理协议书》由集体协商争议协调处理人员和争议双方首席代表签字盖章后生效。争议双方均应遵守生效后的《协调处理协议书》。

2. 履行集体合同争议的处理

履行集体合同的争议是指当事人对合同是否已经履行或是否已经按约定的方式履行产生的分歧。《劳动合同法》和《集体合同规定》均对履行集体合同争议的处理方式进行了规定。《劳动合同法》第 56 条规定，用人单位违反集体合同，侵犯职工劳动权益的，工会可以依法要求用人单位承担责任；因履行集体合同发生争议，经协商解决不成的，工会可以依法申请仲裁、提起诉讼。《集体合同规定》第 55 条规定，因履行集体合同发生的争议，当事人协商解决不成的，可以依法向劳动争议仲裁委员会申请仲裁。按此规定，履行集体合同争议的处理程序如下。

（1）由当事人双方进行协商。在双方因履行集体合同发生争议后，应当协商解决。当事人协商是申请仲裁和提起诉讼的前置程序。主要是由工会代表劳动者同用人单位进行协商，克服单个劳动者相对于用人单位的弱势地位。

（2）不能达成一致的情况下由工会自由选择向劳动争议仲裁机构提起仲裁或直接向人民法院提起诉讼。《劳动合同法》改变了传统的劳动争议"先仲裁后起诉"的处理原则，赋予了工会选择救济途径的权利，即可以自由选择向劳动争议仲裁机构提起仲裁或直接向人民法院提起诉讼。如提起仲裁受理该争议的仲裁机构应当按照《劳动争议仲裁委员会办案规则》（劳动部 1993 年 10 月 18 日颁布实施）规定的特别程序进行处理；若工会直接向人民法院起诉，由人民法院的民事审判庭依照《民事诉讼法》规定的程序进行审理。《劳动合同法》的规定打破了劳动争议"先仲裁后起诉"的原则，改变了《劳动法》和《集体合同规

本 章 小 结

本章主要对集体合同作了介绍。其内容包括集体合同的概念与特征、集体合同的分类；集体合同的订立、内容、效力以及集体合同签订过程中争议的处理和履行集体合同中争议的处理。在阅读本章时还要注意对《集体合同规定》和《劳动合同法》中有关集体合同的规定进行阅读，并可以与案例相结合。加深对本章知识的认识并提高实际处理相关案件的能力。

本章重点是关于集体合同的订立、集体合同的内容及效力。特别是集体合同签订过程中和履行过程中的争议的处理程序。

本章难点是集体合同和劳动合同的联系和区别签订集体合同和履行集体合同过程中争议的处理办法。

本章学习资料

[1] 王全兴，黄昆. 中国劳动法. 北京：中国政法大学出版社，2008.

[2] 郭捷. 劳动法与社会保障法. 北京：法律出版社，2008.

[3] 郑尚元. 劳动合同法的制度与理念. 北京：中国政法大学出版社，2008.

[4] 黎建飞. 劳动合同法热点、难点、疑点问题全解. 北京：中国法制出版社，2008.

[5] 吴文芳. 德国集体合同"法规性效力"与"债权性效力"之研究. 法商研究，2010（2）.

[6] 杨云芳. 集体合同权利争议的分析与研究. 法学杂志，2010（2）.

[7] 陈洁. 劳动者的集体合同问题研究：富士康事件的启示. 绍兴文理学院学报，2010（5）.

[8] 沈建峰. 论集体合同对劳动者和用人单位的效力. 西南民族大学学报（哲学社会科学版），2012（9）.

[9] 金红梅. 中国集体协商制度的反思与重构. 延边大学学报（社会科学版），2012（3）.

本章复习思考题

一、名词解释

集体协商　集体协商代表　集体合同　集体合同的效力　集体合同的期限　集体合同的终止

二、单项选择题

1. 集体协商未能达成一致意见，或出现事先未预料的问题时，可以暂时中止协商，但中止协商的期限最长不得超过（　　　）。

　　A. 30 日　　　　　　　B. 60 日　　　　　　　C. 90 日　　　　　　　D. 120 日

2. 因签订集体合同发生的争议，双方协商解决不成的，应当（　　　）。

　　A. 由当地人民政府信访机构协调处理

　　B. 由人民法院受理

　　C. 由劳动争议仲裁委员会受理

　　D. 由当地人民政府劳动行政部门组织有关各方协调解决

3. 集体合同签订后，应当报送劳动行政部门，劳动行政部门自接到集体合同文本之日起（　　　）。

　　A. 7 日内无异议的，集体合同即行生效

　　B. 10 日内无异议的，集体合同即行生效

　　C. 15 日内无异议的，集体合同即行生效

　　D. 30 日内无异议的，集体合同即行生效

4. 按照我国现行法的规定，集体合同的期限一般是（　　　）。

　　A. 1～2 年　　　　　B. 1～3 年　　　　　C. 1～4 年　　　　　D. 2～3 年

5. 关于集体合同的下列表述错误的是（　　　）。

　　A. 未建立工会的企业，集体合同应由职工推举的代表与企业签订

　　B. 劳动合同中的劳动条件和劳动报酬标准可以高于集体合同的规定

　　C. 并非所有的企业都必须签订集体合同

　　D. 集体合同必须经劳动行政部门审查批准方能生效

三、多项选择题

1. 集体合同的特征包括（　　　）。

　　A. 集体合同的主体特定　　　　　　　B. 集体合同的内容侧重于维护职工利益

　　C. 集体合同是特殊的双务合同　　　　D. 集体合同具有劳动基准法的效能

　　E. 形式的要式性

2. 集体合同的内容包括（　　　）。

　　A. 劳动报酬　　　　B. 工作时间　　　　C. 休息休假

　　D. 女职工特殊保护　　E. 劳动安全卫生

3. 集体协商代表的职责包括（　　　）。

　　A. 参加集体协商　　　　　　　　　　B. 提供与集体协商有关的情况和资料

　　C. 代表本方参加集体协商争议的处理　　D. 监督集体合同或专项集体合同的履行

　　E. 接受本方人员质询，及时向本方人员公布协商情况并征求意见

四、判断分析题

1. 集体合同对劳动合同无任何约束力。（　　　）

2. 签订集体合同的主体和集体合同的主体是完全一样的。（　　　）

五、简述题

1. 简述集体合同的概念与特征。

2. 简述集体合同订立的程序。

3. 集体合同与劳动合同的联系和区别。

六、论述题

1. 试论集体协商的意义。

2. 论集体合同争议的处理。

七、案例分析题

2008 年 7 月甲厂欲与职工订立集体合同，但此时该厂还未成立工会，于是甲厂就自行指定了 5 人作为职工代表并与其协商订立了集体合同。集体合同中就相关劳动条件等问题作了约定。其中对劳动报酬约定为该厂每月支付给职工的工资最低标准为 1 000 元。2008 年 9 月乙进入该厂。甲厂和乙约定试用期为三个月，每月支付工资 800 元。3 个月乙成为正式员工后发现集体合同规定的职工最低工资为 1 000 元，于是要求甲厂补足其在试用期少得的工资。甲厂则以乙在试用期不适用集体合同中有关最低工资的约定为由进行抗辩。

问：

（1）该集体合同是否有效？

（2）假设该集体合同有效，乙职工的请求能否得到支持？为什么？

第6章

劳务派遣

本章导读

　　本章的主要内容是劳务派遣的概念与特征、劳务派遣的意义、劳务派遣的适用、劳务派遣协议等。

6.1　劳务派遣的适用

6.1.1　劳务派遣的概念与特征

1. 劳务派遣的概念

　　劳务派遣，也称人力派遣、人力租赁等，是指劳动力派遣单位依据同用工单位之间的劳务派遣协议，将与自己订立劳动合同的劳动者派遣到用工单位，由用工单位指挥和监督劳动者进行劳动。劳务派遣与一般用工形式的最大区别在于劳动的雇佣同劳动力的使用相分离。雇佣劳动者的用人单位并不实际使用劳动力，不直接享受劳动者的劳动成果；而实际用工单位与劳动者之间则不存在劳动合同。

　　在劳务派遣这种用工形式当中，存在着三方主体——用人单位（劳务派遣单位）、用工单位（被派遣单位）、劳务派遣工（被派遣劳动者）。劳务派遣的实现包括以下几个步骤：首先由劳务派遣工同劳务派遣单位（《劳动合同法》将其定位为用人单位）签订劳动合同；其次用工单位向用人单位提出用工要求，并签订劳务派遣协议；最后用人单位根据劳务派遣协议的规定指派劳动者前往用工单位，由用工单位指挥劳动者进行工作。用人单位通过从用工单位处收取管理费来获得收益。这种"有关系没劳动，有劳动没关系"的特殊形态使得劳务派遣比一般的用工形式更加复杂，因而法律有必要单独进行规定。

　　我国《劳动合同法》中对劳务派遣制度做出了比较专门的和系统的规定，这些规定有利于解决劳务派遣活动中出现的问题，理顺各方关系，保护劳务派遣工的合法权益。为了适应劳务派遣用工的发展变化，规范劳务派遣用工行为，2012 年 12 月 28 日全国人大常委会审议通过了《关于修改〈中华人民共和国劳动合同法〉的决定》，其主要对原《劳动合同法》中关于劳务派遣的规定进行了修正。人力资源和社会保障部于 2013 年、2014 年先后颁布《劳务派遣行政许可实施办法》和《劳务派遣暂行规定》，对劳务派遣作出了更加完善的规定。

2. 劳务派遣的特征

从我国法律关于劳务派遣的定义中可以看出，劳务派遣的特点如下。

（1）主体为用人单位、用工单位和被派遣劳动者三方。主体为三方是劳务派遣不同于传统劳动关系的重要特征，其突破了传统劳动关系两方主体的固有模式。在传统劳动关系中，只有雇主与劳动者两方主体，劳动者向雇主提供劳动力，雇主支付劳动者劳动报酬等，并有要求劳动者付出劳动力的请求权。双方的权利义务是雇主与劳动者两者间单纯的一对一的法律关系，无第三方的介入。故发生劳动纠纷时，双方（即劳动者与雇主）只需将对方列为被诉主体，最终承担义务的是双方中的其中一方。但在劳务派遣关系中的主体为三方，即劳务派遣单位（用人单位）、被派遣劳动者和用工单位，劳务派遣单位与被派遣劳动者签订劳动合同，双方之间的关系为劳动关系，劳务派遣单位承担向被派遣劳动者支付工资、缴纳社会保险、提供福利待遇等义务，由于劳务派遣单位只雇佣但不使用，故可称为形式上的劳动关系；而劳务派遣单位与用工单位订立劳务派遣协议，约定被派遣劳动者的雇佣和使用问题，二者作为平等的民事主体，相互之间形成民事合同关系；而被派遣劳动者在用工单位的指挥管理下付出劳动力，但其二者的劳动关系，由于用工单位只使用不雇佣，故为实际劳动关系。

（2）有两个合同存在。在劳务派遣中，签订两个合同，即一是劳务派遣单位和被派遣劳动者签订劳动合同，该合同确定了劳务派遣单位和被派遣劳动者两者之间的劳动关系，劳务派遣单位承担支付被派遣劳动者工资、缴纳社会保险、保障被派遣劳动者无工作期间的最低工资收入等义务。二是劳务派遣单位和用工单位签订的劳务派遣协议，劳务派遣协议主要是约定派遣岗位及人员数量、派遣期限、劳动报酬和社会保险费的数额与支付方式以及违反协议的责任。劳务派遣协议的性质属于民事合同，其为被派遣劳动者按照用工单位的要求履行劳动义务的行为提供了依据。

（3）劳动力的雇佣与使用相分离。在传统的劳动关系中雇佣与使用是一体的不可分离的，用人单位雇佣劳动者后就对劳动者享有劳动给付的请求权。但是劳务派遣却突破了这一既定模式，发展出了劳动力的雇佣与使用相分离的新型用工形式，劳务派遣单位是被派遣劳动者的雇主，也是劳动合同的相对人，但是被派遣劳动者实际给付劳动的对象却是用工单位，用工单位与被派遣者劳动者之间虽无劳动关系，但是却享有劳动给付的请求权，由上述可知劳务派遣形成了雇佣但不使用，使用却不雇佣，即劳动力的雇佣与使用相分离的模式。

3. 劳务派遣的意义

近些年来劳务派遣在我国有了迅速发展，这种特殊的用工形式广泛存在于各地区各行业当中，这说明劳务派遣适合市场经济的发展要求，能够促进生产的进步。

（1）促进劳动者的就业。劳务派遣单位可以有效地吸纳城市失业人口和转移到城市的农村剩余劳动力，并将这些劳动力集中起来，满足各个用人单位的用工需求。而从劳动者的角度来看，劳动者通过和劳务派遣单位订立劳动合同，接受用人单位的派遣也可以比较方便地实现就业，省去了自己找工作的麻烦。从总体上讲，劳务派遣可以根据各地用工需求合理分派劳动者，避免出现供需矛盾和劳务输出的盲目性。

（2）降低用工单位的用工成本。用工单位接受劳务派遣工，除了向劳务派遣单位支付的管理费，只需要为劳务派遣工支出必要的工资和社会保险费用。由于用工单位与劳务派遣工之间没有订立劳动合同、不存在劳动关系，所以用工单位也就避免了因解除劳动合同而支付经济补偿金的风险。因此，用人单位就可以在生产需要时接纳劳务派遣工，在不需要的时候将其退回劳务派遣单位。

（3）为企业提供辅助性工作，使企业专心从事生产经营。一个企业的主要工作就是生产商品或者提供服务，但生产活动的顺利进行还需要做一些辅助性的工作，如食堂、绿化、清洁、安保等。而企业对这些辅助性工作并不擅长，专门雇佣职工来从事这些工作也会浪费大量的财力和物力。因此，通过劳务派遣将这些辅助性工作交给更加擅长的劳动者，就可以让企业专心从事生产经营活动，提高工作效率。

（4）劳务派遣可以适用于季节性的生产活动。现实生活中，有些用人单位生产活动的季节性很强，如制糖企业、冰淇淋企业等。这些企业往往忙时需要大量的劳动力从事生产，而闲时又需要减少职工数量，节省工资开支。而劳务派遣可以有效地解决这种短期用工要求，满足企业用工的灵活性和季节性。

长期以来由于我国对劳务派遣没有比较完善的法律规定，所以劳务派遣活动也出现了许多问题，这些问题引起了社会公众和立法者的注意。《劳动合同法》以专门章节规定劳务派遣制度就是为了实现有法可依，保护劳务派遣工的合法权益。

6.1.2　劳务派遣的适用

1. 规定劳务派遣适用工作岗位的意义

（1）规范这种新的用工模式，避免对劳动用工制度的冲突。因为劳务派遣不同于传统劳动形式，是一种新型的劳动力资源使用方式，虽然其本身在灵活用工、促进再就业等方面发挥积极的作用，但如果规制不当，将会造成劳务派遣的滥用等非正常现象，严重冲击劳动用工制度和劳动法律制度。有的企业为了使用劳动者的黄金年龄，压低工资，规避解除劳动合同的经济补偿和订立无固定期限劳动合同的义务，在除企业管理层之外的各个岗位广泛使用劳务派遣工。在一些企业当中，劳务派遣工远远多于同用工单位订立劳动合同的正式员工。这种恶意的用工行为是非常不合理的，法律如果不对这一现象进行制止，劳务派遣就可能在不久的将来成为企业用工的常态。

（2）保护劳动者的利益。劳务派遣的主体是由三方（即劳务派遣单位、被派遣劳动者和用工单位）所构成的复杂的劳动关系，所以若不对其加以限制，放任自流将会造成许多劳动纠纷，而在劳动纠纷中受到伤害的往往是处于弱势地位的劳动者，滥用劳务派遣不仅侵犯了派遣工的合法权益，也剥夺了正式员工的工作岗位。这显然有悖于社会公平正义，不利于构建与发展和谐稳定的劳动关系。故我国《劳动合同法》对劳务派遣工作岗位作出了规制。

2. 劳务派遣适用的岗位

对劳务派遣的适用范围，法律规定劳务派遣一般在临时性、辅助性或者替代性的工作岗位上实施。修改后的《劳动合同法》第 66 条规定："劳动合同用工是我国的企业基本用工形式。劳务派遣用工是补充形式，只能在临时性、辅助性或者替代性的工作岗位上实施。"同时，修改后的《劳动合同法》第 66 条还明确规定了所谓临时性工作岗位是指存续时间不超过六个月的岗位；辅助性工作岗位是指为主营业务岗位提供服务的非主营业务岗位；替代性工作岗位是指用工单位的劳动者因脱产学习、休假等原因无法工作的一定期间内，可以由其他劳动者替代工作的岗位。《劳动合同法》第66条还规定了"用工单位应当严格控制劳务派遣用工数量，不得超过其用工总量的一定比例，具体比例由国务院劳动行政部门规定"。2014年3月1日实施的《劳务派遣暂行规定》第4条明确"用工单位应当严格控制劳务派遣用工数量，使用的被派遣劳动者不得超过其用工总量的10%"。

6.2　劳务派遣关系的主体与内容

6.2.1　劳务派遣关系的主体

1. 劳务派遣关系的主体

劳务派遣主要涉及劳动者、劳务派遣单位和用工单位三方主体，是一种非常特殊的用工形式。《劳动法》上的劳动者都可以作为劳务派遣中的劳动者，在此不对劳动者进行阐述。

1）派遣单位

是与劳动者签订劳动合同，建立劳动关系，并把劳动者派到用人单位工作的主体。

（1）派遣单位是用人单位。《劳动合同法》第58条规定，劳务派遣单位是本法所称的用人单位。在《劳动合同法》颁布之前，我国关于劳务派遣的法律法规十分欠缺，对劳务派遣的规定只是分散在各地方政府部门为了解决管理问题而制定的各种规范当中。例如，北京市劳动和社会保障局在1999年印发的《北京市劳务派遣组织管理暂行办法》中规定，劳务派遣组织应与招用的下岗职工签订劳动合同，建立劳动关系。实际上各地对劳务派遣的认识并不明确，劳动者、劳务派遣单位、用工单位之间的关系如何，后二者谁是法律意义上的用人单位，也存在不少争议。这种认识混乱的最终受害人还是劳动者，现实生活中如果劳务派遣工发生工伤，劳务派遣单位和用工单位经常会因此而相互推诿，不愿意承担法定的义务。为此《劳动合同法》明确规定，劳务派遣单位是本法所称的用人单位，应当承担用人单位对劳动者的各种义务。《劳动合同法》的这个规定是比较合理的。从理论上讲，劳动者与用人单位之间是劳动关系的两方主体。这种劳动关系的建立则是双方通过签订劳动合同来实现的。在劳务派遣用工形式中，劳动者虽然在用工单位实际工作，但其与用工单位之间并没有订立劳动合同，因此不存在劳动关系。劳动者是受到劳务派遣单位的指派而来到用工单位，当用工单位不再需要派遣工时，劳动者就会回到劳务派遣单位，等待再次指派。在劳动合同存续期间，劳动者可能会服务于许多用工单位，但他同劳务派遣单位之间的关系始终存在，并且要受到这个用人单位的监督管理。规定劳务派遣单位是法律意义上的用人单位，也有利于为流动性比较强的劳务派遣工缴纳社会保险费用。既然是用人单位，那劳务派遣单位就要承担法律规定的一切义务。这些义务在《劳动法》以及《劳动合同法》等法律法规中已经有了比较明确的规定，比如劳务派遣单位应当依法与劳动者签订书面劳动合同、按时足额支付劳动报酬、依法为劳动者缴纳社会保险费用、在解除劳动合同时要支付经济补偿。如果劳务派遣单位和用工单位约定由用工单位负责支付工资、社会保险费的，用人单位还要对这些费用的支付承担连带责任。

（2）设立劳务派遣单位应具备的条件。

　　我国原《劳动合同法》对劳务派遣单位的设立作出了专门的规定。原《劳动合同法》第 57 条规定，劳务派遣单位应当依照公司法的有关规定设立，注册资本不得少于 50 万元。修正后的《劳动合同法》第 57 条规定："经营劳务派遣业务应当具备下列条件：（一）注册资本不得少于人民币 200 万元；（二）有与开展业务相适应的固定的经营场所和设施；（三）有符合法律、行政法规规定的劳务派遣管理制度；（四）法律、行政法规规定的其他条件。经营劳务派遣业务，应当向劳动行政部门依法申请行政许可；经许可的，依法办理相应的公司登记。未经许可，任何单位和个人不得经营劳务派遣业务。"修改后的《劳动合同法》明确规定了劳务派遣单位的设立条件，提高了设立的门槛。劳动行政部门可以依法对劳务派遣单位进行有效的监管。劳务派遣工在受到工伤、被解除合同以及用人单位违约等情况下的赔偿也有了比较充足的保证。

　　第一，注册资本不得少于人民币 200 万元。劳务派遣单位潜在的债权人就是劳动者，派遣单位在违反劳动合同等侵犯劳动者权益的情况下要对劳动者支付一定数额的赔偿，而如果劳务派遣单位没有一定的注册资本作为基础，那么大量劳动者向派遣单位索赔时，单位就没有能力承担责任，那么劳动者的合法权益就无法维护。修改后的《劳动合同法》对劳务派遣单位的注册资本从原来的 50 万元提高到了 200 万元，这一规定大大提高了劳务派遣单位的设立门槛，可以确保劳务派遣单位都具有比较强的承担责任能力。

　　第二，有与开展业务相适应的固定的经营场所和设施。有固定的经营场所是指劳务派遣单位应当有从事经营的主要办事机构所在地，必须有必要的办公条件劳务派遣单位才能实现自己的职能。

　　第三，有符合法律、行政法规规定的劳务派遣管理制度。劳务派遣单位与被派遣劳动者之间具有劳动合同关系，作为用人单位，必须依法对劳动合同的订立、变更、解除和终止等作出相应的规定，维护正常的劳动关系。另外要依法制定公司需要的其他规章制度，如制定公司章程，明确董事会、监事会的组成、职权和议事规则等事项。

　　第四，法律、行政法规规定的其他条件。法律规定经营劳务派遣业务的，应当向劳动行政部门依法申请行政许可。经许可的，依法办理相应的公司登记。未经许可，任何单位和个人不得经营劳务派遣业务。这里的行政许可是指劳动行政部门根据行政相对方的申请，经依法审查，通过颁发许可证、执照等形式，赋予或确认行政相对方可以从事劳务派遣的法律资格或法律权利的一种具体行政行为。2013 年 7 月 1 日施行的《劳务派遣行政许可实施办法》对取得劳务派遣行政许可的办理作出了具体的规定。该办法第 6 条规定，经营劳务派遣业务，应当向所在地有许可管辖权的人力资源社会保障行政部门依法申请行政许可。未经许可，任何单位和个人不得经营劳务派遣业务。为了与《劳动合同法》修改衔接，该办法第 34 条还明确了"劳务派遣单位在 2012 年 12 月 28 日至 2013 年 6 月 30 日之间订立的劳动合同和劳务派遣协议，2013 年 7 月 1 日后应当按照《全国人大常委会关于修改〈中华人民共和国劳动合同法〉的决定》执行。本办法施行前经营劳务派遣业务的单位，应当按照本办法取得劳务派遣行政许可后，方可经营新的劳务派遣业务；本办法施行后未取得劳务派遣行政许可的，不得经营新的劳务派遣业务"。

　　修正后的《劳动合同法》明确了劳务派遣单位的条件，提高了设立的门槛。为劳务派遣工在遭受工伤、被辞退及用人单位违约等情况下的赔偿，提供了更好的保障。

2）用工单位

用工单位是接受以劳务派遣形式用工的单位，即使用被派遣劳动者的主体。用工单位虽然不是劳动合同的缔约人，却是劳动力的使用人和劳动合同的履约人。基于劳动关系是劳动力使用关系的实质，用工单位较之派遣单位更容易被人认为是用人单位。

3）被派遣劳动者

被派遣劳动者是指具有劳动权利能力和劳动行为能力，并与派遣单位签订劳动合同的自然人。

2. 劳务派遣中三方关系

这三方的关系如果没有清晰明确地界定，就很容易出现各种纠纷，劳务派遣单位与用工单位也会相互推卸责任，最终受害的还是劳动者。这三方的关系可以从以下三个方面来理解。

（1）劳动者与劳务派遣单位之间是劳动关系，也就是法律意义上的劳动者和用人单位之间的关系。《劳动合同法》第58条规定，劳务派遣单位是本法所称用人单位，应当履行用人单位对劳动者的义务。这是法律对两者关系的明确界定。这种劳动关系体现在很多方面，如劳务派遣单位与劳动者订立劳动合同，对劳动者进行管理，包括处分、辞退等，并且还要按月支付报酬，为劳动者缴纳社会保险费用等。

（2）劳务派遣单位与用工单位之间是民事关系。民事关系是指平等民事主体之间形成的，以权利义务为内容的法律关系。这种民事关系首先体现在派遣单位和用工单位的地位是平等的，不存在任何管理和指挥关系。这一点同劳动关系是不同的，劳动者一旦进入用人单位工作，就要受到用人单位的管理和监督，在用人单位的指挥下进行工作，劳动者一般不能拒绝用人单位正常的工作安排。其次，《劳动合同法》第59条规定，劳务派遣单位派遣劳动者应当与接受劳务派遣工的单位（以下称用工单位）订立劳务派遣协议。即双方的关系体现为在协商一致的基础上所订立的协议，这一点也符合民事关系的特征。

（3）劳动者与用工单位之间是劳务关系。这种劳务关系主要体现为用工单位对劳务派遣工的劳动过程进行指挥和监督，劳动者要遵守用工单位的规章制度等。但劳动者同用工单位之间并没有订立劳动合同，因而不是劳动关系。

6.2.2 劳务派遣的内容

1. 派遣单位的权利义务

1）派遣单位的法定权利

（1）享有法律规定的用人单位的权利。因为派遣单位与劳动者之间签订了劳动合同，是劳动合同中的用人单位，享有法律上赋予用人单位的全部权利。

（2）有权向用工单位收取劳务费。作为劳务派遣中的用人单位，因为派遣单位进行招工和派遣服务需要成本，可依法向用工单位收取费用。

2）派遣单位的法定义务

（1）对劳动者的义务。根据《劳动合同法》的规定，劳务派遣单位对劳动者承担的义务有以下几个方面。一是履行用人单位对劳动者的义务。根据《劳动合同法》第58条的规定，凡是我国法律中所规定的用人单位对劳动者应该尽的义务，劳务派遣单位都要承担。二是与被派遣的劳动者订立两年以上的固定期限劳动合同。为了稳定劳务派遣关系，避免企业滥用劳务派遣侵犯劳动者的合法权益，要求劳务派遣企业必须与劳动者订立两年以上的固定期限劳动合同。三是劳动报酬的支付义务。在劳务派遣中，除法律规定由用工单位直接承担的项目（如加班费、绩效奖金和与工作岗位相关的福利待遇）外，派遣单位应当按月向劳动者支付劳动报酬。在被派遣的劳动者无工作期间，按照当地的最低工资标准按月支付劳动报酬。由于劳务派遣工的特殊性，如果因为各种原因而没有获得工作，在等待被派遣的时间内，可以要求劳务派遣单位按照当地人民政府确定的最低工资标准支付劳动报酬。四是将劳务派遣协议的内容告诉被派遣的劳动者。《劳动合同法》第60条规定了劳务派遣单位的这一义务，是为了让劳动者了解劳务派遣协议支付给被派遣劳动者的劳动报酬，避免劳务派遣单位向劳动者隐瞒劳务派遣协议的内容，克扣劳动者工资、社会保险费等行为的出现。虽然劳动者不是劳务派遣协议的当事人，但协议的内容却与劳动者的利益息息相关，劳动者对此应当具有知情权，以便监督用人单位和派遣单位的用工行为。五是不得向被派遣的劳动者收取任何费用。这是《劳动合同法》第60条规定的内容之一。劳务派遣单位对用工单位是具有商业性的，但对劳动者是具有公益性的，不得向被派遣的劳动者收取任何费用。劳务派遣单位只能依据劳务派遣协议向用工单位收取管理费来获取利润。此外，按照《劳务派遣暂行规定》第8条的规定，劳务派遣单位还应当履行下列义务：如实告知被派遣劳动者劳动合同法第8条规定的事项、应遵守的规章制度以及劳务派遣协议的内容；建立培训制度，对被派遣劳动者进行上岗知识、安全教育培训；按照国家规定和劳务派遣协议约定，依法支付被派遣劳动者的劳动报酬和相关待遇；按照国家规定和劳务派遣协议约定，依法为被派遣劳动者缴纳社会保险费，并办理社会保险相关手续；督促用工单位依法为被派遣劳动者提供劳动保护和劳动安全卫生条件；依法出具解除或者终止劳动合同的证明；协助处理被派遣劳动者与用工单位的纠纷；法律、法规和规章规定的其他事项。

（2）派遣单位对用工单位的义务。主要是按照劳务派遣协议履行义务。如按照劳务派遣协议派遣劳动者到用工单位工作等。

2. 用工单位的权利义务

1）用工单位的权利

主要是有权依法依协议管理使用被派遣的劳动者。

2）用工单位对劳动者的义务

用工单位是劳务派遣中的实际用工者，它虽然不是法律意义上的用人单位，但并不是说不需要对劳动者承担任何义务。从保护劳动者的利益来考虑，根据《劳动合同法》第62条规定，用工单位对劳动者应当履行下列义务。

（1）执行国家劳动标准，提供相应的劳动条件和劳动保护。劳动条件是指劳务派遣工为了完成指定的工作任务而必需的条件。主要包括劳动工具、工作场所、劳动生产技术资料等不可或缺的物质条件和其他必要的工作条件。劳务派遣工进入用工单位工作的，用工单位就应当为其提供必要的劳动生产条件，这样才能保证劳动者按时完成工作任务。劳动保护是指用工单位为了保障劳动者在劳动过程中的人身安全和健康，防止劳动伤害事故和职业病的发生而提供的各种安全措施。在劳动安全卫生条件方面，国家出台了许多法律、行政法规，也确立了各个行业的安全生产标准。这方面与劳动者的利益息息相关，也是劳动者最基本的权利。尽管用工单位不是法律规定的用人单位，但只要使用了劳务派遣工为自己工作的，就要严格执行国家劳动标准，提供必要的劳动安全保护措施。

（2）告知被派遣劳动者工作要求和劳动报酬。工作要求是指用工单位所安排的工作岗位对劳务派遣工的素质和职业技能的要求。劳动报酬是指劳务派遣工在用工单位付出劳动后所应得到的工资。任何一个工作岗位对劳动者都有不同的要求，用工单位将这些要求告知劳动者，可以使劳动者有一定的准备，从而更好地完成工作任务。劳务派遣工的工资是用工单位与劳务派遣单位缔结的劳务派遣协议中所约定的应支付给劳务派遣工的工资。劳动者并不是劳务派遣协议的当事人，但法律规定劳务派遣单位应当将劳务派遣协议的内容告知被派遣劳动者。劳动者知道自己的劳动报酬后就可以监督用工单位，防止工资被非法克扣。

（3）支付加班费、绩效奖金，提供与工作岗位相关的福利待遇。劳务派遣工在用工单位工作期间，可能会因为生产需要而加班加点工作，因此劳动者有权要求用工单位支付加班工资，用工单位也有义务按照法律规定的标准支付劳动报酬。由于是否加班、加班多少的问题在劳务派遣协议订立时都是不确定的，无法作出约定，因此只能要求用人单位根据日后具体的加班时间来支付加班费。绩效奖金是指在一个时期或者一项任务完成后，由用工单位按照劳动者的绩效而计算、发放的奖金。绩效奖金与劳动者完成工作的具体情况有关，也不可能预先在劳务派遣协议中约定，只能在事后由用工单位负责发放。为了实现劳务派遣与正式员工同工同酬，《劳务派遣暂行规定》第9条明确规定："用工单位应当按照劳动合同法第62条规定，向被派遣劳动者提供与工作岗位相关的福利待遇，不得歧视被派遣劳动者。"总之，加班加点工资、绩效奖金、与工作岗位相关的福利待遇等都应当在劳务派遣单位支付的工资之外，由用工单位向劳务派遣工支付。

（4）对在岗的劳务派遣工进行工作岗位所必需的培训。劳务派遣单位作为用人单位，应当主要负责对劳务派遣工进行培训，以满足用工单位的需求。如劳动安全卫生培训、上岗或者转岗培训等。如果用工单位根据实际情况认为需要进一步对劳务派遣工进行职业技能等方面培训的，就应当由用工单位负责对在岗的被派遣劳动者进行工作岗位所必需的培训，培训费用由用工单位自己承担。

（5）连续用工的，应当对劳务派遣工实行正常的工资调整机制。这条规定要求用工单位根据劳务派遣工的工作时间、工作业绩等因素对其工资实行正常的调整，从而不断提高劳务派遣工的劳动报酬。现实生活中许多用工单位为了降低劳动力成本，大量地使用劳务派遣工，并以这些劳动者不是单位的正式员工为理由，拒绝按照单位的工资调整机制来提升他们的报酬水平。有的劳务派遣工在用工单位连续工作近10年也没有调整过工资，他的报酬水平更是远远低于正式员工。这种做法严重违反了同工同酬原则，因此《劳动合同法》规定劳务派遣工应当享受到正常的工资调整待遇。

（6）禁止用工单位将劳务派遣工再次派遣到其他企业。用工单位应当严格按照劳务派遣协议的约定来安排劳务派遣工的岗位，不能把这些劳动者再次派遣到其他单位工作。这就是说，劳务用工的单位必须安排劳务派遣工在本单位的工作岗位上班。

（7）不得自行辞退被派遣劳动者。如果用工单位不愿继续使用该劳动者，要将被派遣劳动者退回派遣单位，由派遣单位决定是否辞退劳动者。《劳动合同法》第65条规定，被派遣劳动者有《劳动合同法》第39条和第41条第1项、第2项规定情形的，用工单位可以将劳动者退回劳务派遣单位，劳务派遣单位依照《劳动合同法》的有关规定，可以与劳动者解除劳动合同。此外，《劳务派遣暂行条例》还明确规定了用人单位可以将被派遣劳动者退回派遣单位的法定情形及退回的限制。

3. 派遣劳动者的权利义务

1）派遣劳动者的权利

（1）平等待遇权。劳动者的平等待遇权是指不同个体的劳动者之间平等地享有权利和承担劳动义务。派遣劳动者平等待遇权表现在：第一，同工同酬权。对于劳务派遣工的报酬标准，修改后的《劳动合同法》第 63 条更加维护被派遣劳动者享有同工同酬权利，明确规定："被派遣劳动者享有与用工单位的劳动者同工同酬的权利。用工单位应当按照同工同酬原则，对被派遣劳动者与本单位同类岗位的劳动者实行相同的劳动报酬分配办法。用工单位无同类岗位劳动者的，参照用工单位所在地相同或者相近岗位劳动者的劳动报酬确定。"同工同酬主要表现在两个方面。一是与用工单位的其他劳动者同工同酬。不平等地对待劳务派遣工，严重侵犯了劳务派遣工的合法权益。《劳动合同法》强调劳务派遣工的工资应当比照用工单位的正式员工按照同工同酬的原则来确定。劳务派遣单位在和用工单位协商订立劳务派遣协议时，应当保证劳务派遣工得到与正式员工相同水平的劳动报酬。劳务派遣工如果发现自己的工资水平低于用工单位从事相同工作的正式员工的，可以向企业工会反映情况或者向劳动行政部门举报。二是在用工单位没有同种类岗位的情况下，按照用人单位所在地相同或相近岗位劳动者的工资水平来确定。同工同酬是《宪法》和《劳动法》等法律中所规定的基本原则。劳务派遣工在用人单位工作期间与正式员工从事同种类工作的，在相同劳动时间和熟练程度的前提下应当与正式员工领取相同的劳动报酬。劳动安全卫生状况、休息休假等劳动条件也是如此，都应当按照用工单位所在地的标准和用工单位内部的规定执行，与正式员工享受同样的待遇。第二，参照用工单位所在地相同或者相近岗位劳动者的劳动报酬确定工资标准。根据《劳动合同法》第 61 条规定，劳务派遣单位跨地区派遣劳动者的，被派遣劳动者享有的劳动报酬和劳动条件，要按照用工单位所在地的标准执行。在现实中跨地区的劳动力转移大都是自经济落后地区向经济发达地区转移。落后地区的生活水平与发达地区存在很大的差距，因而工资标准、劳动条件等都大大低于发达地区。如果按照劳动者所在地区的标准确定劳动报酬，那么用工单位就可以大大降低劳动力成本，劳务派遣的吸引力也就会大大提高，可随之而来的效果就是加剧了劳务派遣的滥用，使得劳务派遣成为盘剥劳动者利益的工具。这种情况对劳动者是非常不利的。因此，《劳动合同法》明确规定在用工单位无同类岗位劳动者的情况下，要参照用工单位所在地相同或者相近岗位劳动者的劳动报酬确定。在全国人大修改《劳动合同法》的决定公布前已依法订立的劳动合同和劳务派遣协议继续履行至期限届满，但是劳动合同和劳务派遣协议的内容不符合修改后的《劳动合同法》关于按照同工同酬原则实行相同的劳动报酬分配办法的规定的，应当依照修改后的《劳动合同法》进行调整。

（2）参加工会权。我国《劳动法》明确规定，劳动者有依法参加工会的权利。被派遣的劳动者与同其他劳动者一样，都享有参加工会组织、参加工会活动的权利，这是保障被派遣劳动者实现平等劳动权的重要条件。由于劳务派遣工流动性大，与用工单位的密切程度小于正式工，这使得用工单位工会维护被派遣劳动者的利益有一定困难。因此《劳动合同法》第 64 条规定："被派遣劳动者有权在劳务派遣单位或者用工单位依法参加或者组织工会，维护自身的合法权益。"

（3）解除劳动合同权。《劳务派遣暂行规定》第 14 条规定："被派遣劳动者提前 30 日以书面形式通知劳务派遣单位，可以解除劳动合同。被派遣劳动者在试用期内提前 3 日通知劳务派遣单位，可以解除劳动合同。劳务派遣单位应当将被派遣劳动者通知解除劳动合同的情况及时告知用工单位。"另据《劳动合同法》第65条规定，被派遣劳动者可以依照《劳动合同法》第36条、第38条的规定与劳务派遣单位解除劳动合同。

2）被派劳动者的义务

与其他劳动合同关系中的劳动者的义务一样，主要是完成劳动任务、提高职业技能、执行劳动安全卫生规程、遵守劳动纪律和职业道德的义务。

6.3 劳务派遣协议

6.3.1 劳务派遣协议的当事人

1. 劳务派遣协议的含义

派遣协议是指派遣单位与用工单位签订的关于派遣单位为用工单位提供劳务派遣服务的书面协议。我国《劳动合同法》第59条规定劳务派遣单位派遣劳动者应当与接受以劳务派遣形式用工的单位（以下称用工单位）订立劳务派遣协议。劳务派遣协议对派遣事务作出具体的安排，约定派遣单位和用工单位之间的权利义务，并明确双方对被派劳动者的雇主义务。

2. 劳务派遣协议的主体

从我国《劳动合同法》第59条的规定中可以看出，劳务派遣协议的当事人是劳务派遣单位和用工单位，被派遣劳动者不是劳务派遣协议的主体，劳务派遣单位和用工单位双方必须依法签订劳务派遣协议，该协议属于民事合同。由于劳务派遣协议的性质属于民事合同，并非劳动合同，所以劳务派遣单位与用工单位之间就劳务派遣协议所发生的纠纷不属于劳动争议，应属于民事纠纷。

6.3.2 劳务派遣协议的内容

虽然劳务派遣协议是劳务派遣单位与用工单位双方依法就其权利与义务平等协商一致所达成的协议，但劳务派遣协议的内容涉及被派遣劳动者的切身利益，而被派遣劳动者往往处于弱者地位，所以基于保护弱者原则以及防止劳务派遣单位和用工单位在发生纠纷时相互推诿逃避责任，我国《劳动合同法》第59条规定，劳务派遣协议应当具备以下内容。

1. 派遣岗位及人员数量

被派遣劳动者的工作岗位是指被派遣劳动者被派到用工单位被安排做什么性质的工作、该工作岗位有何能力要求等，并且在劳务派遣协议中载明用工单位需要多少劳动者的人员数量。劳务派遣协议之所以要规定派遣岗位，是为了明确地让被派遣劳动者知道自己去用工单位要从事何种工作，自己是否有能力胜任该工作，并方便劳务派遣单位派遣符合用工单位要求的被派遣劳动者。

2. 派遣期限

派遣期限是指被派遣劳动者到用工单位从事工作的劳动时间范围。之所以要求明确载明派遣期限是为了防止用工单位将连续用工期限分割订立数个短期劳务派遣协议，逃避法律责任，并以此督促用工单位应当根据工作岗位的实际需要与劳务派遣单位确定派遣期限，起到防患于未然的作用。而且，写明了派遣期限也就明确了权利与义务的开始和结束时间，一旦发生纠纷，才可以厘清各自的责任范围。

3. 劳动报酬

劳动报酬是指用工单位依据被派遣劳动者提供的劳动质量与数量，以货币形式支付给被派遣劳动者的劳动报酬和其他报酬。用工单位应当将要支付给被派遣劳动者的劳动报酬交付给劳务派遣单位，然后才由劳务派遣单位发放给被派遣劳动者，劳务派遣单位不得克扣用工单位按照劳务派遣协议支付给被派遣劳动者的劳动报酬，关于劳动报酬的约定应当符合法律规定，并且支付给被派遣劳动者的劳动报酬不得低于所在地人民政府规定的最低工资标准，否则该约定条款无效。另外，依据现行《劳动合同法》第 63 条的规定，被派遣劳动者享有与用工单位的劳动者同工同酬的权利，用工单位应当按照同工同酬原则，对被派遣劳动者与本单位同类岗位的劳动者实行相同的劳动报酬分配办法。用工单位无同类岗位劳动者的，参照用工单位所在地相同或者相近岗位劳动者的劳动报酬确定。而且用工单位有告知被派遣劳动者在劳务派遣协议中关于其报酬的约定。劳务派遣单位与被派遣劳动者订立的劳动合同和与用工单位订立的劳务派遣协议，载明或者约定的向被派遣劳动者支付的劳动报酬应当符合劳动合同法对劳务派遣工资支付的规定。

4. 社会保险的数额和支付方式

社会保险是保障劳动者的重要制度，劳动者在丧失部分或全部劳动能力时，具有从国家获得帮助以维持基本生存权的权利。社会保险是整个社会保障体系的核心之所在，也是法律的强制性规定，用人单位不可以任何形式违反和规避。

在劳务派遣法律关系中，被派遣劳动者也享有社会保险的权利。在劳务派遣中，由于被派遣劳动者与劳务派遣单位和用工单位都有发生联系，但究竟由哪一方为被派遣劳动者办理社会保险、缴纳社会保险费，根据《劳动合同法》第 58～59 条及《劳务派遣暂行规定》第 18～19 条的规定，我们可以这样理解：劳务派遣单位跨地区派遣劳动者的，应该在用工单位所在地为被派遣劳动者办理参保手续并缴纳社会保险费。但用人单位与用工单位可以就谁负责办理社会保险手续及缴纳费用作出约定，在未约定或约定不明的情况下，依旧由派遣单位负责。关于支付的方式，在实践中一般是用工单位在每月特定的日期将为劳动者支付的社会保险费和劳动报酬以及劳务派遣服务费用一并汇入劳务派遣单位的账户中，再由劳务派遣单位替被派遣劳动者向当地的社会保险机构办理申报和登记，并为劳动者建立相应的社会保险账户。为了方便社会保险费用的缴纳，天津市《劳务派遣用工参加社会保险有关问题暂行规定》明确规定，劳务派遣单位应缴纳的社会保险费及其被派遣劳动者的个人缴费部分，用工单位不再拨付到劳务派遣单位，直接缴纳至社会保险经办机构。这样，简化了手续，提高了办事效率。

5. 违反劳务派遣协议的责任

劳务派遣单位和用工单位在劳务派遣协议中明确违反协议的责任，以便有违反协议的情形发生时能厘清各自的责任。

　　除《劳动合同法》的规定之外，《劳务派遣暂行规定》还进一步细化了劳务派遣协议的内容。该规定第7条明确劳务派遣协议应当载明以下内容：派遣的工作岗位名称和岗位性质；工作地点；派遣人员数量和派遣期限；按照同工同酬原则确定的劳动报酬数额和支付方式；社会保险费的数额和支付方式；工作时间和休息休假事项；被派遣劳动者工伤、生育或者患病期间的相关待遇；劳动安全卫生以及培训事项；经济补偿等费用；劳务派遣协议期限；劳务派遣服务费的支付方式和标准；违反劳务派遣协议的责任；法律、法规、规章规定应当纳入劳务派遣协议的其他事项。

本 章 小 结

　　本章主要内容一是劳务派遣的基本内容，主要涉及劳务派遣的概念与特征、劳务派遣的意义、劳务派遣的适用；二是劳务派遣关系的主体与内容，主要涉及劳务派遣关系的主体、劳务派遣关系的内容；三是劳务派遣协议，主要涉及劳务派遣协议的当事人，劳务派遣协议的内容等。

　　本章的重点是劳务派遣的概念与特征、劳务派遣的主体和劳务派遣的内容。

　　本章的难点是理解劳务派遣的特殊性，认清劳务派遣中的三方关系及劳务派遣当事人的权利义务。

本章学习资料

[1] 王全兴，黄昆. 中国劳动法. 北京：中国政法大学出版社，2008.

[2] 郭捷. 劳动法与社会保障法. 北京：法律出版社，2008.

[3] 黎建飞. 劳动合同法热点、难点、疑点问题全解. 北京：中国法制出版社，2008.

[4] 董保华. 十大热点事件透视劳动合同法. 北京：法律出版社，2007.

[5] 黎建飞. 劳动法案例分析. 北京：中国人民大学出版社，2007.

[6] 张霞. 劳动法实施中的疑难问题. 北京：中国人民公安大学出版社，2009.

[7] 陈闯. 劳动合同案例精编精析. 北京：中国检察出版社，2008.

[8] 陈玉萍. 国外劳务派遣用工制度研究. 兰州学刊，2013（8）.

[9] 伍奕. 我国劳务派遣立法的反思与重构. 法治论坛，2009（1）.

[10] 张新民. 我国劳务派遣用工制度研究. 中国劳动，2012（10）.

本章复习思考题

一、名词解释
劳务派遣　　劳务派遣协议

二、单项选择题

1. 劳务派遣的特征不包括（　　　）。

　　A. 主体为用人单位、用工单位和被派遣劳动者三方

　　B. 用人单位

　　C. 劳动力的雇佣与使用相分离

　　D. 有两个合同存在

2. 劳务派遣单位应当与被派劳动者签订（　　　）。

　　A. 1 年以上的固定期限的劳动合同

　　B. 2 年以上的固定期限的劳动合同

　　C. 3 年以上的固定期限的劳动合同

　　D. 4 年以上的固定期限的劳动合同

三、多项选择题

1. 劳务派遣只能适用于用工单位的（　　　）。

　　A. 辅助性工作岗位

　　B. 临时性工作岗位

　　C. 替代性的工作岗位

　　D. 所有的工作岗位

　　E. 以上都是错误的

2. 关于派遣单位的义务，以下说法正确的是（　　　）。

　　A. 应当履行用人单位对被派劳动者的义务

　　B. 应当与被派遣的劳动者订立两年以上的固定期限劳动合同

　　C. 按照劳务派遣协议向要派单位派出劳动者

　　D. 应当将劳务派遣协议的内容告知被派劳动者

　　E. 可以向自己所属的单位派遣劳动者

3. 劳务派遣协议应当约定的内容包括（　　　）。

　　A. 派遣岗位

　　B. 派遣的人员数量

　　C. 派遣期限

　　D. 劳动报酬

　　E. 社会保险的数额与支付方式

4. 关于用工单位的义务，以下说法正确的是（　　　）。

　　A. 依法向被派遣劳动者提供劳动条件和劳动保护

　　B. 告知被派遣劳动者的工作要求

　　C. 告知被派遣劳动者的劳动报酬

　　D. 在连续使用被派遣劳动者时要实行正常的工资调整机制

　　E. 向被派遣劳动者支付加班工资

四、判断分析题

1. 劳务派遣中的用工单位可以依法单方辞退被派遣劳动者。（　　　）

2. 劳务派遣中的用人单位就是用工单位。（　　　）

3. 被派遣劳动者的工资不低于最低工资标准即可。（　　　）

4. 临时性工作岗位是指存续时间不超过六个月的岗位。（　　　）

五、简述题

1. 简述劳务派遣的概念与特征。

2. 简述劳务派遣的意义。

3. 简述用人单位对劳动者的义务。

4. 简述劳务派遣中劳动者的权利。

六、论述题

1. 试述劳务派遣中劳务派遣单位、被派遣劳动者、用工单位三方之间的法律关系。

2. 试述劳务派遣中用人单位对劳动者的义务。

七、案例分析题

1. 2009 年 1 月，大华公司通过大强劳务派遣公司雇佣 5 名工人，承包大华公司围墙的拆除工作。由于施工过程中存在工人违规操作，导致围墙倒塌致使 1 名工人受伤。受伤的工人住院治疗，大华公司替受伤的工人预缴了住院的押金。同年 3 月 5 名工人完成工程后，大华公司在支付给大强劳务派遣公司的劳动报酬中扣除了替受伤工人预缴的住院费 5 000 元。大强劳务派遣公司认为受伤的工人是在替大华公司工作过程中受伤的，当然应该由大华公司支付医疗费用，为此双方发生了争议。

问：（1）试述大华公司与大强劳务派遣公司和工人之间的法律关系。

（2）受伤工人的医疗费用应由谁支付？

2. 李民与为民服务劳务派遣公司签订了劳动合同，该合同中约定为民服务劳务派遣公司将李民派遣到美美快餐工作，派遣期限为 1 年，李民的工资由为民服务劳务派遣公司支付。为民服务劳务派遣公司与美美快餐签订了劳务派遣协议，该劳务派遣协议约定了双方的权利义务，但却没有就李民的社会保险问题作出约定。期满后美美快餐将李民交回为民服务劳务派遣公司，后李民因老家有事向为民服务劳务派遣公司提出辞职，这时李民才发现在此期间为民服务劳务派遣公司和美美快餐都没有为他缴纳过社会保险费，于是李民要求为民服务劳务派遣公司为其补交应缴的社会保险费，却遭到拒绝。李民又找到美美快餐，却同样遭到拒绝。

问：李民的社会保险费应由谁承担？为什么？

第7章

非全日制用工

本章导读

本章的主要内容是非全日制用工的含义与适用、劳动合同法对非全日制用工的限制性规定等。

7.1　非全日制用工的含义与适用

7.1.1　非全日制用工的意义

1. 非全日制用工的含义

所谓非全日制用工，是指以小时计酬为主，劳动者在同一用人单位一般每日工作时间不超过4小时，每周工作时间不超过24小时的用工形式。这是《劳动合同法》第68条对非全日制用工的定义。《劳动合同法》首次将已经在实务中普遍适用的非全日制用工形式纳入调整范围，标志着我国正式承认非全日制用工关系为劳动关系。《劳动合同法》确定了全日制用工、劳务派遣、非全日制用工三种用工形式。从工作时间来看，我国《劳动合同法》中只有全日制用工和非全日制用工两种用工形式，非此即彼并适用不同的法律规则。非全日制用工的定义，可以作如下理解。

（1）非全日制用工是一种特殊的用工形式，具有灵活性、临时性，是一种相对宽松的劳动关系。因此其可以突破《劳动合同法》对全日制用工的很多强制性规定，也有一些完全不同于全日制用工的特殊规定，如非全日制用工双方当事人不得约定试用期，非全日制用工的工资标准和结算等。

（2）非全日制用工的工资标准是以小时为计酬标准的。这主要是基于非全日制用工关系具有灵活性，工作时间较短，劳动者流动性比较大的特征，以小时计酬更能确保劳动者及时地获得劳动报酬。

（3）非全日制用工认定的实质性标准为劳动者在同一用人单位一般每日工作时间不超过4小时，每周工作时间不超过24小时。只要满足这一实质性条件，不管非全日制用工双方当事人是否签订以"非全日制用工"为名的劳动合同，不管劳动合同是口头形式还是书面形式，都认定为非全日制用工。而只要超过这一标准则不能认定非全日制用工，必须按照全日制用工的法律规定来处理。

这里需要特别说明的是2003年5月30日劳动和社会保障部颁布的《非全日制用工意见》，界定非全日制用工为以小时计酬、劳动者在同一用人单位平均每日工作时间不超过5

小时累计每周工作时间不超过 30 小时的用工形式。依新法优于旧法，上位法优于下位法的规则，该条规定已不再适用。同时《劳动合同法》及实施条例中对非全日制用工的规定与《非全日制用工意见》相冲突的，以《劳动合同法》及《劳动合同法实施条例》为准，但《非全日制用工意见》规定的其他内容仍然有效。

2. 非全日制用工的意义

对于我国市场经济的发展而言，非全日制用工也具有重要的意义。

（1）有利于保护劳动者。在《劳动合同法》出台之前，《劳动法》主要是以全日制用工作为标准来设计的，由于非全日制用工比较特殊，并没有相关法律法规对其进行规制。但现实中非全日制用工普遍存在，这些劳动者也要签订劳动合同，同用人单位发生各种联系，长期的法律空白使得这些劳动者的权益得不到有效的保护，劳动行政部门在处理非全日制用工方面也无法可依。《劳动合同法》第一次以法律的形式对非全日制用工作出了规定，这使得我国的劳动合同制度更加完善，也能够更好地保护这部分劳动者的合法权益。《劳动合同法》规定劳动者在同一用人单位每天的工作时间不超过 4 小时，每周工作时间累计不超过 24 小时。这是法律规定的强制性的时间标准。可以避免用人单位恶意利用这一优惠条件，如果超过了这个标准，那就要按照全日制用工的劳动标准来执行，这样更有利于保护非全日制劳动者的合法权益。在《劳动合同法》出台之前，《非全日制用工意见》，也对非全日制用工作出过规范。明确规定，"非全日制用工是指以小时计酬、劳动者在同一用人单位平均每日工作时间不超过 5 小时，累计每周工作时间不超过 30 小时的用工形式。"而《劳动合同法》缩短了非全日制用工的时间标准。《劳动合同法》作为国家立法机关制定的法律，其效力高于劳动和社会保障部颁发的《非全日制用工意见》，因此应按照《劳动合同法》的规定来确定非全日制用工的时间标准。

（2）非全日制用工是一种非常灵活的用工形式，有利于劳动者增加就业机会或提高收入。在非全日制用工的时间标准上，《劳动合同法》规定劳动者在同一用人单位每天的工作时间不超过 4 小时，每周工作时间累计不超过 24 小时。这是强制性的标准。因此，劳动者可以充分利用八小时标准工作时间之外的空闲来从事兼职工作，提高自己的收入水平。非全日制用工的形式对于劳动者来说十分灵活，他们可以根据自己的时间安排不同的工作，从而获得更多的收入。而相对于普通职工来说，如果企业以非全日制劳动者来承担某个工作岗位的话，那在一天之内和一周之内就需要更多的劳动者。这样就有更多的劳动者可以获得工作的机会，从而提高社会就业率。

（3）非全日制用工可以降低企业的用工成本。在市场经济条件下，企业的用工需求要受到市场竞争的影响，为了获得更大的利润，企业有必要降低劳动力的成本。而非全日制用工的成本显然低于全日制用工。因为企业只需要支付相对比较少的劳动报酬，并根据需要随时终止非全日制用工，不必支付经济补偿。因此，非全日制用工可以节省企业的生产成本，增强企业在市场上的竞争力。

（4）劳动报酬计算方式灵活，有利于劳动者实现获得劳动报酬的权利。非全日制用工劳动报酬的计算方式也是多样的，一般是按照小时计酬，除此之外还可以按日、周为单位计酬或者按件计酬。具体的方式可以根据具体的用工情况由劳动者和用人单位在劳动合同中约定。用人单位同样应当按时足额支付劳动报酬，不得克扣或者拖欠劳动者的工资。由于非全日制用工这种特殊的计酬方式，各地人民政府除了要定期发布月最低工资标准外，还要根据本地区的实际情况和非全日制用工的具体要求，确定本地的小时最低工资标准。这样可以为劳动报酬的确定提供依据，从而更好地维护非全日制劳动者的合法权益。

3. 非全日制用工与全日制用工的区别

（1）工作时间不同。这是非全日制用工与全日制用工最显著的区别。工作时间是区分全日制用工与非全日制用工的标准。非全日制用工的工作时间一般为每天四小时，每周工作时间不超过 24 小时。标准的全日制用工实行每天工作不超过 8 小时，每周不超过 40 小时的标准工时的工时制度。非全日制用工在 24 小时的总的工作时间内，具体工作安排由用人单位自主决定，可以每天工作 3 小时，每周工作 7 天，也可以每天工作 4 小时，每周工作 6天，还可以是其他工作方式，体现了其灵活就业的特点。对于用人单位安排劳动者工作超过工时限制及加班问题如何处理，《劳动合同法》没有明确规定，但根据目前的一些地方性规定看，对于超过工时限制的，视为全日制用工。同时全日制用工中必须保证劳动者有一天的休假，在非全日制用工中则无这方面的限制，劳动者可以每周工作 7 天，只要其每周工作时间不超过 24 小时即可。

（2）非全日制用工可以订立口头协议。非全日制用工依照《劳动合同法》的规定，用人单位与劳动者可不以书面形式订立劳动合同，职工的劳动权利及用人单位对职工的要求，可以口头约定。但为了保护劳动者的利益，非全日制用工以书面形式订立劳动合同较好。而全日制用工，按照《劳动合同法》的规定，用人单位与劳动者应当订立书面劳动合同。用人单位不与劳动者签订劳动合同要承担一定法律责任，而劳动者不与用人单位签订书面劳动合同，用人单位应该与之解除劳动关系。

（3）非全日制用工的劳动关系可以随时终止且无须支付经济补偿金。按照《劳动合同法》的规定，全日制用工劳动合同终止或解除的，除一些特别情况外，用人单位须向劳动者支付经济补偿金，而根据《劳动合同法》规定非全日制用工的双方当事人都可以随时解除劳动关系而不需要支付任何的经济补偿金。

（4）非全日制用工一般只缴纳工伤保险。按目前有关法律法规的规定，全日制用工的用人单位必须缴纳各种社会保险费用。但是作为非全日制用工，用人单位必须为其缴纳工伤保险，除工伤保险外的社会保险费，用人单位不必缴纳。

（5）非全日制用工以小时计酬，结算支付周期最长不超过十五日。按照《劳动法》和《劳动合同法》的规定，全日制用工应当按月以货币形式定时向劳动者支付工资。非全日制用工，用人单位也必须以货币形式向劳动者定时支付工资，但是，支付工资的周期比全日制用工短即每半月至少支付一次。

（6）非全日制用工不得约定试用期。全日制用工当事人可以约定不超过 6 个月的试用期，同时根据劳动合同期限的长短，将试用期细化。在《劳动合同法》中更为明确地限定了试用期的使用规则。但是基于非全日制用工的特点，《劳动合同法》规定非全日制用工不得约定试用期。

（7）非全日制劳动者可以与两个或两个以上用人单位建立劳动关系。《劳动合同法》第 91 条规定："用人单位招用与其他用人单位尚未解除或者终止劳动合同的劳动者，给其他用人单位造成损失的，应当承担连带赔偿责任。"这表明全日制用工的劳动者不能与两个或两个以上的用人单位签订劳动合同。非全日制用工中可以与一个或一个以上的用人单位签订非全日制用工合同。非全日制用工具有灵活性的特点，加之其工作时间较短，这就为劳动者利用充裕的时间从事多份工作带来了可能。

7.1.2 非全日制用工的适用

非全日制用工的适用主要包括非全日制用工的适用主体、适用形式，这对认定非全日制用工具有重要的指导意义。

1. 非全日制用工的适用主体

非全日制用工已普遍适用于超市、餐饮、旅店、家政等服务性领域以及一些专业性、技术性强的行业。非全日制用工认定标准主要是主体条件和工作时间条件。主体条件是指劳动者和用人单位要符合劳动法上的主体资格。实务中符合非全日制用工的主体主要有两类：一类是专业技术含量低、替代性强的工作岗位的从业人员，如超市的临时促销、清洁工、报纸杂志的兼职送货人员等，被用人单位所聘用；另一类为有专业技能的从业者，用人单位具有短期需要，不需要长期聘用的人员，如单位聘用兼职会计、兼职教师、兼职网络管理人员等。用人单位和劳动者符合主体资格条件，就应当适用《劳动合同法》非全日制用工的规定；反之，则不能适用非全日制用工的规定。

2. 非全日制用工劳动合同的适用形式

非全日制用工双方当事人签订的劳动合同是否必须以"非全日制劳动合同"为名，法律并未强制要求。未以非全日制用工为名签订的劳动合同，或者不管是口头合同还是书面合同只要符合劳动者在同一用人单位一般每日工作时间不超过 4 小时，每周工作时间不超过 24 小时的用工，都属于非全日制用工形式，也都适用《劳动合同法》关于非全日制用工的规定。

7.2 非全日制用工的特殊规定

7.2.1 非全日制用工的劳动合同的形式与期限

1. 劳动合同可以是口头形式

《劳动合同法》规定，非全日制用工双方当事人可以订立口头协议。可见，非全日制用工的双方当事人采用口头方式订立劳动合同是合法的。口头协议有诸多优点，方便和成本低，特别是针对非全日制用工，也适合非全日制用工的灵活性特点。而且非全日制用工的劳动者文化素质相对较低，他们更易接受和了解这种方式。但毕竟口头协议，很难将合同的内容固定下来，证据不好掌握，一旦发生争议对劳动者十分不利。然而一味强求双方签订书面的劳动合同，既不现实，也不必要。因此，《劳动合同法》允许非全日制用工中订立口头协议合同。

《劳动合同法》规定非全日制用工可以订立口头协议，并非必须订立口头协议。为了明确双方的权利义务，减少纠纷的发生，在非全日制用工中应当鼓励用人单位与劳动者订立书面合同。当劳动者向用人单位提出订立书面合同时，用人单位应该与其订立书面合同，所签劳动合同必须内容具体明确，符合《劳动合同法》第 17 条关于劳动合同内容的规定及《非全日制用工意见》的规定。

2. 劳动者可以与多个用人单位签订劳动合同

《劳动合同法》第 69 条规定："从事非全日制用工的劳动者可以与一个或者一个以上用人单位订立劳动合同；但是，后订立的劳动合同不得影响先订立的劳动合同的履行。"

（1）从事非全日制用工的劳动者可以和一个以上的用人单位签订劳动合同。非全日制用工劳动者每日工作时间不超过 4 小时，每周工作时间不超过 24 小时，这样劳动者每日就有很多剩余时间，允许劳动者与一个或一个以上用人单位签订劳动合同，能够确保劳动者的劳动权利，劳动者获得更多的劳动报酬，改善其生活状态，有利于劳动力资源的合理配置。

（2）后订立的劳动合同不得影响先订立的劳动合同的履行。为了保护用人单位的利益，维护合法的劳动关系，《劳动合同法》明确规定了后订立的劳动合同不得影响先订立的劳动合同的履行。若确实产生了实质性的影响，则用人单位可以要求劳动者承担赔偿责任。如果在后的用人单位知道或者应该知道劳动者有在前的非全日制劳动合同，基于工作而导致劳动者对于在前的劳动合同履行有困难的，对在前的用人单位造成实质性损失的，在后的用人单位应该承担连带责任。另一个需要说明的是，劳动者前后两个劳动合同都必须是非全日制用工合同，不能一个是全日制用工，一个是非全日制用工。《劳动合同法》第 91 条规定："用人单位招用与其他用人单位尚未解除或者终止劳动合同的劳动者，给其他用人单位造成损失的，应当承担连带赔偿责任。"这表明全日制用工的劳动者是不能与两个或两个以上的用人单位签订劳动合同的。另外双方当事人是否可以通过合同约定来限制劳动者不得再与其他用人单位签订劳动合同，双方当事人如果自愿约定该项内容，应该具有合同效力。

3. 非全日制用工的时间规定

《劳动合同法》第 68 条规定，非全日制用工，劳动者在同一用人单位一般平均每日工作时间不超过 4 小时，每周工作时间累计不超过 24 小时。这是对非全日制用工时间的限制。

4. 非全日制用工双方当事人不得约定试用期

为了规制在用工过程中普遍滥用试用期侵犯劳动者权益的现象，《劳动合同法》第 70 条明确规定："非全日制用工双方当事人不得约定试用期。"

（1）试用期是为了用人单位和劳动者双方相互了解、确定对方是否符合自己的招聘条件或求职条件而约定的考察期。非全日制用工方式，所涉及的劳动岗位实践中技术含量不高，一般是靠体力或者智力技术来完成工作获得报酬，劳动者不需要长时间的职业培训和工作适应期就能胜任，如清洁工、商场促销、装卸工、建筑工地小工、力工、家教等，在非全日制用工中约定试用期加重了劳动关系的不平等性，增加了劳动者的职业不确定性和经济负担。

（2）在非全日制用工中双方当事人都可以随时解除劳动合同且不需要支付任何的经济补偿，对解除劳动关系有更大的自主选择权。相反《劳动合同法》对试用期的规制更加严格，用人单位不能以任何理由随意解雇劳动者，只有劳动者违反本法第 39 条和第 40 条第 1 项、第 2 项规定的情形时，用人单位才能解除劳动合同。用人单位在试用期解除劳动合同的，应当向劳动者说明理由。因此在非全日制用工中约定试用期，不仅不能发挥试用期的功能，反而会加重用人单位的负担，不利于非全日制劳动者的自由流动，不利于非全日制劳动者收益。

同样在非全日制用工中，用人单位也会为了规避法律，约定试岗、实习期、适应期等，这些都是变相的试用期，其目的无非是降低劳动者的待遇，方便解除劳动合同。为了保护劳动者的合法权益，也应当明确这些情形按照约定试用期对待。如果用人单位违反非全日制用工的法律规定，约定试用期，该合同条款无效。同时根据《劳动合同法》第83条的规定，用人单位违反本法规定与劳动者约定试用期的，由劳动行政部门责令改正；违法约定的试用期已经履行的，由用人单位以劳动者试用期满月工资为标准，按已经履行的超过法定试用期的期间向劳动者支付赔偿金。

7.2.2　非全日制用工劳动合同的终止

《劳动合同法》第71条规定："非全日制用工双方当事人任何一方都可以随时通知对方终止用工。终止用工，用人单位不向劳动者支付经济补偿。"该条可以从以下几点来理解。

1. 双方当事人都有单方终止劳动合同的权利

非全日制劳动合同的双方当事人都享有单方终止权，只要向对方提出终止，无须对方同意就可以终止劳动合同。

2. 当事人双方都享有随时通知对方终止劳动合同的权利

当事人一方要终止劳动合同，无须预告通知对方，无论劳动合同到期与否双方当事人可以随时通知对方而终止劳动合同。

3. 终止劳动合同不需要任何实体条件

《劳动合同法》对非全日制用工的终止，没有规定任何实体条件。这个规定完全不同于全日制用工的终止，《劳动合同法》对全日制用工的劳动合同终止，规定了法定的条件。而非全日制用工的终止突破了全日制用工解除的实质性要件的规定。

4. 劳动合同终止用人单位不向劳动者支付经济补偿

不管出于什么原因，不管双方当事人是否有过错，用人单位均不需向劳动者支付经济补偿。对于劳动者来说，随时解除非全日制用工劳动合同，既可以及时摆脱一段不如意的劳动关系也能抓紧时间寻找新工作。对于用人单位来说，非全日制用工具有临时性和灵活性的特点，随时解除劳动合同，能使劳动者及时更替，顺利完成工作任务。而且若要用人单位支付经济补偿，必然使用人单位用人成本过大，造成过重的负担。

7.2.3　工资标准与结算

《劳动合同法》第72条规定："非全日制用工小时计酬标准不得低于用人单位所在地人民政府规定的最低小时工资标准。非全日制用工劳动报酬结算支付周期最长不得超过十五日。"该条明确表明了我国非全日制用工的计酬标准和结算周期，为非全日制用工的工资支付作了特别的规定，对非全日制用工的适用有了更充分的保障。

1. 计酬标准不低于最低小时工资

1）我国的基本工资形式与最低工资规定

（1）工资的概念与特征。工资是指用人单位按照事先的规定，以货币形式支付给劳动者的报酬。工资具有4个特征。一是付给劳动者的物质补偿。因为劳动者有劳动消耗，需要得到补偿才公平。二是事先规定的。工资是由法律规定或劳动合同事先约定的。三是以法定货币形式支付给劳动者本人的。法律规定不得以实物及有价证券替代货币支付。四是工资的发放以劳动者提供劳动的数量和质量为依据。主要为了体现按劳分配、多劳多得。

（2）工资的形式。工资形式是指计量劳动和支付工资的形式。我国主要实行计时工资、计件工资两种基本形式，另外在一定范围内实行年薪制。第一，计时工资。是指按照单位时间工资率和工作时间支付劳动者个人工资的一种形式。计时工资可以分为月工资制、日工资制和小时工资制三种。第二，计件工资。是指按照劳动者完成的合格产品的数量和预先规定的计件单位计算个人工资的一种形式。这种方式是用一定时间内的劳动成果来计算工资，属于计时工资的转化形式。第三，年薪。年薪是指对符合一定条件的劳动者实行以一个财务年度为核算工资依据计发劳动报酬的工资形式。虽然在《劳动法》中没有规定这种工资形式，但在现实生活中，用人单位对部分劳动者采取年薪制的比较多见。

（3）最低工资的规定。第一，含义。按照《最低工资规定》，最低工资是指劳动者在法定工作时间内提供了正常劳动的前提下，其所在企业应支付的最低劳动报酬。最低工资的规定适用于符合劳动法律规定的主体资格的用人单位和与之形成劳动关系的劳动者。该制度是为了维护劳动者的权益，保障劳动者及其家庭成员的基本生活需要而设立的。第二，最低工资标准的制定。一是由省级的劳动保障部门拟订草案，然后将方案报送劳动与社会保障部；二是劳动与社会保障部审查，对方案可以提出修订意见，若在方案收到后 14 日内未提出修订意见的，视为同意；三是省级人民政府批准，并公布。不实行全国统一的最低工资标准。最低工资标准的确定方式可以按月、按周、按日或按小时。第三，最低工资的保障性规定。主要表现在：用人单位支付的报酬不得低于最低工资；最低工资标准要公示；劳动合同中低于最低工资标准的条款无效；用人单位违反《最低工资规定》要承担赔偿责任。由劳动保障行政部门责令限期补发劳动者工资，并责令其按照所欠工资的 1～5 倍支付劳动者赔偿金。

2）非全日制用工不得低于最低小时工资

由于非全日制用工的灵活性、流动性和临时性，以小时作为劳动报酬的衡量标准，能更好地体现非全日制用工的价值，提高非全日用工的积极性，确保其能及时足额地获得劳动报酬。《劳动合同法》明确规定，非全日制用工以小时为计酬标准，并且不得低于用人单位所在地人民政府规定的最低小时工资标准。《最低工资规定》明确了最低工资标准一般采取月最低工资标准和小时最低工资标准的形式。月最低工资标准适用于全日制就业劳动者，小时最低工资标准适用于非全日制就业劳动者。并且第 6 条还规定确定和调整月最低工资标准，应参考当地就业者及其赡养人口的最低生活费用、城镇居民消费价格指数、职工个人缴纳的社会保险费和住房公积金、职工平均工资、经济发展水平、就业状况等因素。确定和调整小时最低工资标准，应在颁布的月最低工资标准的基础上，考虑单位应缴纳的基本养老保险费和基本医疗保险费因素，同时还应适当考虑非全日制劳动者在工作稳定性、劳动条件和劳动强度、福利等方面与全日制就业人员之间的差异。

《非全日制用工意见》对非全日制用工最低工资标准也作了明确的规定。非全日制用工的小时最低工资标准由省、自治区、直辖市规定，并报劳动保障部备案。确定和调整小时最低工资标准应当综合参考以下因素：当地政府颁布的月最低工资标准；单位应缴纳的基本养老保险费和基本医疗保险费（当地政府颁布的月最低工资标准未包含个人缴纳社会保险费因素的，还应考虑个人应缴纳的社会保险费）；非全日制劳动者在工作稳定性、劳动条件和劳动强度、福利等方面与全日制就业人员之间的差异。小时最低工资标准的测算方法为：小时最低工资标准=｛[（月最低工资标准÷20.92）÷8]×(1+单位应当缴纳的基本养老保险费、基本医疗保险费比例之和)｝×(1+浮动系数)。这里的浮动系数的确定主要考虑非全日制就业劳动者工作稳定性、劳动条件和劳动强度、福利等方面与全日制就业人员之间的差异。

同时，非全日制用工的劳动报酬，也要遵守《劳动法》中"同工同酬"原则。《劳动合同法》第 11 条规定：用人单位未在用工的同时订立书面劳动合同，与劳动者约定的劳动报酬不明确的，新招用的劳动者的劳动报酬应当按照集体合同规定的标准执行；没有集体合同或者集体合同未作规定的，用人单位应当对劳动者实行同工同酬。因此非全日制用工中，如果对劳动报酬约定不明确的，新招用的劳动者的劳动报酬应当按照集体合同规定的标准执行。对于未订立集体合同的，用人单位应当实行同工同酬，对岗位相同或者相似的非全日制劳动者，适用同一工资标准。

2. 工资结算周期

非全日制用工劳动报酬结算支付周期最长不得超过 15 日。也就是说，非全日制用工的工资支付可以按小时、日、周为单位结算，但不能以月为单位结算。这不同于《非全日制用工意见》中"非全日制用工的工资支付可以按小时、日、周或月为单位结算"。这种修改主要是基于非全日制用工的流动性比较大，劳动者在一个工作单位的工作周期较短，而且非全日制用工可以随时解除劳动关系不用支付任何的经济补偿金，实务中拖欠工资的现象也十分普遍的考虑。

如果非全日制用工的劳动报酬结算周期超过 15 日，将被认定为拖欠工资的行为。用人单位应该按时足额支付非全日制用工劳动者的工资。拖欠工资可以按《劳动合同法》第 85 条的规定处理，即由劳动行政部门责令限期支付劳动报酬、加班费或者经济补偿；劳动报酬低于当地最低工资标准的，应当支付其差额部分；逾期不支付的，责令用人单位按应付金额 50% 以上 100% 以下的标准向劳动者加付赔偿金。

7.2.4 非全日制用工的其他规定

1. 劳务派遣单位不能招用非全日制用工劳动者

在实务中，非全日制用工有一种非常普遍的类型就是劳动者通过劳务派遣组织为单位、家庭、个人从事劳务活动。《非全日制用工意见》中就规定劳动者通过依法成立的劳务派遣组织为其他单位、家庭或个人提供非全日制劳动的，由劳务派遣组织与非全日制劳动者签订劳动合同。《劳动合同法实施条例》第 30 条明确规定："劳务派遣单位不得以非全日制用工形式招用被派遣劳动者。"劳务派遣又称人才派遣、人才租赁、劳动派遣、劳动力租赁，是指由劳务派遣机构与派遣劳工订立劳动合同，由派遣劳工向要派企业（实际用工单位）给付劳务，劳动合同关系存在于劳务派遣机构与派遣劳工之间，但劳动力给付的事实则发生于派遣劳工与要派企业（实际用工单位）之间。《劳动合同法》第 58 条规定，劳务派遣单位应当与被派遣劳动者订立二年以上的固定期限劳动合同。而非全日制用工属于一种灵活的用工形式，双方当事人可以订立口头协议，且可以随时提出终止用工，这与劳务派遣规定的必须订立二年以上的固定期限劳动合同的规定显然冲突，因此，本条规定了劳务派遣单位不得招用非全日制用工劳动者，但是可以将招用的劳动者派遣至用工单位从事非全日制岗位工作。由此劳务派遣单位与从事非全日制劳动的被派遣者签订两年以上的固定期限劳动合同，再将该劳动者派遣至用工单位从事非全日制岗位工作。

2. 非全日制用工必须备案

《非全日制用工意见》明确规定，"用人单位招用劳动者从事非全日制工作，应当在录用后到当地劳动保障行政部门办理录用备案手续"，还规定，"从事非全日制工作的劳动者档案可由本人户口所在地劳动保障部门的公共职业介绍机构代管。"

由于非全日制用工比较灵活而且劳动者的权益更易受到侵害，实行备案制更能明确用人单位的用工形式，以便对用人单位进行专门的规制。同时对于劳动者来说大多数非全日制用工的劳动者并不是太了解非全日制用工的形式，进行备案以后有利于对这部分劳动者进行管理、培训，对劳动者利益有所保障。考察地方性法规中对非全日制用工的规定，其不仅要求对建立非全日制用工劳动关系的应该到劳动保障部门备案；已经办理了备案登记的非全日制从业人员，与其他用人单位建立新的非全日制劳动关系时也应该到当地劳动保障部门办理变更或者新增管理的登记；用人单位与非全日制从业人员终止劳动合同时，应向本人出具终止劳动合同证明，非全日制从业人员 30 日内，持《就业手册》、终止劳动合同关系证明到身份备案登记地办理管理台账变更手续。只有这样才能够全面了解非全日制劳动者的就业情况，以便为其提供更加专业的服务，更好地维护劳动者的权益。

3. 非全日制用工的社会保险问题

这里我们将重点解决非全日制用工的社会保险费用承担。《劳动合同法》中并没有规定非全日制用工的社会保险问题，但在关于《非全日制用工意见》中作了较为详尽的规定。

（1）从事非全日制工作的劳动者应当参加基本养老保险，原则上参照个体工商户的参保办法执行。对于已参加过基本养老保险和建立个人账户的人员，前后缴费年限合并计算，跨统筹地区转移的，应办理基本养老保险关系和个人账户的转移、接续手续。符合退休条件时，按国家规定计发基本养老金。

（2）从事非全日制工作的劳动者可以个人身份参加基本医疗保险，并按照待遇水平与缴费水平相挂钩的原则，享受相应的基本医疗保险待遇。参加基本医疗保险的具体办法由各地劳动保障部门研究制定。

（3）用人单位应当按照国家有关规定为建立劳动关系的非全日制劳动者缴纳工伤保险费。从事非全日制工作的劳动者发生工伤，依法享受工伤保险待遇；被鉴定为伤残 5~10 级的，经劳动者与用人单位协商一致，可以一次性结算伤残待遇及有关费用。

由此可知，全日制用工的用人单位必须为劳动者缴纳各种社会保险费用。但作为非全日制用工的用人单位必须为其缴纳工伤保险，除工伤保险外的其他社会保险费，用人单位不必缴纳。也就是说，非全日制用工的用人单位可以将这部分社会保险费用计算在劳动者工资里，由劳动者自行购买基本养老保险和基本医疗保险，但在发放工资时必须列明；用人单位也可以为劳动者缴纳部分或者全部的基本养老保险和基本医疗保险。而用人单位必须按照国家有关规定为建立劳动关系的非全日制劳动者缴纳工伤保险费。

4. 非全日制用工超时工作

工作时间是非全日制用工认定的主要标准。只要劳动者在同一用人单位一般每日工作时间不超过4小时，每周工作时间不超过24小时的用工形式才能认定为非全日制用工。如果劳动者在同一用人单位一般每日工作时间超过4小时，每周工作时间超过24小时的用工就会被认定为全日制用工。非全日制就业人员每日工时超过双方约定及法律规定的工时或每周工时总和超过双方约定及法定工时限制的应属于超时加班。但实务中往往会出现这样的做法，非全日制劳动者与用人单位签订的劳动合同中约定每日工作时间不超过4小时，每周工作时间不超过24小时，但在实际的工作中用人单位会要求劳动者加班。那么劳动者加班后每日或者每周的工作时间超过了《劳动合同法》对非全日制用工工作时间总和的限定，应该如何认定呢？是否应该一概否认其非全日制用工性质，而认定为全日制用工来规制呢？对于用人单位安排劳动者工作超过工时限制及加班问题如何处理，《劳动合同法》没有明确规定，但根据目前的一些地方性规定看，对于超过工时限制的，视为全日制用工。如北京市劳动和社会保障局《关于北京市非全日制就业管理若干问题的通知》规定："劳动者在同一用人单位每日工作时间超过四小时的视为全日制从业人员。"用人单位不能试图以非全日制用工来规避《劳动合同法》的相关规定，也不能恶意拖延工作时间。一旦出现这种情况，被认定为全日制用工，就必须按照全日制用工的法律规定来严格规制，这样用人单位将会有更多的法律义务，也会承担更加严格的法律责任。

非全日制用工人员如何享受法定节假日？非全日制用工与全日制用工一样，都受到《劳动法》和《劳动合同法》的调整，劳动者同样享有休息休假的权利。对于国家法律、法规规定的法定节假日，非全日制用工劳动者也同样可以享受。对于用人单位在法定节假日安排非全日制劳动者劳动的，应当按有关规定支付加班工资，一些地方作了明确的规定，如北京市劳动和社会保障局《关于北京市非全日制就业管理若干问题的通知》规定，非全日制从业人员工资每小时不得低于6元。非全日制从业人员在法定节日期间工作的最低小时工资标准不得低于13.3元。但对于公休假日，由于非全日制用工形式实行每周不超过24小时的工时制度，所以用人单位可以在总的工作时间限制内，安排劳动者在公休日内劳动，是需要支付加班工资的。再如天津市《关于做好非全日制用工工资支付工作的通知》中规定实行非全日制用工的劳动者，若周六、周日提供劳动的，视为正常工作，不享受加班工资待遇。若在法定休假日提供劳动的，用人单位应当按照《劳动法》第44条第（三）项的规定支付不低于小时工资300%的加班工资。

5. 非全日制用工的争议解决

从事非全日制工作的劳动者与用人单位产生的劳动纠纷适用劳动争议的解决方式。即发生劳动争议，首先双方可以协商解决，协商不成的，可以向劳动争议仲裁委员会申请仲裁，对仲裁结果不满的，可以自收到裁定书之日起15日内向人民法院起诉。

本 章 小 结

本章的主要内容是非全日制用工的含义、非全日制用工制度的意义、《劳动合同法》对非全日制用工制度的特殊规定等内容。

本章的重点是《劳动合同法》对非全日制用工的特殊规定。特别要从劳动合同的形式、工作时间、计酬方式等方面进行理解。

本章的难点是非全日制用工当事人双方终止劳动合同的权利。

本章学习资料

[1] 王全兴，黄昆. 中国劳动法. 北京：中国政法大学出版社，2008.

[2] 郭捷. 劳动法与社会保障法. 北京：法律出版社，2008.

[3] 黎建飞. 劳动合同法热点、难点、疑点问题全解. 北京：中国法制出版社，2008.

[4] 张霞. 劳动法实施中的疑难问题. 北京：中国人民公安大学出版社，2009.

[5] 卓莉媛. 我国非全日制用工制度规定缺陷及其完善. 法制与社会，2010（8）.

[6] 李秀凤. 非全日制用工规定的不足及完善. 前沿，2010（17）.

[7] 田野. 论非全日制用工劳动条件的确定：以均等待遇原则为中心. 北京理工大学学报（社会科学版），2013（6）.

[8] 祝晓曦. 浅析非全日制用工制度的缺陷及完善. 中国司法，2011（12）.

本章复习思考题

一、名词解释

非全日制用工

二、单项选择题

1. 非全日制用工劳动报酬结算支付周期最长不得超过（　　　）。

   A. 5 日　　　　　B. 10 日　　　　　C. 15 日　　　　　D. 20 日

2. 非全日制用工一般采取（　　　）。

   A. 按小时计酬　　B. 按周计酬　　　C. 按月计酬　　　D. 按年计酬

3. 从事非全日制用工的劳动者（　　　）。

   A. 可以与 2 个以上的用人单位签订劳动合同

   B. 不得与 2 个以上的用人单位签订劳动合同

   C. 只能与一个用人单位签订劳动合同

   D. 只能与用人单位签订口头协议

4. 关于非全日制用工的说法，下列选项不符合《劳动合同法》规定的是（　　　）。

   A. 从事非全日制用工的劳动者与多个用人单位订立劳动合同的，后订立的合同不得影响先订立合同的履行

   B. 非全日制用工合同不得约定试用期

   C. 非全日制用工终止时，用人单位应当向劳动者支付经济补偿

   D. 非全日制用工劳动报酬结算支付周期最长不得超过十五日

三、多项选择题

1. 关于非全日制用工当事人的权利，以下说法正确的是（　　　）。

A. 任何一方都享有单方终止劳动合同的权利

B. 终止劳动合同不需要提前预告对方

C. 终止劳动合同不需要获得对方同意

D. 用人单位不需要支付经济补偿

E. 双方可以约定试用期

2. 关于非全日制用工的劳动报酬，以下说法正确的是（　　　）。

A. 可以按小时计酬，也可以按周计酬

B. 不得低于用人单位所在地人民政府规定的最低小时工资

C. 劳动报酬结算支付的周期最长不得超过 10 日

D. 一般以小时计酬为主

E. 劳动报酬结算支付的周期最长不得超过 15 日

四、判断分析题

1. 非全日制用工双方当事人不得约定试用期。（　　　）

2. 非全日制用工双方当事人不得订立口头协议。（　　　）

3. 非全日制用工的劳动者可以与多个用人单位订立劳动合同。（　　　）

五、简述题

1. 简述非全日制用工的意义。

2. 简述非全日制用工与全日制用工的区别。

3. 简述非全日制用工终止的法律规定。

六、论述题

试述《劳动合同法》对非全日制用工的特殊规定。

七、案例分析题

1. 王女士下岗以后经人介绍到一家民营企业做保洁工作，双方约定劳动者每天工作 4 小时，每月可调休两天，并约定试用期一天。王女士要求与该企业签订书面劳动合同，被以"《劳动合同法》69 条规定非全日制用工双方当事人可以订立口头协议"为由拒绝。

问：在该案例中建立非全日制用工关系时有哪些违反《劳动合同法》的行为？

2. 小李中专毕业后一直未找到合适的全职工作，后只好临时在一家餐厅担任非全日制的服务员，每天从 17:30 到 21:30 工作 4 个小时，每周休息一天，按月支付工资。不久其又找到超市营业员的工作，每天从 13:00 到 17:00 工作 4 个小时，每周也可休息一天，按周支付工资。在聘任时小李已告知超市自己先与餐厅订立了非全日制劳动合同以及在餐厅的工作时间。两份工作的工作时间虽然间隔较短，但超市与餐厅的距离相对较近，一般情况下小李能够及时赶到餐厅上班。平稳工作一段时间以后，由于超市近日做促销活动人员紧张，小李的下班时间总是推迟，这也自然会影响到晚上餐厅的工作。由于迟到次数过多，引起了餐厅老板的不满。老板告知小李当天下班结算工资后，不用再来上班。小李当即表示不愿解除劳动合同，否则餐厅需要支付经济补偿金。

问：餐厅老板能否单方解除劳动合同，是否需要支付经济补偿金？

第8章

劳动监督检查

本章导读

本章主要内容是劳动行政部门监督管理、其他部门和劳动者的监督。

8.1 劳动监督检查概述

8.1.1 劳动监督检查的概念

1. 劳动监督检查的概念

所谓劳动监督检查，是指依法享有监督检查权的机构、组织或者个人对用人单位和劳动服务主体遵守《劳动法》的情况进行检查、督促、纠偏、处罚等一系列的监督活动。

2. 劳动监督检查的含义

（1）劳动监督检查的主体特定。劳动监督检查的主体是依法享有监督检查权的劳动行政主管部门、其他有关行政部门、工会组织、其他群众性组织及个人。其中，劳动行政主管部门负责劳动合同制度实施的监督管理，劳动行政部门开展监督管理工作应当听取有关方面的意见。

（2）监督检查的客体是用人单位执行《劳动合同法》的行为。用人单位的行为直接涉及劳动者切身利益，只有对用人单位执行《劳动合同法》的行为进行监督和检查，才能保证劳动者的合法权益。

（3）监督检查的具体方式表现为依法行使监督检查权的各项措施，对监督检查中发现的违反《劳动合同法》的行为及时制止和纠正，并依法追究违法行为人的法律责任。

8.1.2 劳动监督检查的意义

我国《劳动合同法》对劳动合同法执行情况的监督检查进行了专章规定，享有监督权主体的机构、组织或者个人对用人单位的执行情况进行全面的监督检查，对于用人单位违反劳动法律法规的行为从严查处，并调动社会力量共同保障《劳动合同法》的实施和保障劳动者的权益。

1. 有利于维持良好的社会劳动秩序和劳动力市场的秩序

当前，我国劳动力市场主体不合法、行为不规范等问题比较突出，阻碍了劳动力市场的正常发展并扰乱了劳动秩序。随着劳动合同制度的推行，相比以前，用人单位和劳动者有了更大的选择权和自主权，但是，由于双方当事人行使权利的自由不是绝对的，只有在法律规定的限度内依法行使劳动权利，才能促进劳动力市场的有序、健康、稳定发展。对此，必须建立一套切实可行的监督检查制度，规范市场主体行为，通过有效的监督检查手段查处、纠正用人单位的各种违法行为，形成和谐的劳动秩序和劳动力市场秩序。

2. 有利于增强劳动合同主体的法律意识，避免和减少违法行为发生

对《劳动合同法》执行情况监督检查就是为了保障《劳动合同法》的实施，通过对多主体全面的监督，各种《劳动合同法》主体才能够切实体会到执行《劳动合同法》的重要性和必要性。由于劳动关系的特殊性，决定了用人单位和劳动者双方地位的不对等，用人单位常常利用经济上强势地位来侵犯劳动者的合法权益。因此，违反《劳动合同法》的情形在实践中并不鲜见。为此，必须对《劳动合同法》的执行情况进行严格的监督检查来增强各种《劳动合同法》主体的法律意识，尤其是用人单位依法用工的意识，纠正和杜绝各种违法行为的发生。

3. 有利于劳动法律制度的完善

对我国《劳动合同法》执行情况进行监督检查，一方面对于执法工作而言，可以保证《劳动合同法》的正确实施；另一方面对于立法工作而言，又可以结合《劳动合同法》实施过程中出现的新情况、新问题进行研究，结合实际情况，及时修正并增加具体的规定，从而有利于进一步完善劳动立法，健全社会主义劳动法制建设。

劳动监督检查一直是劳动立法的重要组成部分，我国先后出台了一些关于劳动保护监察的制度性规定，如1993年制定了《劳动监察规定》，1994年的《劳动法》专章规定了监督检查，为了与《劳动法》的规定配套，我国先后制定了多项单项法规，尤其是2004年国务院制定的《劳动保障监察条例》，对劳动监察作出了全面的规定，而《劳动合同法》对监督检查作出专章规定，更是进一步完善了劳动监督检查制度。

8.1.3　劳动监督检查体系

我国《劳动合同法》和《劳动法》对劳动监督检查作出了明确的规定，这些规定明确了我国的劳动监督体系由行政监督和社会监督相结合构成，其中，行政监督由劳动监察和相关行政监督组成，社会监督主要由工会监督和群众监督组成。

1. 劳动行政部门监督

在劳动监督检查体系中，劳动行政部门的监督处于其他劳动监督形式所不能及的重要地位。劳动行政部门的监督是最基本、最有效的劳动监督形式。第一，劳动行政部门的监督是全面监督。其监督的范围及于各项劳动法律制度和劳动法规，不论何种劳动关系，不论劳动关系的哪一个部分、哪一个运行环节，也不管用人单位是什么状况，都可以依法纳入其监督检查的范围。而其他主体的劳动监督一般是在特定范围内对遵守《劳动法》的情况进行监督。第二，它是约束力度最大的劳动监督。劳动行政部门作为本级政府主管劳动工作的职能部门，其劳动监督行为是代表本级政府实施的，属于国家劳动监察，具有高于其他劳动监督形式的法律效力。所以，劳动行政部门的监督是最基本的、最有效的劳动监督形式，其他形式的监督都是对劳动行政部门监督检查的配合。

2. 相关行政部门的监督

1）确定其他行政部门监督检查的原因

在劳动监督中，政府除劳动行政部门以外的其他相关部门也有权进行监督，是劳动监督检查的一个必要组成部分。因为，第一，劳动监督检查需要有其他部门的支持协助。从法律上看，劳动法与其他法律部门存在交叉，有的行为可能既违反了劳动法，也违反了其他部门法的规定，需要劳动行政部门与其他行政部门配合处理。第二，违反劳动法行政制裁措施中，有的是由劳动行政部门以外的机构来实施的，比如，吊销营业执照的权力专属于工商行政管理部门。因此，为了保证《劳动法》的实施，需要各部门共同对《劳动合同法》的实施情况进行全面的监督。

2）其他行政部门监督的方式与分类

相关行政部门的监督方式主要有三种：一是依法独立开展劳动监督活动；二是依法对劳动行政部门、其他行政部门和工会组织的建议进行调查处理；三是会同劳动行政部门等监督主体实施劳动监督。

其他行政部门监督大致可分为两类：一是用人单位主管部门的监督；二是安全生产监督、卫生行政、工商行政、公安等专项执法部门的监督。

3. 工会的监督

工会监督用人单位遵守《劳动法》的情况，是工会的一项基本职责。由于工会的组织系统完备，遍及全国所有的用人单位，所以工会监督是一项有组织的社会监督。

4. 群众监督

群众监督是对行政监督和工会监督的必要补充。任何组织和个人都有权对《劳动法》的遵守情况进行监督，而且可以自行决定采取何种方式进行监督。

8.1.4　监督检查的原则

1. 保障劳动者权益原则

在用人单位和劳动者之间的地位而言，劳动者处于相对弱势的地位，因此，劳动保障行政部门有责任和义务对作为弱势群体的劳动者提供法律保障。对于用人单位侵犯劳动者权益的行为，应当进行查处和处罚。

2. 公开公正原则

劳动监督检查执法活动原则上应当向社会公开。公开的内容包括劳动监督检查所依据的法律、法规、规章，未经公布的不得作为监督检查的执法依据。劳动监督检查的职责、内容、举报投诉电话也应该向社会公开，既保障了行政相对人的知情权，也是社会公众监督的重要途径。公正原则要求劳动检查监督必须以事实为根据，以法律为准绳。在执法中要平等地对待任何行政相对人，不搞差别待遇。实施处罚时，必须依法办事，要按照违法的情节、损害的后果等因素，综合确定处罚的数额。

3. 高效、便民原则

在监督检查执法活动中，相关部门应尽可能不影响用人单位的正常生产和经营活动，并及时查处和纠正用人单位的违法行为。严格在规定的时限内完成监督检查事项，提高工作效率，不影响用人单位正常的生产和经营活动，及时处理违法违纪行为。这一原则，贯穿于《劳动保障监察条例》始终。按照这一原则的要求，劳动行政部门应当向社会公布举报投诉的电话、监督检查机构的地址，设立举报投诉信箱，有条件的可以开通网上举报，方便群众举报。

4. 教育与处罚相结合的原则

这一原则首先要求行政机构明确处罚的目的是教育当事人，促使其自觉遵守法律。即处罚是手段，不是目的，但也不能只教育，不处罚。既要对用人单位的违法行为给予必要的处罚和制裁，又要通过教育增强其法律意识，实现监督的双重功效。

8.2　劳动行政部门的监督

8.2.1　劳动行政部门监督的特点与内容

1. 劳动行政部门监督的特点

1）劳动行政部门监督的含义

劳动行政部门监督是指国务院劳动行政部门和县级以上人民政府的劳动行政部门以自己的名义，代表国家对劳动合同制度的实施进行监督管理的行政执法活动。我国《劳动合同法》第73条明确规定，劳动行政部门对劳动合同的监督管理权。由于在现实生活中劳动者与用人单位力量的悬殊，仅仅通过劳动合同来保障劳动者的利益是远远不够的，对劳动合同制度进行监督检查，可以弥补劳动者力量的不足，保护劳动关系的稳定和协调发展。因此，明确劳动行政部门的监督管理权是必要的。

2）劳动行政部门监督的特点

（1）监督管理的主体特定。劳动监督检查的主体是依法设立的专门的劳动保障监察机构，即监督管理的主体是代表国家行使监督管理权的劳动行政部门，而不是其他机构或部门、个人。

（2）劳动行政部门的监督管理在性质上属于执法活动。劳动行政部门进行检查监督，是对用人单位执行《劳动合同法》的情况进行综合性的检查监督，有关法律法规对检查监督的内容、方式、程序等都作出了明确的规定，并且赋予了其执法的权利，有权对违反《劳动合同法》的行为作出处理决定，并有权依法强制执行，或者申请人民法院强制执行。

（3）劳动行政部门的监督管理属于行政法律行为。劳动行政部门进行监督管理是最高效力的，劳动行政部门代表国家行使监督权，监督检查的后果会导致一定的法律后果产生，如对违反《劳动合同法》的行为采取制裁措施等，相对人如果不服，可以提起行政复议和行政诉讼。

2. 劳动行政部门监督检查的主要内容

《劳动合同法》第74条明确规定了县级以上地方人民政府劳动行政部门监督检查的事项。按照这条规定，县级以上地方人民政府劳动行政部门依法对下列实施劳动合同制度的情况进行监督检查。

（1）检查用人单位制定直接涉及劳动者切身利益的规章制度及其执行的情况。由于在《劳动合同法》中对用人单位制定规章制度提出了明确的要求，按照规定，劳动行政部门在进行监督检查的时候，主要是检查规章制度的内容、形式是否合法，制定规章制度的过程是否符合程序要求，是否保障了职工的参与权与知情权等，并可根据检查的结果作出处理决定。

（2）监督检查用人单位与劳动者订立和解除劳动合同的情况。用人单位与劳动者订立和解除劳动合同在《劳动合同法》中有明确的规定，还有相关法律责任的规定，劳动行政部门对这一事项进行监督检查必须严格按照《劳动合同法》的规定进行。

（3）监督检查劳务派遣单位和用工单位遵守劳务派遣有关规定的情况。劳动行政部门根据《劳动合同法》的规定进行检查，主要是检查劳务派遣单位的资格、劳务派遣单位与被派遣劳动者签订劳动合同的情况、用工单位是否履行其法定义务、被派遣的劳动者是否与用工单位的劳动者同工同酬、实施劳务派遣的岗位是否符合法律要求等。如果发现劳务派遣单位违反《劳动合同法》的，有权责令其改正，对情节严重的可以进行罚款。

（4）监督检查用人单位遵守国家关于劳动者工作时间和休息休假规定的情况。工作时间和休息休假是劳动合同的必备条款，劳动行政部门进行监督检查就是要对用人单位遵守工作时间和休息休假有关规定的情况，保障劳动者的权益。

（5）监督检查用人单位支付劳动合同约定的劳动报酬和执行最低工资标准的情况。主要是检查用人单位所支付的劳动报酬是否低于当地的最低工资标准，如果低于当地的最低工资标准，可以对用人单位进行处罚。

（6）监督检查用人单位参加各项社会保险和缴纳社会保险费的情况。社会保险也是劳动合同的必备条款，劳动行政部门对用人单位参加各项社会保险和缴纳社会保险费的情况进行监督检查，有利于维护和谐稳定的劳动关系。

（7）监督检查法律、法规规定的其他劳动监察事项。劳动行政部门进行监督检查的范围除了上面所明确列举的事项外，还可以对《劳动合同法》所规定的其他内容进行监督检查。如对劳动安全卫生、试用期约定、女职工和未成年工的特殊保护等，都可以进行监督检查。

8.2.2 劳动行政部门监督检查的实施

1. 劳动行政部门监督检查的管辖

按照《劳动合同法》第 73 条规定，劳动行政部门的监督管理按照主体的不同分为两类。一是国务院劳动行政部门负责全国劳动合同制度实施的监督管理。国务院劳动行政部门的监督管理是属于普遍管辖。二是县级以上地方人民政府劳动行政部门负责本行政区域内劳动合同制度实施的监督管理。县级以上各级人民政府劳动行政部门在劳动合同制度实施的监督管理工作中，应当听取工会、企业方面代表以及有关行业主管部门的意见。在《劳动保障监察条例》中，明确规定了以下几种管辖形式。

（1）地域管辖。地域管辖是指同级劳动保障行政部门在行使劳动保障权上的横向权限划分。《劳动保障监察条例》第 13 条规定："对用人单位的劳动保障监察，由用人单位用工所在地的县级或者设区的市级劳动保障行政部门管辖。上级劳动保障行政部门根据工作需要，可以调查处理下级劳动保障行政部门管辖的案件。"我国《劳动合同法》第 73 条第 1 款和第 2 款规定："国务院劳动行政部门负责全国劳动合同制度实施的监督管理。县级以上地方人民政府行政部门负责本行政区域内劳动合同制度实施的监督管理。"按照这一条的规定，对用人单位的监督检查，主要是由用人单位用工行为发生地所在的县级或者设区的市级劳动保障行政部门进行。这种管辖规定，有利于劳动监察部门对用人单位进行日常的检查和监察管理，及时纠正用人单位的违法行为，及时调查处理对用人单位的投诉，还可以节省人力、财力、物力，提高工作效率。

（2）级别管辖。级别管辖是指不同级别的劳动保障行政部门实施劳动保障监察的分工和权限划分，是一种纵向划分。由于各地的用人单位分布的不均衡，劳动保障监察力量的布局不均衡，难以作出明确的级别划分。《劳动保障监察条例》作出了一个授权性的规定："省、自治区、直辖市人民政府可以对劳动保障监察的管辖制定具体办法。"

（3）指定管辖。指定管辖是指对同一用人单位，两个以上的劳动保障监察部门都认为自己有监察权而产生争议，由其上级劳动保障行政部门指定管辖。对此，《劳动保障监察条例》规定："劳动保障行政部门对劳动保障监察管辖发生争议的，报请共同的上一级劳动保障行政部门指定管辖。"

2. 劳动行政部门开展监督检查的方式

根据《劳动保障监察条例》第14条规定，劳动行政部门在开展监督检查的方式主要有以下几种。

（1）日常巡视检查。经常性地进行监督检查，对用人单位执行劳动合同制度的情况进行检查要经常进行，做到规范化、制度化、经常化，便于及时发现问题，及时进行处理。

（2）针对用人单位报送的书面材料进行检查。凡是用人单位报送的材料，劳动保障行政部门要及时进行检查，劳动行政部门有权查阅与劳动合同、集体合同有关的材料。比如，查阅用人单位的招录劳动者花名册，查阅招聘资料、查阅订立集体合同时的有关材料等。用人单位应当如实提供有关情况和材料，配合劳动行政部门的检查工作。通过书面检查，可以对用人单位是否依法订立劳动合同和集体合同进行监督。对劳动场所进行实地检查。县级以上地方人民政府劳动行政部门对劳动场所实施监督检查时，用人单位和劳动者都应当如实提供有关情况和材料，配合劳动行政部门的检查工作。

（3）专项检查。是指劳动保障行政部门对某些有重大问题的用人单位和重大违法现象有针对性地进行检查。比如，用人单位发生了伤亡事故或收到群众举报控告用人单位有违反《劳动合同法》的行为，劳动行政管理部门需要派人进行调查，以明辨是非，及时处理。

（4）对举报和投诉的查处。按照条例规定，劳动保障监察部门要设立举报、投诉信箱和电话，接受投诉和举报，发现问题，要依法进行查处。

（5）建立应急预案制度。对因违反劳动保障法律、法规或者规章的行为引起的群体性事件，劳动保障行政部门应当根据应急预案，迅速会同有关部门处理。

（6）建立用人单位守法诚信档案。劳动保障行政部门应当建立用人单位劳动保障守法诚信档案。用人单位有重大违反劳动保障法律、法规或者规章的行为的，由有关劳动保障行政部门向社会公布。

3. 劳动行政部门监督检查的措施

根据《劳动合同法》和《劳动保障监察条例》的规定，劳动保障行政部门实施劳动保障监察，有权采取下列调查、检查措施：

（1）进入用人单位的劳动场所进行检查；

（2）就调查、检查事项询问有关人员；

（3）要求用人单位提供与调查、检查事项相关的文件资料，并作出解释和说明，必要时可以发出调查询问书；

（4）采取记录、录音、录像、照相或者复制等方式收集有关情况和资料；

（5）委托会计师事务所对用人单位工资支付、缴纳社会保险费的情况进行审计；

（6）法律、法规规定可以由劳动保障行政部门采取的其他调查、检查措施。

劳动保障行政部门对事实清楚、证据确凿，可以当场处理的违反劳动保障法律、法规或者规章的行为有权当场予以纠正。

4. 劳动行政部门监督检查的程序

1）受理与立案

认为需要调查处理的，填写立案审批表，报劳动监察机构负责人审查批准，劳动监察机构负责人批准之日即为立案之日。

2）调查与监察

劳动保障监察员进行调查、检查不得少于2人。劳动保障监察机构应指定其中一名为主办劳动保障监察员。劳动保障监察员工作时应佩戴劳动保障监察执法标志，出示劳动保障监察证件，并说明身份。并就调查事项制作笔录，应有劳动保障监察员和被调查人（或其委托代理人）签名或盖章。被调查人拒不签名、盖章的，应注明拒签情况。劳动保障监察员进行调查、检查时，应承担下列义务：依法履行职责，秉公执法；保守在履行职责过程中获知的商业秘密；为举报人保密。劳动保障监察员在实施劳动保障监察时，应当回避的情形是：本人是用人单位法定代表人或主要负责人的近亲属的；本人或其近亲属与承办查处的案件事项有直接利害关系的；因其他原因可能影响案件公正处理的。如果当事人认为监察人员应当回避的，有权向劳动行政部门提出申请。

劳动保障行政部门调查、检查时，可以采取证据登记保存措施的情形：一是当事人可能对证据采取伪造、变造、毁灭行为的；二是当事人采取措施不当可能导致证据灭失的；三是不采取证据登记保存措施以后难以取得的；四是其他可能导致证据灭失的情形的。劳动保障行政部门对违反劳动保障法律、法规或者规章的行为的调查，应当自立案之日起60个工作日内完成；对情况复杂的，经劳动保障行政部门负责人批准，可以延长30个工作日。

3）案件处理

劳动保障行政部门对违反劳动保障法律、法规或者规章的行为，根据调查、检查的结果，作出以下处理：第一，对依法应当受到行政处罚的，依法作出行政处罚决定；第二，对应当改正未改正的，依法责令改正或者作出相应的行政处理决定；第三，对情节轻微且已改正的，撤销立案。发现违法案件不属于劳动保障监察事项的，应当及时移送有关部门处理；涉嫌犯罪的，应当依法移送司法机关。

8.3 其他部门和劳动者的监督

8.3.1 其他部门和劳动者的监督的含义和内容

1. 其他部门和劳动者的监督的含义

所谓其他部门和劳动者的监督，主要是指其他行政部门的监督检查、工会的监督、劳动者的监督及群众监督。

2. 其他部门和劳动者的监督的具体内容

根据《劳动合同法》第76条至第79条的规定，其他部门和劳动者的监督主要包括以下内容：① 县级以上人民政府有关部门在各自职责范围内，对用人单位执行劳动合同制度的情况进行监督管理；② 工会组织在劳动合同制度实施中的监督职责；③ 劳动者合法权益受到侵害时的救济途径；④ 任何组织或者个人对劳动合同违法行为进行举报。

8.3.2 政府有关部门对劳动合同的监督管理

1. 政府有关部门对劳动合同的监督管理的含义

政府有关部门的监督检查，是指县级以上各级人民政府有关部门在各自职责范围内，对用人单位遵守劳动法律法规的情况进行监督。政府有关部门的监督检查是劳动法监督检查体系的重要组成部分。

2. 具体内容

我国《劳动合同法》第76条规定："县级以上人民政府建设、卫生、安全生产监督管理等有关主管部门在各自职责范围内，对用人单位执行劳动合同制度的情况进行监督管理。"《劳动法》第87条规定："县级以上各级人民政府有关部门在各自职责范围内，对用人单位遵守劳动法律、法规的情况进行监督。"可以看出，与《劳动法》的规定相比较，《劳动合同法》对政府有关部门作了明确的列举，即建设、卫生、安全生产监督管理等有关部门，同时规定监督检查的范围不限于用人单位遵守劳动法律、法规的情况，监督检查更为广泛。由于《劳动合同法》与其他法律规定在内容上有某些交叉和重合之处，某些行为在违反《劳动合同法》的同时也违反了其他法律法规，这就需要有关的行政部门相互配合、共同处理。政府有关部门对劳动合同法执行情况的监督检查主要从两方面开展。

1）来自用人单位的上级主管部门的监督检查

例如，《矿山安全法》把检查矿山企业贯彻执行矿山安全法律、法规的情况规定为矿山企业主管部门的首项管理职责；安全生产监督管理部门监督某些高危产业贯彻执行劳动合同，保障集体合同或者劳动合同中规定的劳动条件、职业病防护、劳动安全等标准的落实，能够更有针对性地维护从事高危险性工作劳动者的合法权益。

2）来自公安、建筑、卫生、工商等专项行政管理部门在各自职责范围内的监督检查

以建筑行业为例，根据《建筑法》的规定，建设行政主管部门负责建筑安全生产的管理，依法接受劳动行政主管部门对建筑安全的管理、指导和监督。目前，建设行业非常突出的问题是拖欠农民工工资。建筑业已经成为促进劳动力就业的主要行业之一，但由于存在拖欠农民工工资、劳务用工行为不规范等问题，侵害了农民工的合法权益。县级以上人民政府建设部门应主要采取以下措施。① 开展清查工作，严厉打击拖欠和克扣农民工工资行为。县级以上人民政府建设部门定期对建筑业企业工资支付情况进行监督检查。对查出拖欠和克扣工资的建筑业企业，责令其及时补发工资；不能立即补发的，制订清欠计划，限期补发。对恶意拖欠、克扣工资的企业，严格按国家有关规定进行处罚，并向社会公布有关企业名单。② 加强对农民工劳动合同的管理，指导企业依法与农民工签订劳动合同。加强对建筑业企业招用农民工的管理，对签订劳动合同收取抵押金、风险金等违法行为，一经发现，按有关规定严肃处理。对不依法与农民工签订劳动合同或采取欺诈和威胁等手段订立劳动合同以及不按规定进行用工备案的企业，根据国家有关法律法规和政策严肃处理。③ 完善工资机制，疏通处理渠道。建设部门要建立健全解决拖欠农民工工资的工作机制，切实做到专人负责、申诉有门、处理及时、客观公正。要按照各自职责，认真负责地对侵犯农民工权益的

违法行为进行处理，不得相互推诿。建立健全拖欠农民工工资举报制度，设立举报箱、开通举报电话，并设专人负责接待来访举报。信访机构要认真接待来访举报，要认真接待农民工因被拖欠工资等问题的上访，耐心细致地做好政策宣传解释工作。使用农民工较多的地区，县级以上人民政府建设部门与有关部门协商，成立法律援助工作站，开展法律咨询服务活动。④ 积极指导用人单位依法建立健全内部劳动合同管理制度。各级劳动保障部门要会同行业行政主管部门，指定专职或兼职人员负责劳动合同管理工作，建立劳动合同管理台账，实行动态管理。对履行劳动合同情况，特别是工资支付、保险福利、加班加点等有关情况要有书面记录。对终止解除劳动合同的农民工，用人单位应当结清工资，并出具终止解除劳动合同证明。

8.3.3　工会维护劳动者的合法权益

1. 工会的地位

根据我国《工会法》的规定，工会是职工自愿结合的工人阶级的群众组织。中华全国总工会及其各工会组织代表职工的利益，依法维护职工的合法权益。维护职工合法权益是工会的基本职责，工会在维护全国人民总体利益的同时，代表和维护职工的合法权益。因此，对用人单位遵守《劳动合同法》的情况进行监督检查既是《劳动合同法》赋予工会组织的权利，也是由工会本身的性质所决定的。另外，工会基层委员会和组织职工依照法律规定，通过职工代表大会和其他形式，参加本单位民主管理和民主监督。企业、事业单位工会委员会是职工代表大会工作机构，负责职工代表大会的日常工作，检查、督促职工代表大会决议的执行。参与协调劳动关系和调解劳动争议，与企业、事业单位行政方面建立协商制度，协商解决涉及职工切身利益。帮助和指导职工与企业、事业单位行政方面签订劳动合同，代表职工与企业、事业单位行政方面签订集体合同或其他协议，并监督执行。

2. 工会维护劳动者合法权益的具体内容

我国《劳动合同法》第78条规定："工会依法维护劳动者的合法权益，对用人单位履行劳动合同、集体合同的情况进行监督。用人单位违反劳动法律、法规和劳动合同、集体合同的，工会有权提出意见或者要求纠正；劳动者申请仲裁、提起诉讼的，工会依法给予支持和帮助。"《劳动法》第88条规定："各级工会依法维护劳动者的合法权益，对用人单位遵守劳动法律、法规的情况进行监督。任何组织和个人对于违反劳动法律、法规的行为有权检举和控告。"

与《劳动法》的规定相比较，《劳动合同法》对工会监督的具体内容作出了明确列举，对工会监督享有的权利作出了明确规定，即工会有权要求用人单位改正和支持劳动者通过仲裁或诉讼维权。工会在劳动合同制度实施中的职责如下。

1）维护劳动者合法权益和监督用人单位履行劳动合同、集体合同的情况

劳动者的合法权益，主要体现在劳动者与用人单位订立的劳动合同是否符合法律有关保护劳动者权益的规定，体现在劳动者是否真正享受了国家法律规定以及劳动合同、集体合同约定的劳动者的权利，体现在用人单位是否切实履行了国家法律规定以及劳动合同、集体合同约定的用人单位的义务。因此，工会应当帮助和指导劳动者与用人单位依法订立劳动合同，代表职工与用人单位订立集体合同，并对用人单位履行劳动合同、集体合同的情况进行监督。

2）对用人单位的违法行为有权提出意见或者要求纠正

根据本法的规定，工会有权对用人单位制定的劳动规章制度提出意见，有权对用人单位裁减人员提出意见，有权对用人单位单方面解除合同提出意见，有权对用人单位违反集体合同侵犯职工劳动权益承担责任提出意见，有权要求用人单位纠正违反法律、行政法规或者劳动合同约定单方面解除劳动合同等。如用人单位在《员工手册》上规定"本公司员工上班迟到或早退，处以 1 000 元罚款"是违反我国法律的，罚款权应属于一种行政处罚权，单位无权对职工处于罚款。工会应当对用人单位的该制度提出意见，要求用人单位改正。

3）支持和帮助劳动者申请仲裁或者提起诉讼

劳动者认为用人单位侵犯其劳动权益而申请劳动争议仲裁或者向人民法院提起诉讼的，工会应当依法给予支持和帮助。帮助具体包括提供法律咨询、帮助劳动者写法律文书，也可以给予经济上的帮助和支持。

另外，中华全国总工会《关于进一步推进劳动合同制度实施的通知》（总工发〔2005〕23 号）中指出，要加强对劳动合同执行情况的监督检查。工会要将劳动合同执行情况作为工会劳动监督的重点，建立和完善监督检查机构和组织，积极开展监督检查工作，监督劳动合同双方认真履行劳动合同。要加强劳动关系协调机制各项制度间的有机衔接，劳动合同的标准不得低于集体合同的规定。注意发挥劳动合同在劳动争议调解、仲裁和诉讼中的作用，做到有法可依、依法办事。企业工会要加强与行政方的沟通和协调，督促认真履行劳动合同。对于企业未兑现劳动合同的行为，工会要依法要求行政进行整改，或支持职工通过仲裁或诉讼方式解决。地方工会要加强与劳动保障部门的协调，推动开展劳动合同专项监察，在《劳动法》、《工会法》执法检查和企业劳动年检中，要将劳动合同作为重要内容，监督企业认真签订和履行劳动合同。对不签订和不履行劳动合同的企业，工会要督促劳动保障部门责令改正，依法予以行政处罚。要积极推动各级人大开展《劳动法》的执法检查，促进劳动合同工作取得实效。

8.3.4 群众监督

1. 群众监督的概念

群众监督是指除了劳动行政部门、政府有关部门、工会组织以外的任何组织和个人对于违反劳动法律法规的行为进行举报和投诉，因此它是监督检查体系中不可缺少的组成部分。群众监督是对行政监督和工会监督的必要补充，把监督检查的权利赋予广大劳动者和个人，能够更好地监督用人单位自觉遵守规章制度和劳动纪律，能够进一步敦促国家有关行政部门及其工作人员克服官僚主义，增强责任感。

2. 群众监督的意义

群众监督的意义和作用主要包括以下几个方面。

（1）群众监督是公民行使民主权利，有效监督国家机关和国家工作人员的重要途径。公民可以通过举报对党和国家机关、国家工作人员的行为提出意见和建议。

（2）群众监督有利于国家专门机关获取大量的举报线索，有利于专门机关履行监督职责。

（3）将群众监督纳入法制轨道，有利于社会的稳定，有利于和谐法制社会的构建。

3. 群众监督的具体内容

《劳动合同法》第 79 条规定："任何组织或者个人对违反本法的行为都有权举报，县级以上人民政府劳动行政部门应当及时核实、处理，并对举报有功人员给予奖励。"《劳动法》第 88 条规定："各级工会依法维护劳动者的合法权益，对用人单位遵守劳动法律、法规的情况进行监督。任何组织和个人对于违反劳动法律、法规的行为有权检举和控告。"与《劳动法》相比，《劳动合同法》对社会监督提供了激励，要求行政部门对举报有功人员给予奖励。

按照法律规定，群众监督时应注意以下内容。

（1）任何组织和个人对于违反本法的行为，都有举报的权利。举报是指任何组织和个人向有关单位申诉、控告或者检举违法行为的行为。举报是我国宪法和法律赋予公民的一项民主权利。举报人不受性别、民族、国籍、户籍等限制，只要是违法行为，都有权予以举报。我国《宪法》第 41 条明确规定："中华人民共和国公民对于任何国家机关和国家工作人员，有提出批评和建议的权利；对于任何国家机关和国家工作人员的违法失职行为，有向有关国家机关提出申诉、控告或者检举的权利，但是不得捏造或者歪曲事实进行诬告陷害。对于公民的申诉、控告或者检举，有关国家机关必须查清事实，负责处理。任何人不得压制和打击报复。由于国家机关和国家工作人员侵犯公民权利而受到损失的人，有依照法律规定取得赔偿的权利。"根据《宪法》的这一规定，凡是中国公民都享有这种权利，在接到组织或者个人的举报后，县级以上人民政府劳动行政部门应当及时查清事实，并进行相应的处理，不得对举报人员进行打击报复。举报为专门机关的监督提供了有效的渠道和有用的线索，既方便组织和个人行使监督权利，也方便专门机关履行职能。可以通过电话举报、信函举报、传真举报、网上举报，也可以当面举报、预约举报或者采取其他认为方便的形式进行举报。由于举报是公民的一种监督权利，因此公民可以选择是否举报，是否要行使这一权利，其他任何单位和个人都无权干涉，不能强制举报，也不能妨碍举报；公民可以选择举报受理机构，不必受到举报机构级别和管辖分工的限制；公民也可以选择举报的时间和方式；也有权决定是否采取实名举报。

（2）关于受理劳动者投诉的时效问题。一般情况下，举报人在举报时应当向劳动保障行政部门递交投诉文书，相关部门应当及时进行审查。为了提高劳动保障监察的效率，引导劳动者及时正确地运用法律手段维护自身合法权益，《劳动保障监察条例》第 15 条规定，劳动保障违法行为在两年内未被劳动保障行政部门发现，也未被举报、投诉的，劳动保障行政部门不再查处。

（3）关于对举报人的奖励和保护。如果举报人的合法权益受到侵害有权投诉，要求处理，并且有获得赔偿的权利；也有获得必要奖励的权利，国家机关在进行处理后对举报有功人员要给予奖励。劳动保障行政部门应当建立举报奖励机制，对相关奖金进行详尽的规定，并公布举报地址设立举报信箱和电话，严格执行举报保密制度。例如，湖北荆门市《关于奖励举报有功人员的暂行办法》规定了奖励举报有功人员的具体标准：第一，对举报贪污、贿赂、侵占、挪用公款等经济方面的违纪违法行为及对突破重大案件起了重要作用的，按收缴赃款和赃物变价款的总额，在1%的比例内给予奖励，一般不超过5 000元；第二，对举报违反财经纪律、失职渎职造成重大经济损失等违纪违法行为且为国家、集体挽回或者减少重大经济损失的，可酌情给予500～1 000元的奖励；第三，对举报其他方面的错误行为，使违纪违法者受到党政纪撤职以上处分或刑事处理的，可酌情给予奖励。

4. 劳动者合法权益受到侵害的救济

《劳动合同法》第77条规定了三种救济的方式，即劳动者合法权益受到侵害的，有权要求有关部门依法处理、依法申请仲裁和提起诉讼。

（1）要求有关部门依法处理。根据《劳动合同法》第75条和第76条的规定，劳动行政部门、建设、卫生、安全生产监督管理等有关主管部门都多多少少承担着保护劳动者权益的责任，当劳动者的合法权益受到侵害的情况下，可以向这些部门进行反映和举报，要求有关部门作出处理。

（2）依法申请仲裁。劳动者在合法权益受到侵害的情况下，可以申请由国家授权依法设立的劳动争议仲裁处理机构进行仲裁。劳动争议仲裁的专门机构独立进行劳动争议案件的处理。

（3）依法提起诉讼。劳动者不服仲裁裁决，有权依法向人民法院提起诉讼。

通过这些途径，可以对用人单位损害劳动者合法权益的违法违规行为进行纠正，或者追究用人单位相应的法律责任，以保护劳动者的权益。

本 章 小 结

本章的主要内容是劳动监督检查。首先是劳动监督检查的含义、劳动监督检查的意义、劳动监督检查的体系，然后分别介绍了劳动行政部门管理部门的监督、其他政府部门的监督、群众的监督、工会监督等。

本章的重点是劳动行政部门的监督，对监督方式、程序等的理解和把握。

本章的难点是劳动行政部门监督检查的职权及检查的内容。

本章学习资料

［1］王全兴，黄昆．中国劳动法．北京：中国政法大学出版社，2008.

［2］黄越钦．劳动法新论．北京：中国政法大学出版社，2003.

［3］郭捷．劳动法与社会保障法．北京：法律出版社，2008.

［4］郑尚元．劳动合同法的制度与理念．北京：中国政法大学出版社，2008.

［5］黎建飞．劳动合同法热点、难点、疑点问题全解．北京：中国法制出版社，2008.

［6］董保华．十大热点事件透视劳动合同法．北京：法律出版社，2007.

［7］张霞．劳动法实施中的疑难问题．北京：中国人民公安大学出版社，2009.

［8］陈闯．劳动合同案例精编精析．北京：中国检察出版社，2008.

［9］林娟．工会劳动法律监督立法探析．福建法学，2014（1）.

定》等已有法律、法规和规章的规定。我们认为，《劳动合同法》第 56 条之所以改变集体合同纠纷的处理程序，主要是出于这样的意图：按照《劳动合同法》颁布之前的法律规定，工会向仲裁机构提请仲裁的，如果用人单位对仲裁结果不服而向人民法院起诉的，即意味着仲裁程序白白浪费了大量时间、精力和物力，而集体合同的特点要求纠纷必须得到迅速解决，否则可能会产生更加严重的后果。法律赋予工会这样的权利是为了加快集体合同纠纷的解决，实现劳动关系的和谐稳定。

3. 企业违反集体合同规定承担的法律责任

企业违反集体合同规定，侵犯劳动者合法权益的，工会应当代表劳动者同用人单位协商解决，协商不成的，工会可以向劳动争议仲裁机构提请仲裁或直接向人民法院提起诉讼。当然受到侵害的劳动者本人也可以依据集体合同的规定向劳动争议仲裁机构提请仲裁，对裁决不服的，可以向人民法院提起诉讼。但是单个的劳动者相对于用人单位往往处于弱势地位，而且个人一般也难以承担仲裁和诉讼所消耗的时间与金钱。因此，劳动者因为用人单位违反集体而受到损害的，可以要求工会帮助并代表自己向用人单位提出协商请求、提请仲裁或诉讼。根据《工会法》，工会的基本职责是维护职工的合法权益，工会有责任为受侵害的劳动者主张权利。从劳动者的角度来说，通过工会来维护自己合法权益的方式可以省去大量的时间和金钱，同时也有利于更好地解决纠纷。

导读案例解析

1. 甲公司的集体合同已经生效

因为，我国劳动立法对集体合同的生效做出了明确的规定，《集体合同规定》第 47 条规定："劳动保障行政部门自收到到文本之日起 15 日内未提出异议的，集体合同或专项集体合同即行生效。"

在本案中，甲公司于 2008 年 2 月 8 日将集体合同文本送劳动行政部门审查，劳动行政部门一直未提出异议，15 天后该集体合同就生效了。

2. 甲公司发给王某每月 800 元工资的做法不合法

因为，依法签订的集体合同对用人单位及其团体所代表的全体用人单位，对工会组织及其所代表的全体劳动者和本单位的全体职工具有法律约束力。《劳动合同法》第 54 条规定，依法订立的集体合同对用人单位和劳动者具有约束力。所以集体合同的效力及于用人单位的全体劳动者，不论他何时被录用，是否参加了工会，也不论他在职工大会或职工代表大会审议集体合同草案时持的是什么态度。只要劳动者与用人单位之间存在劳动关系，就可以享受集体合同的待遇。在合法权益受到侵犯时也可以援用集体合同的规定来向劳动争议仲裁机构和人民法院来寻求救济。

在本案中，虽然王某是在集体合同签订后才新录用的劳动者，但是，根据集体合同规定，只要是用人单位雇佣的劳动者，包括在签订集体合同之前被录用的和签订集体合同之后被录用；包括工会成员与非工会成员；还包括支持集体合同的劳动者和反对集体合同的劳动者，都可以享受集体合同规定的权利并且还要受到集体合同的约束。因此，甲公司应当按照集体合同的规定向王某支付不少于 1 200 元的最低工资。

本章复习思考题

一、名词解释

劳动监督　群众监督　工会监督

二、单项选择题

1. 工会对劳动执法情况的监督检查过程中行使的权力不包括（　　）。

    A. 知情权　　　　　　B. 独立调查权　　　C. 处罚权　　　　　D. 要求建议权

2. 劳动监察人员进行现场监督检查时，有权（　　）。

    A. 查阅用人单位的所有资料

    B. 调阅并复印相关资料

    C. 对用人单位隐匿相关证据的行为进行搜查

    D. 对阻扰劳动执法、殴打劳动监察人员的当事人实施必要的人身强制

3. 劳动保障行政部门对违反劳动保障法律、法规或者规章的行为的调查，一般情况下应当自立案之日起（　　）。

    A. 20 个工作日内完成　　　　　　B. 30 个工作日内完成

    C. 40 个工作日内完成　　　　　　D. 60 个工作日内完成

三、多项选择题

1. 我国有权对劳动执法情况进行监督检查的机构有（　　）。

    A. 工会　　　　　　　　　　　B. 劳动行政主管部门

    C. 工商行政管理部门　　　　　D. 劳动卫生主管部门

    E. 新闻媒体

2. 对劳动法执行情况的群众监督的形式包括（　　）。

    A. 口头监督　　　　　　　　　B. 书面监督

    C. 媒体监督　　　　　　　　　D. 新闻监督

    E. 基层组织监督

3. 劳动保障行政部门实施劳动保障监察，有权采取的调查检查措施包括（　　）。

    A. 进入用人单位的劳动场所进行检查

    B. 就调查、检查事项询问有关人员

    C. 要求用人单位提供与调查、检查事项相关的文件资料，并作出解释和说明，必要时可以发出调查询问书

    D. 采取记录、录音、录像、照相或者复制等方式收集有关情况和资料

    E. 委托会计师事务所对用人单位工资支付、缴纳社会保险费的情况进行审计

4. 劳动监察的原则包括（　　）。

    A. 保障劳动者权益原则　　　　B. 公开公正原则

    C. 高效、便民原则　　　　　　D. 教育与处罚相结合的原则

    E. 保护用人单位利益

四、判断分析题

1. 任何公民均可以举报投诉用人单位的违法行为。（　　　）
2. 劳动行政管理部门的监督是最重要的监督。（　　　）

五、简述题

1. 劳动监督检查的基本原则是什么？
2. 简述劳动行政部门监督检查的内容。
3. 工会组织如何实现劳动监督检查？
4. 其他行政机关如何开展劳动监督检查？
5. 群众监督的意义和内容是什么？

六、论述题

劳动监督检查的意义是什么？

七、案例分析题

2009 年 4 月 1 日，某市劳动监察大队接到投诉，本市一家娱乐城雇用童工，并且拖欠工资。经劳动监察大队调查，该娱乐城老板与两个流浪到本地的初中一年级学生达成口头协议，两个学生担任该娱乐城的清洁工，每个月工资 200 元。3 个月后两个孩子的父亲找到孩子，来娱乐城带孩子离开，要求老板支付 3 个月的工资，老板认为约定的半年的期限还没有满，不同意支付工资。两个孩子及家人索要工资无果，即向劳动监察大队投诉。

经过调查，该娱乐城雇用童工属实，执法人员要求娱乐城老板立即支付所欠工资，并责令两个孩子的父亲送孩子去上学，对该娱乐城处以 2 万元的罚款。

问：该处罚决定是否正确？为什么？

第9章

法 律 责 任

本章导读

本章的主要内容是法律责任概述、用人单位的法律责任、劳动者的法律责任、劳动行政部门及其工作人员的法律责任。

9.1　法律责任概述

9.1.1　法律责任的含义

1. 法律责任的基本内涵

所谓法律责任，也称违法责任，指法律关系中的主体由于自己的违法行为或法律的特别规定而应承担的法律后果。《劳动合同法》中的法律责任就是在劳动关系中的各方当事人因违反法律而应当承担的不利后果。

承担劳动合同法律责任的核心要件是劳动合同法律关系中主体实施了违法行为，即违法事实。合同法律责任是一种惩戒性负担，消极的法律后果只能按照《劳动合同法》及其他相关的法律、法规由有权的国家机关予以追究。按照《劳动合同法》承担责任的主体主要是指用人单位、劳动者、劳务派遣单位、不具备合法经营资格的用人单位、个人承包经营、劳动行政部门和其他有关主管部门及其工作人员。

《劳动合同法》的法律责任是体现国家强制力的核心内容，只有规定了违反《劳动合同法》的责任，才能更好地保证《劳动合同法》的贯彻实施，保护劳动者的合法权益，促进经济发展和社会进步。因此，违反《劳动合同法》的责任制度，是我国《劳动合同法》的重要组成部分，是《劳动合同法》体系中的一项独立的法律制度。

2. 法律责任的特点

法律责任是社会责任的一种，它与道德责任、宗教责任等社会责任相比，具有两个显著特点。

（1）法律责任的法定性。法律责任产生的最终依据是法律的规定，没有法律的规定就没有法律责任可言。也就是说，法律责任的性质、种类、范围、大小及承担方式等都由法律明确具体地加以规定。

（2）法律责任的强制性。法律责任的追究和执行由国家强制力来保障。所谓强制实施追究和执行，是指由有关国家机关依法定职权和程序采取强制手段予以实施。但这并不是说一切法律责任的实现均由国家强制力实际介入，比如民事责任的承担可由当事人自行协商或经第三方调解来实现，这就无须国家强制力的实际介入；如果责任人没有承担民事责任，才会出现国家强制保障实施责任的追究和执行。

9.1.2 违反《劳动合同法》的责任形式

1. 行为人承担法律责任应具备的条件

劳动关系当事人违反劳动法律而承担责任的，必须具备以下条件。

（1）行为人必须有一定的责任能力。依照《劳动合同法》的规定，用人单位、劳动者、劳务派遣单位、不具备合法经营资格的用人单位、个人承包经营、劳动行政部门和其他有关主管部门及其工作人员等主体具有承担法律责任的能力。

（2）行为人必须具有违反《劳动合同法》的行为。行为人以作为或不作为的方式实施了违反《劳动合同法》所规定的义务的行为。这种行为可以是消极的，如拒绝支付劳动报酬、社会保险费用；也可以是积极的，如强令劳动者冒险作业。

（3）行为人的行为必须具有造成或者足以造成一定的社会危害。行为人所造成的后果应与违反《劳动合同法》的行为之间有因果关系，造成或者足以造成一定的社会危害。至于主观过错，则不一定作为必要条件。

2. 违反《劳动合同法》的责任形式

根据《劳动合同法》规定，违反《劳动合同法》的责任形式主要包括行政责任、民事责任和刑事责任三种。

（1）行政责任。行政责任是指行政法律关系的主体，由于违反行政法规定而应承担的法律后果。根据承担行政责任的主体不同，可分为行政主体的行政责任和行政相对人的行政责任。行政主体的行政责任，是指因违反行政职责规定、行政失职或越权而引起的责任。这种责任通常由行政机关工作人员承担。承担此种责任的具体形式包括受警告、被记过、受记大过、被降级、被撤职或被开除。行政相对人的行政责任，是指因违反一般经济、行政管理方面的法律、法规所规定的义务而引起的责任。一般公民、法人（包括企业事业组织、国家机关、团体等）承担此种责任的具体形式包括接受警告、交纳罚款、被吊销许可证和执照、被责令停业停产、被没收罚款、接受拘留、被劳动教养等。

《劳动合同法》中的行政责任是指用人单位或者劳动者违反《劳动合同法》应该承担的行政处分和行政处罚。这种违法行为程度轻微，不构成刑事责任，其主要形式有警告、罚款、吊销营业执照等。违反《劳动合同法》的行政处罚大多由劳动行政部门实施，其中吊销营业执照由工商部门实施。

（2）民事责任。民事责任是指当事人不履行民事义务所应承担的民法上的不利后果。民事责任主要分为侵权责任和违约责任。侵权责任，是直接违反民事法律所规定的义务或侵害了他人的权利而引起的责任。民事侵权责任的具体承担方式包括：停止侵害，排除妨碍，消除影响，返还财产，恢复原状，修理、重作、更换，赔偿损失，消除影响，恢复名誉，赔礼道歉等。违约责任，是违反合同所约定的义务而引起的责任。违约责任的具体承担方式根据合同双方的约定或对方的要求而表现为继续履行合同义务、支付违约金、损害赔偿以及采取补救措施等。在《劳动合同法》上，民事责任是因当事人一方违反《劳动合同法》侵害了对方的合法权益，造成一定的经济损失，而应该承担的停止侵害、赔偿损失等责任。这个损失可能是用人单位给劳动者造成的经济损失，也可能是劳动者给用人单位造成的经济损失。因此，民事责任可以是用人单位向劳动者承担也可以是劳动者向用人单位承担。

（3）刑事责任。刑事责任是指违反刑事法律所规定的义务而应当承担的不利后果。在所有的法律责任中，刑事责任是最严重的一种。承担刑事责任的具体方式包括被管制、被拘役、服有期徒刑、服无期徒刑、被处以死刑、被没收财产、被剥夺政治权利、被处罚金和被驱逐出境。在《劳动合同法》中的刑事责任是指用人单位或者劳动行政部门和其他有关主管部门及其工作人员违反《劳动合同法》，其情节和后果违反了《刑法》规定，符合《刑法》相关罪名构成要件，构成犯罪所应承担的法律责任。刑事责任是法律责任中最严厉的责任形式，《劳动合同法》法律责任中有两条规定了刑事责任。

9.2　用人单位的法律责任

根据《劳动合同法》和《劳动合同法实施条例》的规定，用人单位的法律责任包括劳动规章制度违法的法律责任，提供的劳动合同文本缺乏必备条款以及不提供劳动合同文本的法律责任，未依法订立劳动合同的法律责任，违法约定试用期的法律责任，违法扣押证件、违法向劳动者收取财物的法律责任，违反劳动报酬、经济补偿等的法律责任，与劳动者订立无效劳动合同的法律责任，违法解除或者终止劳动合同的法律责任，侵犯劳动者人身权益的法律责任，未依法出具解除或者终止劳动合同的书面证明的法律责任等。

9.2.1　用人单位劳动规章制度违法的法律责任

1. 直接涉及劳动者切身利益的规章制度违反法律、法规的表现

《劳动合同法》第 80 条规定，用人单位直接涉及劳动者切身利益的规章制度必须遵守有关的法律、法规，否则就是违法的。用人单位违反法律、法规表现在实体和程序两个方面。

（1）规章制度的内容违反法律规定。用人单位制定的规章制度的内容必须符合法律、法规的规定，包括休息休假、劳动安全卫生、职工培训、劳动纪律以及劳动定额管理等方面的规章制度的内容必须遵守《劳动法》、《职业病防治法》、《劳动合同法》和其他相关的行政法规、地方性法规。例如，某用人单位的规章制度规定劳动者必须每天工作十小时，周末不得休息，这就和《劳动法》规定的劳动者每天工作时间不得超过八小时，必须安排劳动者休息的规定相违背，是违法的。再如《劳动法》规定职工在国家法定节假日工作的，用人单位要支付职工不低于工资 300% 的工资报酬，如果某劳动者在节假日上班，该用人单位不给加班工资或者给的加班工资低于《劳动法》的规定也是违法的。

（2）从程序方面来看，用人单位制定的直接涉及劳动者切身利益的规章制度如劳动报酬、工作时间、休息休假、劳动安全卫生、保险福利、职工培训、劳动纪律以及劳动定额管理等必须遵守法律规定的程序。《劳动合同法》第 4 条规定了用人单位在制定直接涉及劳动者切身利益的规章制度时必须遵守三个程序：一是应当经职工代表大会或者全体职工讨论，提出方案和意见，与工会或者职工代表平等协商确定；二是在规章制度和重大事项决定实施过程中，工会或者职工认为不适当的，有权向用人单位提出，通过协商予以修改完善；三是用人单位应当将直接涉及劳动者切身利益的规章制度和重大事项决定公示，或者告知劳动

者。上述程序确定了用人单位制定的涉及劳动者切身利益的规章制度的法定程序，体现了职工参与企业民主管理的原则。这个程序的核心就是民主协商与劳资共议。是先民主，后集中，经过民主的程序后，由用人单位最终确定。如果用人单位制定的规章制度违反了这三个法定程序，如拒绝让职工代表大会或者全体职工讨论，拒绝工会或者职工代表平等协商，不进行公示或者告知劳动者等，则该用人单位所制定的规章制度就是违法的。

程序的合法性是现代法治的一项重要制度和原则，如果用人单位制定的规章制度的实体内容是正确的、合法的，但不是经过法定的程序作出的，也是违反法律的。用人单位制定的规章制度的程序合法性只限于直接涉及劳动者切身利益的事项。有关其他非直接涉及劳动者切身利益的规章制度的制定，完全属于用人单位的经营自主权，不适用该程序规定。这里要特别注意的是，对于制定程序中的"先民主，后集中"并没有区分企业的所有制形式。按照特别法优于一般法的原则，对全民所有制工业企业，还得遵循《全民所有制工业企业法》的规定，直接涉及劳动者切身利益的规章制度和重大事项，仍应该由职代会审议通过。

2. 用人单位直接涉及劳动者切身利益的规章制度违反法律、法规规定的法律后果

用人单位制定的直接涉及劳动者切身利益的规章制度违反法律、法规规定的，不对劳动者产生任何法律拘束力，劳动者可以不遵守。同时劳动者一旦发现用人单位制定的规章制度违反法律、法规规定的，可以向当地劳动行政部门进行投诉，根据《劳动合同法》第 80 条的规定由劳动行政部门对用人单位予以责令改正并给予警告的处罚，如果违法的规章制度对劳动者造成损害的，用人单位应当承担赔偿责任。

（1）劳动行政部门责令改正。我国现行法律、法规当中，在行政处罚手段上都有这样的规定，责令改正违法行为或者规定责令限期消除违法行为的后果等。基于对任何一种违法行为都应当予以改正，所以责令改正不应当是一种处罚，而是实施每一种行政处罚的一个前置条件或者必经程序，即实施每一种行政处罚之前，都应当首先责令当事人改正违法行为，消除违法行为后果，然后才是实施行政处罚。因为实施行政处罚的目的不是为罚而罚，而是为了维护公共利益和社会秩序，保护公民、法人或者其他组织的合法权益，纠正违法行为，教育公民、法人自觉守法，构建和谐社会。因此，《行政处罚法》第 23 条明确规定："行政机关实施行政处罚，应当责令当事人改正或者限期改正违法行为。"用人单位制定的直接涉及劳动者切身利益的规章制度违反法律、法规规定的，劳动行政部门首先要责令该用人单位改正违法行为，即是对违法规章制度的纠正，使其符合法律、法规的规定，成为有效的规章制度。例如，用人单位规定的劳动者试用期的期限规定超过了法律规定的最高时限，则必须予以改正，缩短到法律规定的幅度范围内，使其成为有效的规章制度。

（2）警告。警告在学理上称为申诫罚，有告诫的意思，就是当公民、法人或者其他组织有违反行政管理秩序的行为时，行政机关可以责令其立即改正违法行为，告诫其应当遵守法律、法规的有关规定，不能违法。警告是行政处罚中相对较轻的一种处罚，所以《行政处罚法》对其设定权的规定比较宽松：法律、法规、规章都可以设定警告的处罚，并且行政机关适用简易程序即可当场作出处罚决定，不必经过调查、收集证据等一般程序。对于用人单位制定的直接涉及劳动者切身利益的规章制度违反法律、法规规定的，劳动行政部门除了责令用人单位改正违法行为外，还要给用人单位警告的行政处罚，使用人单位能够对自己的行为有所警惕，记住这次违法的教训，避免下次再出现违法行为。

（3）民事赔偿。《劳动合同法》是对《劳动法》民事赔偿的重申。即如果用人单位制定的直接涉及劳动者切身利益的规章制度给劳动者造成损失的，用人单位还要承担民事赔偿责任。例如，用人单位制定的劳动安全卫生方面的规章制度不符合《劳动法》和《职业病防治法》的规定，如按照《职业病防治法》第 21 条规定，用人单位应当建立、健全职业卫生管理制度和操作规程，如果用人单位在其规章制度中没有规定这样的内容，因此给劳动者造成损失的，应该承担赔偿责任。

（4）解除劳动合同。根据《劳动合同法》的规定，用人单位的规章制度违反法律、法规的规定，损害劳动者权益的，劳动者可以解除劳动合同。因此，用人单位直接涉及劳动者切身利益的规章制度违反法律、法规规定损害劳动者利益的，劳动者享有劳动合同的解除权。

需要注意的是，前三项责任都是《劳动合同法》第 80 条规定的法律责任。解除合同是《劳动合同法》赋予劳动者的权利，属于法律后果的范畴。

3. 用人单位直接涉及劳动者切身利益的规章制度违反法律、法规规定的，劳动者可否要求精神赔偿

用人单位直接涉及劳动者切身利益的规章制度违反法律、法规规定的，如果给劳动者造成损失的应该承担赔偿责任，这里的赔偿除了物质赔偿外，如果符合精神赔偿的要求还可以要求精神损害赔偿。

精神损害赔偿就是公民因为其人身权利受到不法侵害而遭受精神痛苦或者精神利益受到损害，要求侵权人进行金钱赔偿的一种法律制度。精神损害赔偿的条件，根据最高人民法院 2001 年发布的《关于确定民事侵权精神损害赔偿责任若干问题的解释》的规定，在下列几种情况下可以请求精神损害赔偿：第一，自然人因人格权利包括生命权、健康权、身体权、姓名权、肖像权、名誉权、荣誉权，人格尊严、人身自由权等遭受非法侵害时，有权向法院起诉请求赔偿精神损害；第二，违反社会公共利益、社会公德、侵害他人隐私或者其他人格利益，受害人有权以侵权为由向法院起诉请求赔偿精神损害；第三，非法使被监护人脱离监护，导致亲子关系或者近亲属间的亲属关系遭受严重损害的，监护人有权起诉请求精神损害赔偿；第四，自然人死亡后，其近亲属因为一些侵权行为遭受精神痛苦的，有权向法院起诉请求赔偿精神损害。

实践中，有的用人单位通过制定非法的规章制度，限制劳动者的人身自由，以暴力手段强迫工人劳动；有的用人单位为了防止职工偷拿本单位的财物，而规定单位保安可以在每天下班时，对职工进行搜身检查；还有的用人单位通过规章制度规定职工每天上厕所的次数及每次上厕所的时间等，都是侵犯了劳动者的人格权利，包括身体权、健康权、人格尊严等，对这样的侵权行为，劳动者可以依法要求用人单位给予精神赔偿。

当事人承担精神损害赔偿责任的方式有：致人精神损害，未造成严重后果的，可以判令侵权人停止侵害、恢复名誉、消除影响、赔礼道歉；造成严重后果的，应根据受害人一方的请求同时判令侵权人赔偿相应的精神损害抚慰金。精神损害赔偿应起到三个作用：一是对受害人的抚慰；二是对加害人的制裁；三是对社会的一般警示。

9.2.2 用人单位违反劳动合同文本制度的法律责任

1. 用人单位违反劳动合同文本制度的情形认定

（1）单位提供的劳动合同文本未载明劳动合同的必备条款。《劳动合同法》第 17 条规定了劳动合同应当具备的条款，包括用人单位的名称、住所和法定代表人或者主要负责人；劳动者的姓名、住址和居民身份证或者其他有效身份证件号码；劳动合同期限；工作内容和工作地点；工作时间和休息休假；劳动报酬；社会保险；劳动保护、劳动条件和职业危害防护；法律、法规规定应当纳入劳动合同的其他事项。法律规定劳动合同必备条款是为了保护劳动者的合法权益。《劳动合同法》第81条规定："用人单位提供的劳动合同文本未载明本法规定的劳动合同必备条款或者用人单位未将劳动合同文本交付劳动者的，由劳动行政部门责令改正；给劳动者造成损害的，应当承担赔偿责任。"在这条的规定中，限定了"未载明本法规定的劳动合同必备条款"，但是结合《劳动合同法》第17条有个兜底条款，即"法律、法规规定应当纳入劳动合同的其他事项"，因此只要其他法律、法规有规定必须纳入劳动合同规定的，如果用人单位提供的文本不载明的同样要受到处罚。

另外，对于必备条款中有关职业病防治的内容，其适用对象是那些有职业病危害的企业，对于那些没有职业病危害的企业，则不需要在其劳动合同中规定职业病防治的内容。职业病危害防治的法律是《职业病防治法》。

（2）用人单位未将劳动合同文本交付劳动者。《劳动合同法》第16条第2款规定："劳动合同文本由用人单位和劳动者各执一份。"也就是说，用人单位与劳动者签订劳动合同后，应将其中一份劳动合同文本交付劳动者。由于用人单位在劳动关系建立中的优势地位，劳动合同文本往往由用人单位提供，为了规避法律义务，经常出现用人单位提供的劳动合同文本在双方签订后未将劳动合同文本交付劳动者的情况，使得劳动者手中无劳动合同文本，而难以维护自己的权利。

2. 用人单位需要承担的法律责任

（1）劳动行政部门责令改正。劳动行政部门发现用人单位提供的劳动合同欠缺必备条款，要责令其改正，补充不完备的合同条款。

（2）如果给劳动者造成损害的，要承担赔偿责任。如果用人单位提供的劳动合同文本不具备法律规定的必备条款，给劳动者带来了损害后果，那么用人单位就要承担赔偿责任。

《劳动合同法》之所以作上述规定，主要是考虑到劳动合同与一般的民事合同不同，民事合同是由平等的民事主体经过平等的协商而签订的，其合同的内容可以由双方根据意思自治的原则，在遵守国家法律的前提下达成；而劳动合同的签订双方即用人单位和劳动者显然地位上不平等，用人单位通常处于强势，而劳动者一方通常处于弱势，因此需要法律来对劳动合同的必备条款加以具体规定，以保护劳动者的合法权益不受侵害。

3. 劳动者的损失如何计算

对于用人单位提供的劳动合同文本未载明本法规定的劳动合同必备条款或者用人单位未将劳动合同文本交付劳动者的，给劳动者造成损害的，应当承担赔偿责任。但是，劳动者的损失如何计算？根据劳动部《违反〈劳动法〉有关劳动合同规定的赔偿办法》规定，由于用人单位的原因订立无效的劳动合同，或者订立部分无效劳动合同，对劳动者造成损害的，应按下列规定赔偿劳动者损失：

（1）造成劳动者工资收入损失的，按照劳动者本人应得工资收入支付给劳动者，并加付应得工资收入25%的赔偿费用。

（2）造成劳动者劳动保护待遇损失的，应按照国家规定补足劳动者的保护津贴和用品。

（3）造成劳动者工伤、医疗保险待遇损失的，除按照国家规定为劳动者提供工伤、医疗保险待遇外，还应该支付劳动者相当于医疗费用 25% 的赔偿费用。

（4）造成女职工和未成年工身体健康损害的，除按国家规定提供治疗期间的医疗待遇外，还应支付相当于医疗费用 25% 的赔偿费用。

（5）劳动合同约定的其他赔偿费用。

对于上述规定中有关劳动者工资收入损失的赔偿，需要按照《劳动合同法》第 85 条的规定进行认定，符合该条规定的情形，由劳动行政部门责令限期支付劳动报酬、加班费或者经济补偿；劳动报酬低于当地最低工资标准的，应当支付其差额部分；逾期不支付的，责令用人单位按应付金额 50% 以上 100% 以下的标准，向劳动者加付赔偿金。

9.2.3　用人单位与劳动者未依法订立劳动合同的法律责任

1. 用人单位未依法与劳动者签订劳动合同的情形

1）自用工之日起超过一月不满一年未与劳动者订立书面劳动合同

我国《劳动法》明确规定了用人单位和劳动者之间建立劳动关系，应当订立劳动合同，劳动合同应当以书面形式订立。实践中，多数用人单位能够遵守《劳动法》的规定，与劳动者签订书面的劳动合同，但也有一些用人单位无视法律的规定，不与劳动者签订劳动合同，或者不签订书面劳动合同，因此，一旦发生劳动争议，劳动者往往因拿不出劳动合同，而无法维护自己的合法利益。为了切实贯彻劳动合同制，维护劳动者的合法利益，《劳动合同法》第 10 条规定："建立劳动关系，应当订立书面劳动合同。""已建立劳动关系，未同时订立书面劳动合同的，应当自用工之日起一个月内订立书面劳动合同。""用人单位与劳动者在用工前订立劳动合同，劳动关系自用工之日起建立。"

2）违反《劳动合同法》不与劳动者签订无固定期限劳动合同

《劳动合同法》第 14 条已经明确了用人单位应当与劳动者签订无固定期限的劳动合同和应当视为已与劳动者订立无固定期限的劳动合同的情形。劳动者在该用人单位连续工作满十年的；用人单位初次实行劳动合同制度或者国有企业改制重新订立劳动合同时，劳动者在该用人单位连续工作满十年且距法定退休年龄不足十年的；连续订立二次固定期限劳动合同，且劳动者没有《劳动合同法》第 39 条和第 40 条第 1 项、第 2 项规定的情形，续订劳动合同的等三种情形下，如果劳动者提出或者同意续订、订立劳动合同的，除劳动者提出订立固定期限劳动合同外，应当订立无固定期限劳动合同。应当与劳动者签订无固定期限的劳动合同而不签，是要承担法律后果的。

2. 用人单位要承担的法律责任

《劳动合同法》第 82 条规定："用人单位自用工之日起超过一个月不满一年未与劳动者订立书面劳动合同的，应当向劳动者每月支付二倍的工资。用人单位违反本法规定不与劳动者订立无固定期限劳动合同的，自应当订立无固定期限劳动合同之日起向劳动者每月支付二倍的工资。"这一条的规定包含三层含义：一是用人单位自用工之日起一个月内必须与劳动者订立劳动合同；二是劳动合同必须以书面形式订立；三是如果用人单位自用工之日起超过一年不与劳动者订立书面劳动合同的，视为用人单位与劳动者已订立无固定期限劳动合同，直接适用无固定期限劳动合同的有关规定。

1）用人单位承担支付两倍工资的惩罚性赔偿责任

（1）惩罚性责任的含义。《劳动合同法》第 82 条明确了对用人单位的一种惩罚性民事赔偿责任即支付两倍的月工资。所谓惩罚性赔偿又称惩戒性赔偿，是指对受害方的实际损失予以补偿性赔偿之外的赔偿，通常是由侵权方的一些特殊的不当行为所致。惩罚性赔偿制度是英美法国家在侵权行为法领域普遍设立的一种制度。它是指在侵权案件中，法院除判决侵害人向受害人支付补偿性的损失赔偿外，还判决侵害人向受害人支付一定赔偿金，主要用以对侵害人进行惩罚及防止侵害人和其他人再犯类似行为①。《劳动合同法》为了更好地保护劳动者的合法权益，对用人单位故意不签订书面劳动合同或者拖延签订劳动合同，以及故意不与劳动者订立无固定期限劳动合同的违法行为，规定了"应当向劳动者每月支付二倍的工资"这样一个惩罚性的赔偿制度，用于惩罚用人单位的违法行为，同时也是督促用人单位尽快依法与劳动者签订劳动合同，从而保护作为弱者一方的劳动者的合法权益，维护劳动关系的和谐稳定。

（2）规定用人单位惩罚性赔偿责任的理由。由于在我国的劳务市场上出现了一些用人单位为规避法定义务，不愿与劳动者签订长期合同，劳动合同短期化现象严重，对劳动关系的稳定和谐、收入分配制度及职工相关权益落实都产生了消极影响，同时在一定程度上影响了职工的就业稳定感和对企业的归属感，影响了其为企业长期服务的工作热情和职业规划，从长远的观点来看，对企业、劳动者、政府而言都是不利的，最终将影响到国民经济的持续、健康、协调、稳定发展。因此，为了维护劳动者的合法权益，促进劳动关系的和谐稳定，非常有必要在《劳动合同法》中采取措施遏制劳动合同短期化，更好地维护劳动者的就业稳定权。

（3）用人单位支付双倍的工资。根据《劳动合同法》第82条的规定，用人单位在两种情况下要支付双倍的工资。① 用人单位自用工之日起超过1个月不满一年未与劳动者订立书面劳动合同的，用人单位要向劳动者每月支付二倍工资。支付两倍工资的起算时间为用工之日起满一个月的次日，截止时间为补订书面劳动合同的前一日。② 用人单位自用工之日起满一年未与劳动者订立书面劳动合同的，自用工之日起满一个月的次日至满一年的前一日应当依照《劳动合同法》第82条的规定向劳动者每月支付两倍的工资。③ 用人单位违反《劳动合同法》的规定，不与劳动者订立无固定期限劳动合同的，自应当订立无固定期限劳动合同之日起向劳动者每月支付二倍的工资。这里所说的"应当订立无固定期限劳动合同之日"应当理解为《劳动合同法》第14条第2、3款规定的三种情形到来之日。一是劳动者在同一用人单位连续工作满10年后的次日。如某一劳动者1999年3月1日进入某企业工作，到2009年3月1日已在该企业连续工作10年，如果该劳动者在2009年3月1日原固定期限劳动合同期满前或者期满当日提出续订劳动合同的，则2009年3月2日为"应当订立无固定期限劳动合同之日"。二是在劳动者在同一用人单位连续工作满十年且距法定退休年龄不足十年的情况下，用人单位初次实行劳动合同制度或者国有企业改制重新订立劳动合同的日子。如某一职工已经在某一企业连续工作十年，此时他已经54岁，距60岁的退休年龄不足10年，在此情况下，如果其所在单位进行改制，确定于2008年5月1日重新与职工订立劳动合同，则这一天即为"应当订立无固定期限劳动合同之日"。三是劳动者与企业连续订立两次固定期限劳动合同，且该劳动者没有《劳动合同法》第39条、第41条第1、2项规定的情形，在此情况下，第二次签订的劳动合同期满之次日，就是应当签订无固定期限劳

---

① 赫荣平. 论惩罚性赔偿制度在我国的建立和移植. 辽宁行政学院学报，2002（6）.

动合同的时间。这里需要注意的是，若劳动者的工资不明确，应当根据《劳动合同法》第11 条的规定来确定，即应当按照集体合同规定的标准执行，没有集体合同或者集体合同未规定的，按同工同酬来确定。如果用人单位没有遵守这一规定向劳动者每月支付二倍的工资，根据《劳动保障监察条例》以及劳动争议处理法律法规的规定，劳动者可以向劳动行政部门（监察机构）投诉或者依法申请劳动争议仲裁，向人民法院提起诉讼。

2）补订无固定期限书面劳动合同

用人单位未与劳动者订立书面劳动合同、违法不与劳动者订立无固定期限劳动合同，根据《劳动合同法》第 82 条以及《劳动合同法实施条例》第 6 条、第 7 条的规定，用人单位除要支付双倍的工资外，还要承担补订书面劳动合同的责任。需要补订无固定期限的劳动合同的情况是：① 用人单位自用工之日起超过 1 月不满一年不与劳动者订立书面劳动合同的，除支付双倍的工资外，要与劳动者补订劳动合同；② 用人单位自用工之日起满一年未与劳动者订立书面劳动合同的，除支付两倍工资外，并视为自用工之日起满一年的当日已经与劳动者订立无固定期限劳动合同，应当立即与劳动者补订书面劳动合同。

9.2.4 用人单位与劳动者违法约定试用期的法律责任

1. 用人单位与劳动者违法约定试用期的情形

《劳动合同法》第 17 条、第 19 条、第 20 条、第 21 条、第 70 条对试用期作了比较详细的规定。用人单位违反《劳动合同法》规定与劳动者约定试用期的情形包括以下几点。

（1）约定的试用期超过法律规定的最高时限的。《劳动合同法》第 19 条对不同期限、不同种类的劳动合同规定了长短不同的试用期，如果用人单位与劳动者约定的试用期超过了法律规定的最长时限就是违法的。举个例子，某企业与劳动者签订了为期 2 年的劳动合同，并同时约定试用期 6 个月，这样一个关于试用期的约定，根据《劳动合同法》第 19 条的规定就是违法的，因为违反了"劳动合同期限 1 年以上不满 3 年的，试用期不得超过 2 个月"的规定。这里应该注意的是，法律只对试用期的最长时限有要求，用人单位与劳动者约定的试用期只要等于或者短于法律规定的最高时限，都是合法有效的。

（2）同一用人单位与同一劳动者约定了超过一次的试用期的。《劳动合同法》第 19 条明确规定："同一用人单位与同一劳动者只能约定一次试用期。"假如某一劳动者与用人单位已经约定过了一次试用期，如果该劳动者在同一用人单位内调换了新的工作岗位，在此情况下，如果用人单位因此而又与他约定了一次试用期，则这一次的约定就是违法的，因为违反了同一用人单位与同一劳动者只能约定一次试用期的法律规定。

（3）法律规定不得约定试用期而约定的。《劳动合同法》第 19 条第 3 款规定，以完成一定工作任务为期限的劳动合同或者劳动合同期限不满三个月的，不得约定试用期。第 70条规定，非全日制用工双方当事人不得约定试用期。如果用人单位在以上情形中与劳动者约定了试用期，就是违法的。比如，某一企业与劳动者签订了两个月的劳动合同，却同时约定试用期为 30 天，则这一试用期的约定就违反了法律的强制性规定，是违法的。

（4）劳动合同仅约定试用期或者劳动合同期限与试用期相同的。《劳动合同法》第 19条第 4 款规定："试用期包含在劳动合同期限内。劳动合同仅约定试用期的，试用期不成立，该期限为劳动合同期限。"试用期只是劳动合同中约定的一个条款，不是一个独立的合同，也不是一个独立的期限。如果仅仅约定试用期而不订立劳动合同，或者劳动合同仅仅约定试用期则是违法的。法律作这样的规定，是为了防止一些用人单位滥用试用期，利用劳动者在试用期的工资相对较低，同时解雇处于试用期的劳动者也相对容易的特点，侵害劳动者的合法权益。

2. 用人单位违法约定试用期的法律责任

根据《劳动合同法》第83条的规定，用人单位违反《劳动合同法》规定与劳动者约定试用期的，由用人单位以劳动者试用期满月工资为标准，按已经履行的超过法定试用期的期间向劳动者支付赔偿金。用人单位违反本规定与劳动者约定试用期的责任如下。

（1）责令改正。违法约定的试用期尚未履行的，由劳动行政部门责令用人单位予以改正，使之符合《劳动合同法》的规定。

（2）支付赔偿金。违法约定的试用期已经履行的，由用人单位以劳动者试用期满月工资为标准，按已经履行的超过法定试用期的期间向劳动者支付赔偿金。如法定试用期为两个月，用人单位违法与劳动者约定了六个月的试用期。如果这个试用期已经履行了，支付赔偿金的期间就是从试用期的第三个月到第六个月。假如劳动者与用人单位签订的劳动合同期限为三年，按照《劳动合同法》的规定，试用期不得超过六个月；但该用人单位与劳动者签订了一年的试用期，并约定试用期满后的月工资为每个月1 200元。在此情况下，用人单位约定的试用期是违法的，因为超过了六个月的最高时限，如果劳动者已经实际履行了十个月的试用期，则用人单位应当向该劳动者支付赔偿金，支付赔偿金的期间为已经履行的超过法定试用期的期间，即十个月减去法定的最高时限六个月的期间，是四个月。在这个例子中用人单位应当向劳动者支付1 200×4＝4 800元赔偿金。

需要注意的是，第一，对于违法约定的试用期，只要劳动者已经实际履行，用人单位要按照已经履行的超过法定试用期的期间向劳动者支付赔偿金，对于劳动者尚未履行的期间，则用人单位不需要支付赔偿金。第二，支付赔偿金也不能代替正常的劳动报酬。如果劳动者实际履行的试用期超过了法定的最高时限，用人单位除了向劳动者支付赔偿金外，还要向劳动者支付劳动合同约定的试用期满后的月工资，实际上等于在劳动者已经实际履行的超过法定最高时限的期间内，用人单位需要向劳动者支付双倍的工资，以惩罚用人单位违反约定试用期的行为。第三，用人单位应当向劳动者支付赔偿金的期间为超过法定试用期的期间。在上面的例子中，如果劳动者实际只履行了4个月的试用期，此时因为实际履行的期限没有超过六个月的法定最高时限，则用人单位不需要向劳动者支付赔偿金，但要改正违法行为，将试用期的约定限定在法定的最高时限内。

9.2.5 用人单位违法扣押证件、违法向劳动者收取财物的法律责任

《劳动合同法》第84条规定："用人单位违反本法规定，扣押劳动者居民身份证等证件的，由劳动行政部门责令限期退还劳动者本人，并依照有关法律规定给予处罚。用人单位违反本法规定，以担保或者其他名义向劳动者收取财物的，由劳动行政部门责令限期退还劳动者本人，并以每人五百元以上二千元以下的标准处以罚款；给劳动者造成损害的，应当承担赔偿责任。劳动者依法解除或者终止劳动合同，用人单位扣押劳动者档案或者其他物品的，依照前款规定处罚。"这是对用人单位违法扣押劳动者证件，违法向劳动者收取财物的规定。

1. 用人单位违法扣押证件、违法向劳动者收取财物的情形

（1）扣押劳动者的证件。劳动者证件是证明劳动者身份、经历的凭证，除了居民身份证外，还包括劳动者的户口簿、毕业证、学位证、护照、职业资格证书等重要的个人证件。针对一些用人单位在招工、用工过程中违法扣押劳动者的居民身份证等证件的行为，违反了《劳动合同法》关于用人单位招用劳动者，不得扣押劳动者的居民身份证和其他证件的规定。

（2）违法向劳动者收取财物的行为。实践中常见的担保是，用人单位要求劳动者以一定数额的货币作为"入厂押金"或者是要求劳动者提供保证人。实践中一些用人单位往往要求劳动者，特别是非本地户口的劳动者提供财物担保才能录用，这一问题的存在严重侵犯了劳动者的合法权益，同时也是对外来务工人员在就业方面的歧视性行为。为了惩治这一违法行为，保护劳动者的合法权益，《劳动合同法》第 9 条明确规定了用人单位不得要求劳动者提供担保或者以其他名义向劳动者收取财物。对于用人单位违反这一规定要求劳动者提供担保、向劳动者收取财物的，依据第 84 条第 2 款规定由劳动行政部门责令限期退还劳动者本人，并以每人 500 元以上 2 000 元以下的标准处以罚款；给劳动者造成损害的，应当承担赔偿责任。

2. 用人单位承担的法律责任

（1）责令限期退还劳动者的证件和财物。根据《劳动合同法》第 84 条的规定，用人单位扣押劳动者居民身份证等证件、以担保或者其他名义向劳动者收取财物，由劳动行政部门责令限期退还劳动者本人。

（2）接受罚款。罚款有两个方面。一是按《劳动合同法》第 84 条第 1 款的规定，用人单位违反《劳动合同法》规定，扣押劳动者居民身份证等证件的，除由劳动行政部门责令期限退还劳动者本人外，还要依照有关法律规定给予处罚。而根据《居民身份证法》第 15 条、第 16 条的规定，非法扣押他人居民身份证的由公安机关给予警告，并处以 200 元以下的罚款，有违法所得的，没收违法所得。二是非法收取财物的罚款。根据《劳动合同法》第 84 条第 2 款的规定，用人单位以担保或者其他名义向劳动者收取财物，由劳动行政部门责令期限退还劳动者本人，并以每人 500 元以上 2 000 元以下的标准处以罚款；给劳动者造成损害的，用人单位应当承担赔偿责任。

（3）承担赔偿责任。如果用人单位扣押劳动者居民身份证等证件、以担保或者其他名义向劳动者收取财物，给劳动者造成损害的，用人单位应当承担赔偿责任。

9.2.6　用人单位违反劳动报酬、经济补偿等的法律责任

1. 用人单位违反劳动报酬、经济补偿等的情形

根据《劳动合同法》的规定，用人单位未依照劳动合同的约定或者未依照《劳动合同法》的规定支付劳动者劳动报酬和经济补偿金的情形包括以下方面。

1）用人单位未按照劳动合同的约定或者国家规定及时足额支付劳动者劳动报酬

《劳动合同法》第 30 条规定，用人单位应当按照劳动合同约定和国家规定，向劳动者及时足额支付劳动报酬。《劳动法》、《劳动保障监察条例》、劳动部颁布的《工资支付暂行规定》等法律法规对用人单位应当及时足额支付劳动报酬，也作出了明确的规定。实践中，用人单位违反这一规定情形如下。

（1）用人单位未按照劳动合同的约定或者《劳动合同法》的规定按时支付劳动报酬的。如果用人单位与劳动者签订的劳动合同中规定，用人单位应当在每月第3日支付劳动者上个月的工资报酬，但用人单位没有履行这一约定，拖延不予支付的，则属于第85条规定的及时支付工资报酬的违法行为。另外，对于非全日制劳动用工形式，《劳动合同法》第72条规定："非全日制用工劳动报酬结算支付周期最长不得超过15日。"如果用人单位违反了这一规定，超过15日给劳动者结算工资报酬，则也属于未及时支付，应承担责任。

（2）用人单位未依照劳动合同的约定或者依照劳动合同的规定足额支付劳动报酬的。《劳动合同法》明确规定，用人单位应当按照国家规定和劳动合同约定及时足额发放劳动报酬。如果用人单位与劳动者在劳动合同中约定工资为每月1 200元，但是用人单位却只支付给劳动者1 000元，则属于未足额发放工资，是违法的。

（3）用人单位支付在试用期间的劳动者的工资低于《劳动合同法》规定的。《劳动合同法实施条例》第15条明确规定："劳动者在试用期的工资不得低于本单位相同岗位最低档工资的80%或者不得低于劳动合同约定工资的80%，并不得低于用人单位所在地的最低工资标准。"《劳动法》第48条规定："国家实行最低工资保障制度。最低工资的具体标准由省、自治区、直辖市人民政府规定，报国务院备案。用人单位支付劳动者的工资不得低于当地最低工资标准。"最低工资标准无论是对已经签订了正式劳动合同的劳动者，还是处于试用期劳动者都适用。实行最低工资保障制度，对于适应社会主义市场经济要求，推动劳动力市场建设和工资分配法制化，充分保障劳动者合法权益具有重要意义。目前全国各省、自治区、直辖市都制定了本地的最低工资标准，这一标准无论是对已经签订了正式劳动合同的劳动者，还是处于试用期的劳动者都适用。如果用人单位与劳动者约定的月工资低于这一标准则是违法的。即使双方已经签订了劳动合同，仍然因为违反了法律的强制性规定而无效。此外，对于非全日制用工的报酬，《劳动合同法》明确规定，非全日制用工小时计酬标准不得低于用人单位所在地人民政府规定的最低小时工资标准。

（4）用人单位没有依法提高劳动者在服务期间的劳动报酬的。《劳动合同法》第22条明确规定："用人单位与劳动者约定服务期的，不影响按照正常的工资调整机制提高劳动者在服务期期间的劳动报酬。"用人单位违反这一规定，没有按照正常的工资调整机制提高劳动者在服务期间的劳动报酬的，则属于应承担责任的行为。

（5）安排加班不支付加班费。《劳动合同法》第31条规定，用人单位安排加班的，应当按照国家有关规定向劳动者支付加班费。《劳动法》也明确规定用人单位安排劳动者在每日正常工作时间之外延长工作时间，以及在休息日、法定节假日加班，应当按照法定标准支付加班加点工资。我国《劳动法》第44条规定："有下列情形之一的，用人单位应当按照下列标准支付高于劳动者正常工作时间工资的工资报酬：第一，安排劳动者延长工作时间的，支付不低于工资的百分之一百五十的工资报酬；第二，休息日安排劳动者工作又不能安排补休的，支付不低于工资的百分之二百的工资报酬；第三，法定休假日安排劳动者工作的，支付不低于工资的百分之三百的工资报酬。"如果用人单位安排劳动者加班，却不依据劳动法的上述规定支付加班工资，属于违法行为，应当承担相应的法律责任。如果用人单位违反以上法律的规定，包括安排加班加点不支付加班加点工资，或者支付的加班加点工资低于法定标准的，则属于违法行为。

2）解除或者终止劳动合同，未依照本法规定向劳动者支付经济补偿

《劳动合同法》第46条规定了用人单位应当向劳动者支付经济补偿的六种情形，包括劳动者因用人单位侵犯劳动者合法权益解除劳动合同的；劳动者因身体或者能力原因以及客观情况发生重大变化等导致劳动合同解除的；用人单位因依法破产重整而与劳动者解除劳动合同的；用人单位与劳动者协商一致解除劳动合同的；在用人单位维持或者提高劳动合同约定条件下，劳动者不愿意续订劳动合同的；以及因用人单位破产、解散、被吊销营业执照或者责令关闭而导致的劳动合同终止等。对于发生上述情形的，用人单位应当依照《劳动合同法》第47条的规定，根据劳动者在单位工作的年限，按每满一年支付一个月工资的标准向劳动者支付经济补偿，对六个月以上不满一年的，按一年计算补偿金；不满六个月的，向劳动者支付半个月工资的经济补偿金。经济补偿金由用人单位一次性支付给劳动者。如果用人单位没有依法向劳动者支付经济补偿金，则属于违法行为，《劳动合同法》第85条明确规定了相应的法律责任。

2. 用人单位承担的法律责任

（1）责令限期支付。由劳动行政部门责令用人单位限期向劳动者支付劳动报酬、加班费或者经济补偿；劳动报酬低于当地最低工资标准的，应当支付其差额部分。

（2）支付赔偿金。如果用人单位不执行劳动行政部门责令限期支付的决定，逾期仍不支付以上劳动报酬、加班费、经济补偿、最低工资的，则劳动行政部门应当责令用人单位按应付金额50%以上100%以下的标准向劳动者加付赔偿金。这里的赔偿金是惩罚性赔偿，由劳动行政部门作出由用人单位给予赔偿的决定。这里"逾期不支付的，责令用人单位按应付金额50%以上100%以下的标准向劳动者加付赔偿金"的规定，是一种类似加处罚款的处罚措施。《行政处罚法》规定，当事人逾期不缴纳罚款的，行政机关可以按日加收罚款数额3%的罚款，目的是督促当事人履行行政处罚决定。同样道理，对于用人单位逾期不向劳动者支付应当支付的费用，通过加收一定数额赔偿金的手段，促使用人单位履行支付义务，以保护劳动者的合法权益。因此，责令用人单位加付赔偿金的前提是用人单位没有按照劳动行政部门规定的履行期限履行其向劳动者支付相关费用的法定义务。如果用人单位发生第85条所述的违法行为，在劳动行政部门发出限期支付劳动报酬、加班费，或者解除以及终止劳动合同的经济补偿等费用的责令后，该用人单位即在劳动行政部门规定的期限内履行了其支付义务的，则不必再按应付金额50%以上100%以下的标准向劳动者加付赔偿金。

9.2.7 用人单位违法解除或者终止劳动合同的法律责任

1. 用人单位违法解除或者终止劳动合同的情形

《劳动合同法》第87条规定，用人单位违反本法规定解除或者终止劳动合同的，应当依照本法第47条规定的经济补偿标准的二倍向劳动者支付赔偿金。对于用人单位违反本条规定解除或者终止劳动合同的行为主要有两种。

1）用人单位违法解除劳动合同

（1）用人单位在《劳动合同法》明确规定不得解除劳动合同的情形下，与劳动者解除劳动合同。《劳动合同法》第42条规定，劳动者有下列情形之一的，用人单位不得依照《劳动合同法》第40条、第41条的规定解除劳动合同。这些情形是：从事接触职业病危害作业的劳动者未进行离岗前职业健康检查，或者疑似职业病病人在诊断或者医学观察期间

的；在本单位患职业病或者因工负伤并被确认丧失或者部分丧失劳动能力的；患病或者非因工负伤，在规定的医疗期内的；女职工在孕期、产期、哺乳期的；在本单位连续工作满15年，且距法定退休年龄不足5年的；法律、行政法规规定的其他情形。为了保障处于特定情形下劳动者的权益，《劳动合同法》特别规定了用人单位在劳动者处于上述情形之下，不得以《劳动合同法》第40条和第41条的规定解除劳动合同，否则就应当按照本条的规定承担相应的法律责任。

（2）用人单位在解除劳动合同时，没有遵守法定的程序。第一，违反应当提前30天通知劳动者本人或者额外支付劳动者一个月工资后解除劳动合同的程序。《劳动合同法》第40条明确规定了用人单位可以提前30日以书面形式通知劳动者本人或者额外支付劳动者一个月工资后解除劳动合同的三种情形，一是劳动者患病或者非因工负伤，在规定的医疗期满后不能从事原工作，也不能从事由用人单位另行安排的工作的；二是劳动者不能胜任工作，经过培训或者调整工作岗位，仍不能胜任工作的；三是劳动合同订立时所依据的客观情况发生重大变化，致使劳动合同无法履行，经用人单位与劳动者协商，未能就变更劳动合同内容达成协议的。如果在劳动者出现这三种法定的情形时，用人单位虽有权解除劳动合同，但应提前30天以书面形式通知劳动者本人或者额外支付劳动者一个月工资后，解除劳动合同。如用人单位解除劳动合同时没有遵守该法定程序，仍属于《劳动合同法》第87条规定的"用人单位违反本法规定解除或者终止劳动合同的"情况，应当按照《劳动合同法》第47条规定的经济补偿标准的二倍向劳动者支付赔偿金。第二，违反经济裁员的程序。《劳动合同法》第41条规定，用人单位在法定情形下进行经济裁员，达到法定人数的，必须提前30日向工会或者全体职工说明情况，听取工会或者职工的意见后，裁减人员方案经向劳动行政部门报告，才可以实施。用人单位在裁减人员时，应当优先留用该条所列人员。如果用人单位在裁减人员时没有遵守裁员程序的规定，则其行为违法。第三，单方解除劳动合同没有通知工会。《劳动合同法》第43条规定，用人单位单方解除劳动合同，应当事先将理由通知工会。用人单位违反法律、行政法规规定或者劳动合同约定的，工会有权要求用人单位纠正。用人单位应当研究工会的意见，并将处理结果书面通知工会。根据最高人民法院《劳动争议司法解释四》第12条明确规定："建立了工会组织的用人单位解除劳动合同符合《劳动合同法》第39条、第40条规定，但未按照《劳动合同法》第43条规定事先通知工会，劳动者以用人单位违法解除劳动合同为由请求用人单位支付赔偿金的，人民法院应予支持，但起诉前用人单位已经补正有关程序的除外。"此条规定明确了在单位已经建立了工会组织的情况下，用人单位依照《劳动合同法》第39条、第40条规定单方解除劳动合同，未通知工会的属违法解雇行为。用人单位要承担支付赔偿金的责任。

2）用人单位违法终止劳动合同的情形

第一，用人单位在不符合法定情形的情况下终止劳动合同。根据《劳动合同法》第44条的规定，终止劳动合同必须符合法定情形。如果用人单位在不具备法定情形时与劳动者终止劳动合同，属于违法行为。第二，用人单位在法律禁止终止劳动合同的情形出现时，仍然与劳动者终止劳动合同。根据《劳动合同法》第45条的规定，劳动合同期满，但有从事接触职业病危害作业的劳动者未进行离岗前职业健康检查，或者疑似职业病病人在诊断或者医学观察期间的；在本单位患职业病或者因工负伤并被确认丧失或者部分丧失劳动能力的；患病或者非因工负伤，在规定的医疗期内的；女职工在孕期、产期、哺乳期的；在本单位连续工作满十五年，且距法定退休年龄不足五年的；法律、行政法规规定的其他情形等情况之一的，劳动合同应当续延至相应的情形消失时终止。如果用人单位在这些情形出现的情况下，仍然与劳动者终止劳动合同，则其行为违法。

2. 用人单位违法解除或者终止劳动合同的法律责任

（1）支付赔偿金。用人单位违反《劳动合同法》规定解除或者终止劳动合同，应当依照第 47 条规定的经济补偿标准的 2 倍向劳动者支付赔偿金。

（2）支付赔偿金的例外。用人单位违反《劳动合同法》规定解除或者终止劳动合同的，劳动者要求继续履行劳动合同，用人单位同意继续履行的，可以不向劳动者支付赔偿金。因为规定赔偿金的目的是对用人单位违反《劳动合同法》规定解除或者终止劳动合同的一种惩罚，也是对劳动者的一种赔偿，如果劳动者要求继续履行劳动合同，用人单位同意继续履行，用人单位不向劳动者支付赔偿金的，则可以鼓励用人单位纠正其违法行为，继续履行合同，保障劳动者的合法权益。

3. 用人单位在解除或终止劳动合同后没有依法出具书面证明的责任

（1）用人单位在解除或终止劳动合同后依法出具书面证明是其后合同义务。《劳动合同法》第 89 条规定，用人单位应该向劳动者具解除或者终止劳动合同的书面证明，否则要承担一定责任。劳动合同制度是我国重要的法律制度，劳动合同的订立明确了用人单位与劳动者之间的法律关系。用人单位与劳动者在劳动合同关系存续期间根据法律的规定或者劳动合同的约定享受权利、履行义务。但是完整的劳动合同权利、义务并不仅仅存在劳动合同关系存续期间，还包括先劳动合同义务和后劳动合同义务。先合同义务、后合同义务是合同法上的一个概念。先合同义务指当事人为缔约而接触时，基于诚实信用原则而发生的各种说明、告知、注意以及保护等义务。合同关系终止后，当事人依据诚实信用原则应负有某种作为或者不作为义务，以维护给付效果，或者协助对方处理合同终了善后事务，称为后合同义务。我国《合同法》第 92 条规定："合同的权利义务终止后，当事人应当遵循诚实信用原则，根据交易习惯履行通知、协助、保密等义务。"这一规定明确确定了合同的后合同义务。虽然劳动合同在性质上与合同法意义上平等主体的自然人、法人或者其他组织之间设立、变更、终止民事权利义务关系的合同有着显著的区别，是用人单位与劳动者在遵循合法、公平、平等自愿、协商一致的基础上就双方的权利义务达成的一种协议，但是基于诚实信用的原则同样也存在后劳动合同义务。毕竟劳动合同也是在双方自愿的基础上协商的结果，属于民事法律关系，当然也应该适用诚实信用原则来处理。后劳动合同义务是劳动合同解除、终止后劳动者与用人单位根据法律规定或者原劳动合同的约定负有的作为或者不作为义务。《劳动合同法》第 50 条规定："用人单位应当在解除或者终止劳动合同时出具解除或者终止劳动合同的证明，并在十五日内为劳动者办理档案和社会保险关系转移手续。"这一规定明确了在劳动合同解除或者终止后，用人单位应当承担为出具解除或者终止劳动合同证明的后劳动合同义务。劳动合同的后合同义务与原劳动合同有较强的关联性，后劳动合同义务实际上是劳动合同权利义务的延伸，是以原劳动合同的存在为前提的。在劳动合同解除或者终止时，用人单位应当履行后劳动合同义务。违反后合同义务与违反一般合同义务相同，产生债务不履行责任。在实践中人们常常重视劳动合同义务的履行，但在劳动合同解除、终止后忽视了后劳动合同义务的履行，侵害了劳动者享受失业保险待遇的权利、再就业的权利等合法权益。为平衡双方的权利义务关系，有效遏制用人单位不履行后劳动合同义务的违法行为，保护劳动者的合法权益，《劳动合同法》明确规定了用人单位未向劳动者出具解除或者终止劳动合同的书面证明这个后劳动合同义务所应当承担的责任。

（2）用人单位在解除终止劳动合同后没有依法出具书面证明的法律责任。《劳动合同法》第89条规定，用人单位未依法向劳动者出具解除或者终止劳动合同的书面证明要承担法律责任。第一，由劳动行政部门责令其改正。用人单位未依法向劳动者出具解除或者终止劳动合同的书面证明，未给劳动者造成损害的，应当由劳动行政部门责令其改正。也就是说，由劳动行政部门要求用人单位在一定期限内向劳动者出具解除或者终止劳动合同的书面证明。并且《劳动合同法实施条例》第24条规定："用人单位出具的解除、终止劳动合同的证明，应当写明劳动合同期限、解除或者终止劳动合同的日期、工作岗位、在本单位的工作年限。"第二，承担赔偿责任。用人单位未依法向劳动者出具解除或者终止劳动合同的书面证明，对给劳动者造成损害的，应当承担赔偿责任。如《失业保险条例》第16条规定："城镇企业事业单位应当及时为失业人员出具终止或者解除劳动关系的证明，告知其按照规定享受失业保险待遇的权利，并将失业人员的名单自终止或者解除劳动关系之日起7日内报社会保险经办机构备案。"因此，如用人单位不按规定出具解除或者终止劳动合同的书面证明给劳动者享受失业保险待遇等造成损害的，应当依法承担赔偿责任。

4. 在解除和终止劳动合同后不得扣押劳动者的档案或者其他物品

不得以扣押档案或者其他物品的方式对劳动者进行刁难和打击报复。对于违反这一规定的用人单位，要承担的责任是：由劳动行政部门责令用人单位限期将非法扣押的档案或者其他物品退还劳动者本人，按每一名劳动者500元以上2000元以下的标准处以罚款；对劳动者造成损害的，用人单位应当承担赔偿责任。

9.2.8 用人单位侵犯劳动者人身权益的法律责任

1. 用人单位侵犯劳动者人身权益的法定情形

依据《劳动合同法》第88条的规定，用人单位侵犯劳动者人身权益的行为包括以下几点。

（1）以暴力、威胁或者非法限制人身自由的手段强迫劳动的。这是指用人单位以殴打、侮辱、拘禁劳动者或者威胁杀害、伤害劳动者，或者非法限制劳动者的人身自由等为手段，强迫劳动者劳动。强迫劳动，主要是指违背劳动者的意愿，强迫劳动者进行超体力的劳动，或者强迫进行长时间劳动而不给予必要的休息，或者强迫劳动者劳动而不支付劳动报酬或者只支付少量报酬等。

（2）违章指挥或者强令冒险作业危及劳动者人身安全的。"违章指挥"是指用人单位违反安全生产和职业病防治法律法规以及安全生产操作规程等，指挥劳动者从事劳动。"强令冒险作业"是指在存在安全隐患和职业病隐患的情况下，用人单位强行命令劳动者冒着人身危险作业。

（3）侮辱、体罚、殴打、非法搜查或者拘禁劳动者的。只要用人单位存在侮辱、体罚、殴打、非法搜查或者拘禁劳动者的行为就违法，而不论用人单位是否强迫劳动者进行劳动。

（4）劳动条件恶劣、环境污染严重，给劳动者身心健康造成严重损害的。这是指用人单位违反国家有关法律法规的规定和劳动合同的约定，向劳动者提供的劳动条件恶劣、生活工作环境污染严重，从而给劳动者的身心健康造成了严重的损害。

2. 用人单位承担的责任

1）行政责任

行政责任是行政法律关系的主体因违反行政法律、法规规定的法律义务，而由专门国家机关依法追究或者主动承担的否定性法律后果。行政责任是指对用人单位侵犯劳动者人身权益的行政违法行为，应当依法给予的行政处罚。《劳动合同法》第 88 条的行政违法行为主要包括违反治安管理的行为以及违反行政管理规定的行为。违反治安管理的行为是指扰乱公共秩序，妨害公共安全，侵犯人身权利、财产权利，妨害社会管理，具有社会危害性但是尚不够刑事处罚的标准，依法应当由公安机关依照治安管理处罚法给予治安管理处罚的行为。《劳动合同法》第 88 条第 1、2、3 项规定的情形，属于违反治安管理的行为，用人单位可能因违反《治安管理处罚法》的规定而被依法给予相应的行政处罚。如依据《治安管理处罚法》第 40 条的规定，对于以暴力、威胁或者其他手段强迫他人劳动的行为，应处 10 日以上 15 日以下拘留，并处 500 元以上 1 000 元以下罚款；情节较轻的，处 5 日以上 10 日以下拘留，并处 200 元以上 500 元以下罚款。《劳动合同法》第 88 条第 4 项的情形属于违反行政管理规定的行为，应根据相应的行政法规、规章的规定给予行政处罚。

2）刑事责任

刑事责任是指犯罪人实施刑法所禁止的作为或者不作为的行为后向国家担负的刑事法律后果。刑事责任具有强制性和严厉性、惩罚性的特征。强制性是指刑事责任是一种强制犯罪人向国家负的法律责任，反映了国家的强制地位与犯罪人的服从和负担地位。犯罪人实施了国家禁止性的行为，从而为国家所不能容忍。国家一方面通过刑法对这种行为作出否定的评价，另一方面对犯罪者加以谴责，并令其承担一定的刑事法律后果；严厉性是指刑事责任是性质最为严重、否定性评价最为强烈、制裁后果最为严厉的法律责任。刑事责任通常跟刑罚联系在一起，而刑罚是国家最严厉的制裁方法，它不仅可以剥夺犯罪人的财产权和政治权，还可以限制或有期、无期地剥夺犯罪人的人身自由，甚至可以剥夺犯罪人的生命。根据《劳动合同法》第 88 条的规定，用人单位可能因违反刑法的下列条款构成犯罪，被依法追究相应的刑事责任。①《刑法》第 134 条规定，在生产、作业中违反有关安全管理的规定，因而发生重大伤亡事故或者造成其他严重后果的，处三年以下有期徒刑或者拘役；情节特别恶劣的，处三年以上七年以下有期徒刑。强令他人违章冒险作业，因而发生重大伤亡事故或者造成其他严重后果的，处五年以下有期徒刑或者拘役；情节特别恶劣的，处五年以上有期徒刑。②《刑法》135 条规定，安全生产设施或者安全生产条件不符合国家规定，因而发生重大伤亡事故或者造成其他严重后果的，对直接负责的主管人员和其他直接责任人员，处三年以下有期徒刑或者拘役；情节特别恶劣的，处三年以上七年以下有期徒刑。③《刑法》第 232 条规定，故意杀人的，处死刑、无期徒刑或者十年以上有期徒刑；情节较轻的，处三年以上十年以下有期徒刑。④《刑法》第 233 条规定，过失致人死亡的，处三年以上七年以下有期徒刑；情节较轻的，处三年以下有期徒刑。本法另有规定的，依照规定。⑤《刑法》第 234 条规定，故意伤害他人身体的，处三年以下有期徒刑、拘役或者管制。犯前款罪，致人重伤的，处三年以上十年以下有期徒刑；致人死亡或者以特别残忍手段致人重伤造成严重残疾的，处十年以上有期徒刑、无期徒刑或者死刑。本法另有规定的，依照规定。⑥《刑法》第 135 条规定，过失伤害他人致人重伤的，处三年以下有期徒刑或者拘役。本法另有规定的，依照规定。⑦《刑法》第 238 条规定，非法拘禁他人或者以其他方法非法剥夺他人人身自由的，处三年以下有期徒刑、拘役、管制或者剥夺政治权利。具有殴打、侮辱情节的，从重处罚。犯前款罪，致人重伤的，处三年以上十年以下有期徒刑；致人死亡的，处十年以上有期徒刑。使用暴力致人伤残、死亡的，依照本法第234条、第232条的规定定罪处罚。⑧《刑法》第244条规定，用人单位违反劳动管理法规，以限制人身自由方法强迫职工劳动，情节严重的，对直接责任人员，处三年以下有期徒刑或者拘役，并处或者单处罚金。违反劳动管理法规，雇用未满十六周岁的未成年人从事超强度体力劳动的，或者从事高空、井下作业的，或者在爆炸性、易燃性、放射性、毒害性等危险环境下从事劳动，情节严重的，对直接责任人员，处三年以下有期徒刑或者拘役，并处罚金；情节特别严重的，处三年以上七年以下有期徒刑，并处罚金。有前款行为，造成事故，又构成其他犯罪的，依照数罪并罚的规定处罚。⑨《刑法》第245条规定，非法搜查他人身体、住宅，或者非法侵入他人住宅的，处三年以下有期徒刑或者拘役。⑩《刑法》第246条规定，以暴力或者其他方法公然侮辱他人或者捏造事实诽谤他人，情节严重的，处三年以下有期徒刑、拘役、管制或者剥夺政治权利。前款罪，告诉的才处理，但是严重危害社会秩序和国家利益的除外。

3）民事责任

用人单位的行为对劳动者造成损害的，应当承担赔偿责任。这里的赔偿责任是对劳动者因用人单位违反行为而造成的实际损害的赔偿；既包括对劳动者直接损害的赔偿，也包括间接损害的赔偿，既包括对劳动者物质损害的赔偿，也包括精神损害赔偿。

当然在执法过程中，应该注意行政责任、刑事责任、民事责任三者之间的区别联系，正确划分三者之间的界限，并注意相关部门之间职责的衔接，从而正确适用法律。

9.2.9　用人单位的其他法律责任

1. 用人单位招用与其他用人单位尚未解除或者终止劳动合同的劳动者的法律责任

根据《劳动合同法》第91条的规定，用人单位招用与其他用人单位尚未解除或者终止劳动合同的劳动者，给其他用人单位造成损失的，应当承担连带赔偿责任。

1）承担法律责任的构成要件

（1）用人单位有招用与其他用人单位尚未解除或者终止劳动合同的劳动者的行为，即用人单位招用劳动者时，该劳动者与其他用人单位仍然存在劳动关系。今日的商业竞争越来越激烈，优秀的员工成为企业维持生存、保持竞争优势的关键所在。这些员工在单位任职期间所获取的劳动技能、客户资源以及商业秘密、技术秘密都成为一种重要的战略资源，因此，恶意挖人成为一些企业提升竞争力的一种捷径。我国《劳动法》并没有明文规定禁止劳动者的兼职行为。但用人单位雇佣这种与其他用人单位尚未解除劳动合同的劳动者，很容易给其他用人单位造成损害。

（2）用人单位招用劳动者的行为给其他用人单位造成损失的。这种损失应当是现实存在的，比如可能是再次招工的费用，也可能是商业机会丧失等损失。

（3）用人单位招用劳动者的行为与其他用人单位的损失之间存在因果关系。用人单位的损失发生是因为其他用人单位招用了自己已经录用的劳动者。

2）用人单位承担连带赔偿责任

所谓连带赔偿责任，是指两个或两个以上债务人分别就共同债务对债权人承担全部法律责任。连带赔偿责任的实质是债务人之间对债务的清偿有互相担保的责任，债权人可以要求负有连带赔偿责任的一个或多个债务人全部或部分赔偿连带债务。这里的"其他用人单位"是债权人，用人单位和劳动者是债务人。依据连带责任的本质属性，其他用人单位可以向用人单位和劳动者中的任何一方请求全部或部分的损失赔偿，用人单位和劳动者中的任何一方也都有义务向其他用人单位履行赔偿责任。如果一方对其他用人单位的全部损失予以赔偿之后，可以要求另一方承担其应当承担的其他用人单位的损失赔偿的部分。为了明确连带赔偿责任的赔偿范围和责任人应当承担的具体赔偿数额，劳动部《违反〈劳动法〉有关劳动合同规定的赔偿办法》第6条规定："用人单位招用尚未解除劳动合同的劳动者，对原用人单位造成经济损失的，除该劳动者承担直接赔偿责任外，该用人单位应当承担连带赔偿责任。其连带赔偿的份额应不低于对原用人单位造成经济损失总额的70%。向原用人单位赔偿下列损失：（一）对生产、经营和工作造成的直接经济损失；（二）因获取商业秘密给原用人单位造成的经济损失。赔偿本条第（二）项规定的损失，按《反不正当竞争法》第二十条的规定执行。"之所以作连带责任的规定，是因为这种行为往往给其他用人单位造成巨大的损失，劳动者本人可能没有能力对此进行赔偿，而且这种行为扰乱了正常的市场竞争秩序，侵害了其他单位的权益，《劳动合同法》应当对用人单位的这种行为予以规范，以维护正常的市场秩序，促进劳动关系的和谐稳定发展。如果用人单位不承担连带责任，就很难防止一些单位专门利用劳动者获取其他企业资源而造成该企业巨大损失。找劳动者索赔可能会因为劳动者能力有限而不能获得赔偿，导致损失无法挽回，而劳动者则可以在新的单位获得一定补偿。法国等国的《劳动法》对招用尚未解除或者终止劳动合同的劳动者的问题也作了规定。这些国家的法律条款对此规定较严，不仅招用未解除原劳动合同的雇员并造成损失的雇主要承担连带责任，而且招用已解除原劳动合同，如解除行为与新雇主有关，则新顾主也要承担连带责任。

2. 不具备合法经营资格的用人单位的法律责任

1）不具备合法经营资格的用人单位的情形

不具备合法经营资格的用人单位，主要是指该单位没有依照相关法律的规定获得相应的营业执照，具备相应的经营资格。根据国家有关法律法规的规定，这样的用人单位应当予以取缔。根据2003年3月1日起施行的《无照经营查处取缔办法》第4条的规定，无营业执照经营行为主要包括：应当取得而未依法取得许可证或者其他批准文件和营业执照，擅自从事经营活动的无照经营行为；无须取得许可证或者其他批准文件即可取得营业执照而未依法取得营业执照，擅自从事经营活动的无照经营行为；已经依法取得许可证或者其他批准文件，但未依法取得营业执照，擅自从事经营活动的无照经营行为；已经办理注销登记或者被吊销营业执照，以及营业执照有效期届满后未按照规定重新办理登记手续，擅自继续从事经营活动的无照经营行为；超出核准登记的经营范围、擅自从事应当取得许可证或者其他批准文件方可从事的经营活动的违法经营行为。

2）不具备合法经营资格的用人单位的法律责任

对于不具备合法经营资格的用人单位的违法犯罪行为，应当依法追究法律责任。不具备合法经营资格的用人单位不是《劳动法》意义上的合法用工主体，其用工行为并不具有法律上的效力，不会产生履行的效力，即不能产生当事人预期的效果，但并不等于不会产生其他法律后果。对于劳动者已经付出劳动的，该单位应当依照《劳动合同法》有关规定向劳动者支付劳动报酬、经济补偿、赔偿金。该单位被依法取缔的，由其出资人向劳动者支付劳动报酬、经济补偿、赔偿金。不具备合法经营资格的用人单位给劳动者造成损害的，应当承担赔偿责任。

3. 个人承包经营违法招用劳动者的法律责任

《劳动合同法》第 94 条规定，个人承包经营违反本法规定招用劳动者，给劳动者造成损害的，发包的组织与个人承包经营者承担连带赔偿责任。

（1）个人承包经营的含义。个人承包经营是指企业与个人承包经营者通过订立承包经营合同，将企业的全部或者部分经营管理权在一定期限内交给个人承包者，由个人承包者对企业进行经营管理。个人承包经营是我国在经济体制改革的特定时期出现的解决部分合营企业经营管理不善、严重亏损的补充措施。个人承包经营对一些企业扭亏为盈，促进市场经济的发展发挥了作用，但也出现了个体经营者素质参差不齐，管理混乱，一味追求经济利益，侵害劳动者权益等问题，而对劳动者造成损害后，赔偿责任不明确，劳动者得不到赔偿的问题，更亟待法律作出明确规定。

（2）个人承包经营违法招用劳动者的情形。个人承包经营期间，也必须遵守《劳动合同法》的规定，依照法律规定的条件和程序招用劳动者。现实中有的个人承包经营者违反法律规定招用童工、不提供必要的劳动安全卫生条件、强迫劳动者超时工作、不按照最低工资的规定支付工资等，严重侵害劳动者权益的情形，只要个人承包经营者没有按照《劳动合同法》的规定招用劳动者，都要承担法律责任。

（3）发包的组织与个人承包经营者承担连带赔偿责任。因为个人承包经营者往往在给劳动者造成损害后，却没有足够的能力对劳动者进行赔偿，或者个人承包经营者逃避承担赔偿责任，劳动者很难得到赔偿，为有效保护劳动者的合法权益，如果个人承包经营者违反法律规定招用劳动者，对劳动者造成损害，个人承包经营者应对其违反法律的行为承担责任，对劳动者的损害承担赔偿责任。《劳动合同法》明确规定对于个人承包经营期间，个人承包经营者招用劳动者违反法律规定，给劳动者造成损害的，应当由发包的组织与个人承包经营者承担连带赔偿责任。应当注意的是这里的"个人承包经营"也包括转包。个人承包经营中间环节无论经过多少次个人间合法或者非法的转包，承担连带责任的是可以往上追溯的"发包的组织"。中间转包的个人承包者承担赔偿责任也是不言而喻的。发包组织与个人承包经营承担连带责任的目的就是防止个人承包经营者在承包经营过程中，急功近利侵害劳动者利益，或者损害劳动者利益后没有能力或逃避承担对劳动者的损害赔偿责任。因此，个人承包经营者违反《劳动合同法》招用劳动者，给劳动者造成损害的，个人承包经营者应当承担赔偿责任，发包组织也应承担连带赔偿责任。个人承包经营者违反《劳动合同法》规定招用劳动者时对劳动者造成的损害，劳动者既可以要求个人承包经营者全额或者部分赔偿，也可以要求发包的组织即个人承包经营者所承包的单位全额或者部分赔偿。诉讼中，劳动者既可以单独起诉发包组织或者个人承包经营者，也可将发包组织或者个人承包经营者列为共同被告。

9.3　劳动者的法律责任

9.3.1　劳动者法律责任的特征

1. 劳动者法律责任的含义

劳动者法律责任是指劳动者违反《劳动合同法》的规定所需承担的法律后果。在《劳动合同法》中明确劳动者的法律责任是为了维护劳动关系，保护用人单位的利益。

2. 劳动者法律责任的特征

（1）承担法律责任的前提是劳动者有过错。即劳动者主观上有过错，实施了违反《劳动合同法》规定的行为。

（2）责任的性质主要是约定责任。在《劳动合同法》的法律责任一章中，只有一条规定了劳动者的法律责任。这是因为，《劳动合同法》侧重于保护劳动者的利益，因此对法律责任的规定主要是用人单位的法律责任的规定。再加上劳动者在劳动关系中主要是承担遵守用人单位的规章，履行劳动合同、集体合同的规定义务，劳动者的法律责任主要是通过劳动合同、集体合同约定的。没有约定，没有法律的明确规定，劳动者不承担法律责任。

9.3.2　劳动者违反《劳动合同法》的法律责任

《劳动合同法》第90条的规定，劳动者违法的法律责任包括违法解除劳动合同的法律责任、违反劳动合同约定的保密义务的法律责任和违反劳动合同约定的竞业限制义务的法律责任。

1. 劳动者违法解除劳动合同的法律责任

用人单位基于与劳动者订立的劳动合同来确定本单位的劳动者数量、工作安排、生产进度等，劳动者如果随意解除劳动合同将会影响用人单位正常生产经营活动的进行，给用人单位造成一定程度的经济损失。因此，应当对劳动者提出解除劳动合同的情形、时间、条件、方式等作出一定的限制，维护劳动合同解除的严肃性，同时使用人单位有合理的时间招聘新的劳动者，调整计划等。因此，《劳动合同法》规定劳动者违反其规定解除劳动合同给用人单位造成损失，应当对用人单位承担赔偿责任。

（1）劳动者违法解除劳动合同的情形。劳动者违反法律规定单方解除劳动合同的情形，主要有以下几种。第一，未履行提前告知义务而解除劳动合同。我国《劳动合同法》第37条规定："劳动者提前三十日以书面形式通知用人单位，可以解除劳动合同。劳动者在试用期内提前三日通知用人单位，可以解除劳动合同。"按照这一规定，劳动者劳动合同期试用期内解除劳动合同需要提前三日通知用人单位，其他劳动合同期限内容要提前三十天书面通知用人单位。如果劳动者在试用期解除劳动合同没有提前告知用人单位，在其劳动合同期限内没有提前三十天书面通知用人单位，都属于违反《劳动合同法》规定的解除劳动合同的情形。第二，未履行即时通知义务解除劳动合同。根据《劳动合同法》第38条的规定，如果用人单位有以下过错，如未按劳动合同约定提供劳动保护或者劳动条件的；未及时足额支付劳动报酬的；未依法为劳动者缴纳社会保险费的；用人单位的规章制度违反法律、法规的规定，损害劳动者权益的；因《劳动合同法》第26条第1款规定的情形致使劳动合同无效的；法律、行政法规规定劳动者可以解除劳动合同的其他情形等，劳动者可以解除劳动合同，但要事先通知用人单位。

（2）劳动者违法解除劳动合同的法律责任。第一，符合《劳动合同法》解除条件，但不符合解除程序的，应当补办手续。第二，不符合劳动合同的解除条件，如用人单位要求履行劳动合同的，应当继续履行劳动合同。第三，如果劳动者给用人单位造成损失的，要承担赔偿责任。劳动者违反《劳动合同法》规定解除劳动合同对用人单位造成损失的，劳动者应赔偿用人单位下列损失：一是用人单位招录其所支付的费用；二是用人单位为其支付的培训费用，双方另有约定的按照约定处理；三是劳动合同约定的其他赔偿费用。

2. 劳动者违反保密义务的法律责任

（1）劳动者违反劳动合同约定的保密义务的情形。《劳动合同法》第23条规定，用人单位与劳动者可以在劳动合同中约定保守用人单位的商业秘密和与知识产权相关的保密事项。也就是说，用人单位可以根据本单位的实际情况以及劳动者所从事的具体工作，在与劳动者订立劳动合同时，对保守秘密问题作出约定。根据我国《反不正当竞争法》的规定，商业秘密是指不为公众所知悉，能为权利人带来经济利益，具有实用性并经权利人采取保密措施的技术信息和经营信息。所谓知识产权，是指智力成果的创造人依法对创造的智力成果和工商活动的行为人对所拥有的标记依法所享有的权利的总称。《民法通则》规定的知识产权包括著作权、专利权、商标权等。所谓劳动者违反劳动合同约定的保密义务，是指劳动者违反劳动合同关于保守用人单位商业秘密和与知识产权相关的保密事项的约定，在保密期内将自己在劳动过程中所掌握的用人单位商业秘密和与知识产权相关的保密事项，泄露给保密范围以外的人，或者在保密范围以外使用，或者允许保密范围以外的人使用的行为。违反约定的保密义务的人，既可能是与用人单位尚存在劳动关系的人，也可能是已与用人单位解除或终止劳动关系但约定的保密期未满的人。

（2）违反保密义务的责任。第一，责令停止。对违反约定的保密义务的行为，应当责令停止。第二，承担赔偿责任。违反约定的保密义务，给用人单位造成经济损失的，应当按照《反不正当竞争法》第20条的规定给予赔偿，损失难以计算的，赔偿额为侵权人在侵权期间因侵权所获得的利润；并应当承担被侵害人因调查侵权人侵犯其合法权益的不正当竞争行为所支付的合理费用。第三，严重的承担刑事责任。如果违反约定的保密义务给用人单位造成重大损失或者特别严重的后果，构成侵犯商业秘密罪的，应当依据《刑法》第219条的规定追究刑事责任。

3. 劳动者违反竞业限制义务的法律责任

（1）劳动者违反劳动合同约定的竞业限制义务的情形。所谓劳动者违反劳动合同约定的竞业限制义务，是指劳动者违反劳动合同关于竞业限制的约定，在竞业限制期间，到与原用人单位生产或者经营同类产品、业务的有竞争关系的其他用人单位，或者自己开业生产或者经营与原用人单位有竞争关系的同类产品、业务。

（2）劳动者违反劳动合同约定的竞业限制义务的法律责任。第一，支付违约金。《劳动合同法》第23条第2款规定，劳动者违反竞业限制约定的，应当按照约定向用人单位支付违约金。第二，损害赔偿。根据《劳动合同法》第90条的规定，劳动者违反劳动合同中约定的竞业限制义务，给用人单位造成损失的，应当承担赔偿责任。

9.4 劳务派遣单位的法律责任

2012 年修正的《劳动合同法》第 92 条规定："违反本法规定，未经许可，擅自经营劳务派遣业务的，由劳动行政部门责令停止违法行为，没收违法所得，并处违法所得一倍以上五倍以下的罚款；没有违法所得的，可以处五万元以下的罚款。劳务派遣单位、用工单位违反本法有关劳务派遣规定的，由劳动行政部门责令限期改正；逾期不改正的，以每人五千元到一万元的标准处以罚款，对劳务派遣单位，吊销其劳务派遣业务经营许可证。用工单位给被派遣劳动者造成损害的，劳务派遣单位与用工单位承担连带赔偿责任。"

1. 劳务派遣单位违反相关法律法规规定的情形

劳务派遣单位违反相关法律法规的情形在《劳动合同法》《劳动合同法实施条例》及《劳务派遣暂行规定》中有所体现，具体来说有以下情形。

（1）劳务派遣单位不具备设立条件的。不具备设立条件包括注册资本少于二百万元人民币、没有与开展业务相适应的固定的经营场所和设施、没有符合法律行政法规规定的劳务派遣管理制度、不具备法律行政法规规定的其他条件及未取得劳动行政部门行政许可等。

（2）不履行用人单位对劳动者义务的。作为《劳动合同法》上的用人单位，派遣单位要按照《劳动合同法》的规定履行对劳动者的义务。

（3）不与劳动者签订 2 年以上固定期限劳动合同的。

（4）不按照规定支付劳动报酬、克扣劳动报酬的。

（5）违反法律规定向被派遣的劳动者收取费用的。

（6）在被派遣劳动者无工作期间，劳务派遣单位不向其按月支付报酬的。

（7）用人单位设立劳务派遣单位向本单位或者所属单位派遣劳动者的。

（8）劳务派遣单位以非全日制用工形式招用被派遣劳动者的。

（9）劳务派遣单位依法解除、终止劳动合同的经济补偿金，不按照《劳动合同法》规定支付的。

（10）劳务派遣单位违反《劳务派遣暂行规定》解除或者终止被派遣劳动者劳动合同的。

（11）劳务派遣单位与同一被派遣劳动者约定两次以上试用期的。

2. 劳务派遣单位的法律责任

劳务派遣单位违反法律规定应当承担的法律责任主要包括行政责任和民事责任。

（1）行政责任。

① 未取得行政许可的法律责任。根据《劳动合同法》第 92 条的规定，如果没有获得劳动行政部门的许可，擅自经营劳务派遣业务的，由劳动行政部门责令停止违法行为，没收违法所得，并处违法所得一倍以上五倍以下的罚款；没有违法所得的，可以处五万元以下的罚款。

② 劳务派遣单位违反有关劳务派遣规定的法律责任。劳务派遣单位、用工单位违反本法有关劳务派遣规定的，由劳动行政部门责令限期改正；逾期不改正的，由劳动行政部门和其他有关主管部门对该劳务派遣单位以每人五千元到一万元的标准处以罚款，并由工商行政

管理部门对劳务派遣单位，吊销其劳务派遣业务经营许可证。

（2）民事责任。

① 支付经济补偿费。根据《劳务派遣暂行规定》第 21 条，劳务派遣单位违反该规定解除或者终止被派遣劳动者劳动合同的，要按照《劳动合同法》第 48 条、第 87 条规定对劳动者进行经济补偿。

② 支付赔偿金。按照《劳务派遣暂行规定》第 23 条，如果劳务派遣单位与被派遣劳动者约定两次以上试用期的，要按照《劳动合同法》第 83 条的规定向劳动者支付赔偿金。另外，劳务派遣单位、用工单位违反《劳动合同法》和《劳动合同法实施条例》有关劳务派遣规定的，除按照《劳动合同法》第 92 条规定承担行政责任外，如给劳动者造成损害的，应当承担连带赔偿责任。

按照《劳务派遣暂行规定》，用工单位也可能承担法律责任。一是用工单位决定使用被派遣劳动者的辅助性岗位，没有经过职工代表大会或者全体职工讨论，没有与工会或者职工代表平等协商确定，也没有在用工单位内公示，由人力资源社会保障行政部门责令改正，给予警告；给被派遣劳动者造成损害的，依法承担赔偿责任。二是用工单位违反《劳动合同法》和《劳动合同法实施条例》有关劳务派遣规定的，按照《劳动合同法》第 92 条处理。用工单位给被派遣劳动者造成损害的，劳务派遣单位与用工单位承担连带赔偿责任。

《全国人民代表大会常务委员会关于修改〈中华人民共和国劳动合同法〉的决定》中明确，修改后的《劳动合同法》自 2013 年 7 月 1 日起施行，并且明确该决定公布前已依法订立的劳动合同和劳务派遣协议继续履行至期限届满，但是劳动合同和劳务派遣协议的内容不符合本决定关于按照同工同酬原则实行相同的劳动报酬分配办法的规定的，应当依照本决定进行调整；本决定施行前经营劳务派遣业务的单位，应当在本决定施行之日起一年内依法取得行政许可并办理公司变更登记，方可经营新的劳务派遣业务。

9.5 行政机关的法律责任

所谓行政机关的法律责任，主要是指《劳动合同法》第 95 条规定的劳动行政部门和其他有关主管部门及其工作人员玩忽职守、不履行法定职责，或者违法行使职权所应承担的法律责任。

1. 劳动行政部门和其他有关主管部门及其工作人员的违法行为的认定

根据我国有关法律法规的规定，劳动行政部门为《劳动法》的执法主体。如《劳动法》第 9 条规定："国务院劳动行政部门主管全国劳动工作。县级以上地方人民政府劳动行政部门主管本行政区域内的劳动工作。"根据国务院 1998 年关于《劳动和社会保障部职能设置、内设机构和人员编制规定的通知》的规定，劳动和社会保障部是主管劳动和社会保障事务的国务院组成部门，负有贯彻实施劳动法律的职责，是《劳动法》的执法主体。这里的"其他有关主管部门"具体包括公安部门、工商行政管理部门、卫生行政部门以及安全生产监督管理部门。

劳动行政部门和其他有关主管部门及其工作人员代表国家进行行政执法，应当遵守依法行政的原则。该原则要求行政主体应当在宪法、法律、行政法规和有效规章的范围内行使职权，行使职权由法律赋予，行使权力的方式步骤也由法律规定。行政主体若不能依法行政，则构成行政违法。《劳动合同法》第95条规定的行政违法包括玩忽职守、不履行法定职责和违法行使职权。

1）玩忽职守、不履行法定职责

它表现为劳动行政部门和其他有关主管部门及其工作人员违反法定的作为义务的行为，即构成行政不作为。认定行政不作为应符合以下几个条件：该行为必须是法律、法规、规章明确规定的行政管理职责；该职责具有履行的可能性，由于不可抗力等客观因素阻碍履行职责或者是职责不能完全履行的，则不构成不履行法定职责；有关主体有不作为的行为，也就是说，劳动行政部门和其他有关主管部门及其工作人员不处理、不答复、拖延处理或者拒绝处理与职责有关的事务。实践中表现为：① 明确拒绝履行，行政机关及其工作人员明确否认自己对该事项具有管辖权或处理权，明确拒绝采取相应的行政行为；② 无正当理由逾期仍不履行，即超过法定的期限仍不履行的；③ 拖延履行法定职责，即行政机关在合理的履行时限内不予答复或未明确答复。违法行使职权主要包括行政机关工作人员违法行使本人职务范围内的权力，以及超越其职权范围而实施有关行为等情形。

2）违法行使职权

具体是指劳动行政部门和其他有关主管部门及其工作人员超越法律的规定或者无法律依据而行使行政权力的违法行为。这类违法行为的主要表现为不当授权、程序违法、行为结果违法或者显失公正等。

2. 劳动行政部门和其他有关主管部门及其工作人员违法行政应当承担的法律责任

劳动行政部门和其他有关主管部门及其工作人员违法行政、玩忽职守、不履行法定职责，或者违法行使职权应当承担的法律责任包括国家赔偿责任、行政责任以及刑事责任。

1）国家赔偿责任

劳动行政部门和其他有关主管部门及其工作人员行政违法行为，给劳动者或者用人单位造成损害的，应当承担赔偿责任。这里的赔偿责任即属于《国家赔偿法》所确定的赔偿责任。根据该法规定，国家机关及其工作人员行使行政职权侵犯公民、法人和其他组织的合法权益造成损害的，受害人有取得国家赔偿的权利。

2）行政责任

劳动行政部门和其他有关主管部门及其工作人员行政违法行为尚未构成犯罪的，除给劳动者或者用人单位造成损害应当承担赔偿责任外，对直接负责的主管人员及其他责任人员应依法给予行政处分。具体包括警告、记过、记大过、降级、撤职和开除。

3）刑事责任

劳动行政部门和其他有关主管部门及其工作人员行政违法行为，构成犯罪的，依法追究刑事责任。《刑法》第397条对国家机关工作人员玩忽职守罪、滥用职权罪进行了规定。玩忽职守罪，是指国家机关工作人员严重不负责任，不履行或者不正确地履行自己的工作职责，致使公共财产、国家和人民利益遭受重大损失的行为。滥用职权罪，是指国家机关工作人员行使职权违反法律规定或者超越权限行使职权，或者故意违法处理公务，致使公共财产、国家和人民利益遭受重大损失的行为。

本 章 小 结

　　本章的主要内容是法律责任概述、用人单位的法律责任、劳动者的法律责任、劳务派遣单位的法律责任、劳动行政部门及其工作人员的法律责任。

　　本章的重点是用人单位的法律责任，需要认真领会在不同情况下的用人单位承担的法律责任。

　　本章的难点是承担法律责任的法定情形认定。

本章学习资料

[1] 王全兴，黄昆. 中国劳动法. 北京：中国政法大学出版社，2008.

[2] 郭捷. 劳动法与社会保障法. 北京：中国政法大学出版社，2007.

[3] 李建. 中华人民共和国劳动合同法实施条例理解与适用. 北京：法律出版社，2008.

[4] 陈玉萍. 国外劳务派遣用工制度研究. 兰州学刊，2013（8）.

[5] 黄巧燕. 现有法律下细化劳务派遣用工方式的规范要求. 中国劳动，2012（6）.

本章复习思考题

一、名词解释

法律责任　违反《劳动合同法》的法律责任　行政责任　民事责任　刑事责任

二、单项选择题

1. 按照《劳动合同法》的规定，行政责任不包括（　　）。

　　A. 警告　　　　　　　B. 罚款　　　　　　C. 吊销营业执照　　　D. 批评教育

2. 下列既属于行政处分，又属于行政处罚的责任形式是（　　）。

　　A. 开除　　　　　　　B. 吊销营业执照　　C. 警告　　　　　　　D. 责令停产停业

3. 用人单位招用未解除劳动合同的劳动者，给原用人单位造成经济损失的，应当由（　　）。

　　A. 该用人单位承担直接赔偿责任

　　B. 该用人单位与劳动者承担连带赔偿责任

　　C. 该用人单位不承担赔偿责任

　　D. 劳动者先赔偿，不足部分再由用人单位承担

4. 劳动合同被确认无效，给对方造成损害的，应当（　　）。

　　A. 由有过错方承担接赔偿责任　　　　　　B. 由用人单位承担赔偿责任

　　C. 由过错大的一方承担赔偿责任　　　　　D. 用人单位和劳动者都不承担赔偿责任

5. 用人单位逾期未支付劳动者加班工资的，应当按照（　　）。

　　A. 应付金额 50% 以上 100% 以下的标准向劳动者加付赔偿金

B. 应付金额 50% 的标准向劳动者加付赔偿金

C. 应付金额 100% 的标准向劳动者加付赔偿金

D. 应付金额 30% 到 100% 的标准向劳动者加付赔偿金

三、多项选择题

1. 违反《劳动合同法》的法律责任形式有（　　　）。

　　A. 经济责任　　　　　B. 民事责任　　　　C. 刑事责任

　　D. 行政责任　　　　　E. 公开道歉

2. 按照《劳动合同法》，行为人承担法律责任应当具备的条件包括（　　　）。

　　A. 行为人有一定的责任能力　　　　B. 行为人有违反《劳动合同法》的行为

　　C. 行为人所实施的行为造成了损害事实　　D. 具有用工权利能力或劳动权利能力

　　E. 是合法的用人单位和劳动者

3. 违反《劳动合同法》的行政责任主要有（　　　）。

　　A. 警告　　　　　　　B. 罚款　　　　　　C. 批评教育

　　D. 吊销营业执照　　　E. 责令转产　　　　F. 停业整顿

4. 用人单位违反《劳动合同法》的规定未向劳动者出具解除或者终止劳动合同的书面证明的，可能承担的法律责任是（　　　）。

　　A. 由劳动行政部门责令改正　　　　B. 对劳动者的损害承担赔偿责任

　　C. 支付经济补偿金　　　　　　　　D. 接受劳动行政部门罚款

　　E. 补签劳动合同

四、判断分析题

1. 用人单位招用未与原单位解除劳动合同的劳动者，给原用人单位造成损失的，由劳动者承担赔偿责任。（　　　）

2. 个人承包经营违法招用劳动者，造成劳动者损失的，由个人承包经营者承担赔偿责任。（　　　）

五、简述题

1. 简述法律责任的概念和特征。

2. 简述违反《劳动合同法》的责任形式。

3. 简述《劳动合同法》规定的连带赔偿责任的法定情形。

4. 简述劳动行政部门法律责任的法定情形。

六、论述题

1. 试述用人单位承担法律责任的情形。

2. 试述劳动者承担法律责任的法定情形。

七、案例分析题

1. 2008 年 2 月 13 日王某与甲公司签订了为期 2 年的劳动合同，合同期限到 2010 年 2 月 12 日止。甲公司安排王某在润滑油部任经理一职，从事贸易及管理工作。劳动合同到期后，王某明确表示不再续签劳动合同，要求甲公司为其出具终止劳动合同证明书、办理社会保险关系及人事档案转移手续。甲公司以王某在任职期间未将由其购买的油品处理完毕为由，拒绝为王某出具终止劳动合同证明书、办理社会保险关系及人事档案转移手续，并要求双方签订的劳动合同期限延长至王某将其购买的油品处理完毕之时，才能办理相关的退工手续。王某多次与甲公司协调未果，遂向劳动争议仲裁委员会提起仲裁。

问：

（1）劳动合同到期后，甲公司是否负有向王某支付经济补偿金的义务？为什么？

（2）甲公司拒绝为王某出具终止劳动合同证明书以及办理社会保险、人事档案转移手续的理由能否成立？为什么？

（3）甲公司拒绝出具终止劳动合同的书面证明应承担怎样的法律后果？

2. 2008 年 6 月，刘某被甲公司录用，所签劳动合同的期限为 3 年，试用期为 3 个月，合同履行到 2 个月时，刘某向甲公司提出解除劳动合同，并且要求公司支付经济补偿金，公司不同意解除劳动合同，如果刘某坚持辞职，必须承担赔偿公司损失的责任，即支付公司为其在试用期内的培训费用。

问：

（1）刘某是否可以单方解除劳动合同？为什么？

（2）甲公司是否应当支付经济补偿金？为什么？

（3）刘某是否应当支付甲公司的培训费？为什么？

第 10 章

劳动合同纠纷疑难问题

本章导读

本章主要内容是劳动合同与劳务合同、雇佣合同的联系与区别、事实劳动关系的认定、退休返聘人员的劳动关系、大学生与实习单位之间的关系等。

10.1 劳动合同与劳务合同、雇佣合同的联系与区别

劳动合同、劳务合同、雇佣合同是经常出现的三个容易混淆的概念，对三者进行区分，最核心的目的就在于确定民事赔偿责任的承担者。

10.1.1 劳动合同与劳务合同

1. 劳务合同的概念特征

1）劳务合同的概念

劳务合同是为完成某项工作而使用了一方的劳动，另一方向对方支付报酬的协议。在实践中，人们通常将提供劳动服务的过程称为劳务。劳务合同是指与提供劳务有关的协议，它属于民法的调整范畴，其"是当事人双方就一方提供劳动给另一方服务过程中形成的债权债务关系的协议"。[①] 按照提供劳务的侧重点不同，可以把广义的劳务合同划分为两类：一类劳务合同的标的侧重于劳务行为本身，如委托合同、行纪合同、居间合同、保管合同、仓储合同、运输合同、旅游合同、演出合同、雇佣合同等，其含义大体相当于民法上所谓的"提供服务的合同"；另一类劳务合同的标的侧重于劳务行为结果，主要包括承揽合同和建设工程合同两类，其含义大致相当于民法上所谓的"完成工作的合同"。广义的劳务合同主要遵循传统的民法原理，受民法调整，且大部分合同都已成为《合同法》所规范的有名合同。

2）劳务合同的特征

一般认为，劳务合同具有如下法律特征。

（1）劳务合同多为双务、有偿合同。一般而言，在劳务合同中，一方提供劳务，另一

---

① 中国社会科学院法学研究所 . 法律词典 . 北京：法律出版社，2002.

方向其支付相应的报酬，双方互享权利，互负义务，故劳务合同多为双务有偿合同。

（2）主体的广泛性和平等性。因劳务合同主要受《民法》调整，且多为《合同法》上的有名合同，而《合同法》第2条规定："本法所称合同是平等主体的自然人、法人、其他组织之间设立、变更、终止民事权利义务关系的协议。"所以劳务合同的主体可以为自然人、法人以及其他组织，其主体具有广泛性。同时，双方完全遵循市场规则，平等自愿，其地位具有平等性。

（3）合同标的的特殊性。劳务合同的标的是一方当事人向另一方当事人提供的劳务，是一种行为，是一种"活劳动"。如上所述，其或侧重于劳务行为本身，或侧重于劳务行为的结果，但都不同于一般民事合同。

（4）合同内容的任意性。虽然劳务合同的标的具有特殊性，然而这并不影响其合同内容的任意性。合同类型的多样化、合同双务有偿的性质以及当事人平等的法律地位都决定了合同内容的任意性。因此，除法律有强制性规定以外，劳务合同当事人完全可以自由决定劳务合同的内容。

2. 劳动合同与劳务合同的联系与区别

由于劳务活动也属于劳动，接受劳务方应向提供劳务方支付报酬，因而劳务合同与劳动合同多有相似之处，也有不小的区别。

1）劳动合同与劳务合同的联系

由于劳动合同是从劳务合同中分离出来的，因此二者之间存在许多共同点。① 劳动合同与劳务合同均以当事人之间相对独立的意思表示为成立。② 两者均以劳动给付为目的。③ 两者均为双务有偿合同。

2）劳动合同与劳务合同的区别

劳动合同与劳务合同虽然只有一字之差，二者却有不小的区别。

（1）合同的主体不同。劳动合同与劳务合同的主体区别可以从两个方面来分析。一是用人一方主体不同。劳动合同的主体是特定的，必须是中华人民共和国境内的企业、个体经济组织、民办非企业单位等组织，以及国家机关、事业单位、社会团体；国外公司办事处在国内没有用人权利，不能与中籍职工建立劳动关系。如果办事处想招聘职工，必须通过涉外服务公司才行。劳务合同的主体不是特定的，相比较而言，用人主体则更广泛，除了上述单位外，还可以是自然人或家庭。二是被雇用者的主体资格不同。劳动合同的被雇用主体一方必须是年满16周岁以上，60周岁以下（女55周岁以下的）、没有完全丧失劳动能力的劳动者。

（2）合同主体之间的法律关系不同。劳动合同，是指双方约定在对一方具有从属关系的前提下，向对方提供劳动力，而对方给付报酬的合同。因而劳动合同是具有身份性质的合同，劳动合同双方当事人之间具有身份上的从属关系。劳动合同订立后，劳动者一方必须加入到用人单位一方中去，成为用人单位的成员，并在用人单位的管理和监督下进行劳动。正是由于劳动合同具有这种身份性、从属性，决定了劳动者在同一时期内，一般只能同一个用人单位签订劳动合同，而不能同时与两个或两个以上的单位签订合同。否则，用人单位招用尚未解除劳动合同的劳动者，对原用人单位造成经济损失的，该用人单位应承担连带赔偿责任。在劳务合同中，双方当事人之间是平等的法律关系，它是独立的主体之间经济价值的交换，劳动支配权归劳动者所有，双方当事人之间不存在从属关系，彼此相互独立，劳务合同双方始终以自己名义分别履行合同规定义务；劳务合同所确定的也不是劳动组织内部关系，而是一种非内部的合同关系。劳务合同的当事人在同一时期，可以签订两个以上的劳务合同。

（3）合同目的不同。签订劳动合同的目的，在于将劳动过程完成而不是强调劳动成果的必然实现。由于劳动过程是相当复杂的，且并不是所有的劳动都能直接创造出劳动成果。我国《劳动合同法》第 12 条规定："劳动合同分为固定期限劳动合同、无固定期限劳动合同和以完成一定工作任务为期限的劳动合同"，这是强调关于劳动过程的规定。因此，签订劳动合同的目的，仅仅在于双方约定劳动成果在劳动过程中实现，而不要求劳动成果必然出现。而劳务合同的目的，是强调基于劳务所完成的劳动成果，而非提供劳务本身。

（4）合同内容不同。劳动合同的内容，即劳动关系双方当事人权利和义务的具体化。《劳动合同法》明确规定了劳动合同内容的必备条款和约定条款。劳动合同如果不具备法定条款可能导致劳动合同不成立。劳务合同双方当事人在合同条款的约定上，具有较大的弹性余地。只要劳务合同不违反法律、法规的强制性规定，当事人可以基于合同自由原则，对合同条款充分协商确定修改，法律的限制比较少。

（5）订立合同自愿原则的程度不同。劳动合同适用的法律是《劳动法》，其兼顾公法和私法特性，因此在签订劳动合同时，自愿原则在诸多方面受国家和社会力量的限制。劳务合同适用的法律是《合同法》，合同法属私法，强调契约自由，因此，劳务合同订立时更多强调的是双方当事人的自愿平等原则。

（6）合同双方当事人的义务不同。《劳动法》要求用人单位必须为劳动者缴纳养老保险、医疗保险、失业保险，这是用人单位必须履行的法定义务，且不得由当事人协商变更，体现着国家对劳动合同的干预。劳务合同雇主则无义务为雇员缴纳养老保险、医疗保险、失业保险等。

（7）合同规定支付的报酬不同。劳动合同是用人单位按照劳动者提供劳动数量、质量以及国家有关规定给付劳动报酬。劳务合同则按等价有偿原则，根据因劳务合同所产生的劳动力商品价值支付。

（8）合同的解除制度不同。一般认为，劳动者是劳动关系中的弱者，保护劳动者的权益，是现行劳动法律制度应该体现且已经体现的精神。因此，劳动立法的态度是严格控制用人单位的解除行为，宽松对待劳动者类似行为。若用人单位解除劳动合同，即使是在合法的条件下，没有违约解除，也要依法对劳动者进行补偿，并支付一次性经济补偿金。而在劳务合同中，只有在违法解除条件下才要求赔偿损失。在劳务合同中当事人可以约定解除合同的条件、时间，雇主解除合同是否提前 30 天通知雇员，由当事人自主约定，法律无明确规定。而劳动合同则不同，用人单位只有在具备《劳动法》规定的可以解除合同条件下，方可解除合同，而且用人单位解除须提前 30 天通知劳动者；如未提前 30 日通知的，因程序违法视为合同解除无效。

（9）法律责任不同。在劳动合同履行过程中，劳动者在工作中受到职业性伤害，对劳动者适用无过错责任。在劳务合同履行过程中，劳动者在工作中受到伤害，则对劳动者适用过错责任。劳动合同的当事人不履行合同义务所产生的责任，不仅有民事责任，而且有行政责任、刑事责任。劳务合同的当事人不履行合同义务，仅产生民事责任。

（10）订立合同形式不同。《劳动合同法》规定，劳动合同应当以书面形式订立；而《合同法》并没有规定劳务合同订立形式，即可以是书面形式，也可以是口头形式或其他形式。

（11）司法救济不同。一是案件受理机关不同。如果是因劳动合同的履行发生纠纷的，当事人必须先向劳动争议仲裁委员会申请仲裁，对仲裁结果不服的，方可向人民法院起诉，即劳动仲裁程序是人民法院受理劳动合同争议案件的前置程序。根据我国法律的规定，国内因劳务合同的履行发生纠纷的，当事人可以直接向人民法院起诉。二是时效不同。如果是因劳动合同发生纠纷的，当事人仲裁申请时效为 60 天，而劳务合同的诉讼时效期间应遵循关于一般诉讼时效的规定，即时效为两年。非基于不可抗力或正当理由，劳动合同的仲裁申请时效不存在中止和中断的问题。而劳务合同的诉讼时效适用《民法通则》关于时效中止和中断的规定。

10.1.2　劳动合同与雇佣合同

1. 雇佣合同的概念特征

雇佣合同，"是指双方当事人约定，在确定或不确定期间，一方向他方提供劳务，他方给付报酬的合同。"[①] 雇佣合同在大多数国家仍由民法来调整。劳动合同是从雇佣合同发展而来的。在产业社会初期，雇佣关系的法律调整一直属于私法的范畴，而随着雇佣契约的履行渗入公力干预因素，雇佣契约也逐步向劳动契约过渡，但并非全部的雇佣契约都已纳入了劳动法规制的范畴。由于目前在我国法律中，没有明确规定雇佣合同，但在审判实践中，雇佣合同纠纷已普遍存在。雇佣合同比较典型的有民间个人之间雇用或"私人包工头"雇工所形成的合同关系，个人或家庭雇用家政人员或小时工所产生的合同关系，用人单位招聘离退休人员所形成的合同关系等。

2. 劳动合同与雇佣合同的联系与区别

（1）劳动合同与雇佣合同的联系。劳动合同与雇佣合同的共同之处是在外在表现上，都是一方提供劳动，另一方支付报酬。

（2）劳动合同与雇佣合同的区别。

① 主体不同。劳动合同的主体是用人单位和劳动者。劳动合同的用人单位是指在中华人民共和国境内设立的企业、事业单位、国家机关、社会团体和个体经济组织；雇佣合同的主体是雇主和受雇人，雇佣合同的雇主可以是自然人、企业、公司。接受劳动一方的不同是构成劳动合同与雇佣合同的主要区别所在。

② 法律干预程度不同。劳动合同的用人单位支付劳动者工资不得违反法律、法规的强制性规定，雇佣合同的劳动报酬则主要由合同双方自行协商，法律不过分干预。其他诸如保险福利等方面，现行法律也只针对劳动合同作出规定。由上可见，法律对劳动合同的干预程度要高于雇佣合同。

③ 法律适用不同。劳动合同属于《劳动合同法》调整，是独立的合同种类；雇佣合同属民事合同的一种，由《民法》和《合同法》调整。

④ 解决纠纷的程序不同。劳动合同纠纷采用仲裁前置程序，即劳动合同纠纷不经过劳

---

① 张俊浩. 民法学. 北京：中国政法大学出版社，1998.

动争议仲裁机构处理，人民法院不予受理；雇佣合同是民事合同，审理机关是人民法院，纠纷发生后当事人无须经过仲裁，有权直接向人民法院起诉。

⑤ 形式不同。法律对雇佣合同的形式没有要求，根据《合同法》的规定，既可以是书面合同，也可以是口头合同，是不要式合同。根据《劳动合同法》第 10 条的规定，我国的劳动合同应当采用书面形式，是要式合同。

对于劳动关系与雇佣关系而言，劳务提供者在工作过程中受到伤害的，相对方就应当承担赔偿责任，只是法律依据不同。前者是依据《劳动法》、《工伤保险条例》等劳动法律规范，后者则是根据最高人民法院《最高人民法院关于审理人身损害赔偿案件适用法律若干问题的解释》第 11 条"雇主责任"的规定，而劳务关系中则不存在这样的赔偿义务。

10.1.3　涉及劳动关系、劳务关系、雇佣关系的案例分析

为了便于进一步说明三者的区别，特举出这样一个案例：个体户甲是一家饭店的老板，因经营需要，聘请工匠乙对厨房灶具进行维修，乙就带领自己的学徒丙开始工作，在维修过程中由于丙操作不慎引发火灾，致使乙、丙及正在厨房炒菜的饭店厨师丁受伤，随后三人分别向甲提出赔偿要求。

在本案中，甲作为雇主，与三名伤者之间存在着不同的法律关系，其中厨师丁作为饭店的工作人员，与甲存在劳动合同，二者属于劳动关系当无异议，但乙与丙的情况就比较复杂，也就涉及该如何区分劳动关系与劳务关系、雇佣关系的问题。

1. 劳务关系与劳动关系都存在劳务给付的外观，但适用的法律不同

劳务关系通常包括承揽、委托、信托、技术服务等。尤其是承揽关系容易与劳动关系发生混同，从外观上看，都存在劳务的给付，案例中厨师丁向甲提供劳动，乙和丙也在为甲提供劳动。但劳务关系与劳动关系最大的区别在于当事人双方的主体地位。在劳动关系中，劳动合同一旦订立并进入履行阶段，用人单位与劳动者主体就是不平等的，劳动者必须加入到用人单位当中，成为用人单位的一员，接受各种指令，并遵守相关的规章制度。而且这种"加入"也在一定程度上导致了劳动者的人格被用人单位所吸收，例如，人们在从商场服务员那里购买到商品时，很自然地将其认定为商场的销售行为，而不是服务员的个人行为。而劳务关系中，当事人双方在合同订立前后的主体地位依然平等，更不存在混同的可能性。这种区别也就决定了二者分别由不同性质的法律进行调整，劳务提供者受到伤害时，劳动关系中的劳动者可以享受工伤待遇，而劳务关系则不存在赔偿的问题，只能依据《侵权责任法》第 35 条的规定，根据双方的过错承担相应的责任，若双方不存在过错的，则可以考虑适用《民法通则》第 132 条所规定的公平责任原则，由接受劳务给付的一方就对方的损害进行适当的补偿。

2. 雇佣关系与劳动关系在外观上都是劳动者向雇主提供劳动，雇主支付相应劳动报酬的法律关系，但法律的规制不同

从《劳动法》的演进过程来看，在《劳动法》出现之前，雇佣关系就已经存在于大陆法系的民法典之中，只是由于工业革命的推动和工人阶级力量的崛起，劳动关系逐渐从民法领域中剥离出来，接受法律的特别调整，《劳动法》也就由此而诞生，随后工时制度、工伤保险制度、最低工资制度等日益完善，劳动关系也最终自成一体，成为特殊的法律关系。因此，笔者认为，劳动关系的产生，更多的是立法设计的效果。那么劳动关系与雇佣关系的区

别也就在于法律的不同规定。根据我国《劳动法》的规定，劳动关系的建立需要符合诸多的条件：劳动者必须年满 16 周岁且未达到退休年龄，用人单位应当是依法成立的企业、个体经济组织等。而雇佣关系的成立则不需要这么多的条件，只需要满足劳务的给付与按期支付劳动报酬即可。由此可见，对于不符合劳动法规定的"劳动关系"，都可以纳入雇佣关系的范畴，如未成年学徒工、退休返聘人员以及不符合"用人单位"要求的自然人雇佣帮工等。也正是基于劳动关系与雇佣关系的共性，最高人民法院《关于审理人身损害赔偿案件适用法律若干问题的解释》将雇工在工作过程中受伤的情形规定为雇主责任，从实际效果上看，与工伤待遇有很大的相似之处，受害人都得到了足额赔偿。

3. 劳务关系与雇佣关系也存在一定的交叉之处，但二者的区别可以从存续时间上加以认定

劳务关系中的劳务合同属于《合同法》的调整对象，劳务关系体现为一种一次性的交易，劳务给付者提供劳务的期间一般较短，不存在持续不断的长期给付，而劳务接受者所支付的报酬一般也是一次性的支付而不是定期支付。雇佣关系则不同，其与劳动关系的共性决定了其存在期间一般较长，雇主要定期支付劳动报酬，体现出持续性的特点。如城市居民请农民工保姆从事家务劳动，如果只是进行一次性的清扫，则应认定为劳务关系，如果是长期在家提供服务，则属于雇佣关系。前者在工作过程中受到伤害的就只能依照前文所述的《侵权责任法》以及《民法通则》的规定处理，后者则可以依据最高人民法院《关于审理人身损害赔偿案件适用法律若干问题的解释》中规定的雇主责任得到足额赔偿。

因此，在上文的案例中，甲作为个体户，属于《劳动法》所规定的用人单位的范畴，因此其与丁属于劳动关系，丁应当享受工伤待遇；而甲与乙之间为劳务关系，二者之间存在承揽合同，甲对于乙的伤害不应当承担赔偿责任；丙由于同乙之间存在雇佣关系，因此可以依据雇主责任的规定向乙主张赔偿，而不得向甲主张。

10.2 事实劳动关系的认定与处理

10.2.1 事实劳动关系的概念特征

1. 事实劳动关系的概念

何谓事实劳动关系？学界有不同的看法，有的认为，"事实劳动关系是指用人单位和员工之间存在劳动关系但没有以书面形式订立劳动合同的现象，其缺少了书面劳动合同这一劳动关系形式要件。"[1] 有的认为所谓事实劳动关系，是指用人单位和劳动者之间虽无书面劳动合同，或虽有书面劳动合同，但合同订立的程序和内容违反劳动法律强制性规范而归为无效，在事实上已经形成劳动者向用人单位提供劳动，用人单位对其支付劳动报酬的用工关系。[2] 也有的人认为事实劳动关系是用人单位与劳动者之间因实际用工行为而发生的欠缺某

---

① 蒋月. 劳动法：案例评析与问题研究. 北京：中国法制出版社，2009.
② 刘素华. 论事实劳动关系的认定及其法律保护. 北京市工会干部学院学报，2007，22（2）.

种法律要件的劳动关系。① 还有的认为事实劳动关系是指用人单位招用劳动者后不按规定订立劳动合同，或者用人单位与劳动者签订过劳动合同，但劳动合同到期后用人单位同意劳动者继续在本单位工作却没有及时续订劳动合同。② 界定事实劳动关系必须把握《劳动合同法》所调整的劳动关系的实质。因此，事实劳动关系应当是指相对于劳动合同所调整的劳动关系而言，双方当事人在建立劳动关系或变更劳动关系时，不符合劳动合同成立的形式要件，但双方在实际上已经形成实际用工关系的状态。

2. 形成事实劳动关系的情形

事实劳动关系主要有以下几种情形：一是应签而未签订书面形式的劳动合同，但有实际用工的存在；在这种情况下，用人单位自始未与劳动者订立书面劳动合同；二是以口头协议代替书面劳动合同，有实际用工存在的；即按照法律规定，用人单位应当与劳动者签订书面形式的劳动合同，却仅与劳动者有口头协议就开始劳动用工；三是劳动合同期满没有终止也没有续签书面劳动合同而形成的事实延续的劳动关系；通常是在原劳动合同期满后，用人单位和劳动者未以书面形式续订劳动合同，但劳动者仍然在原单位继续工作的；四是无效劳动合同而形成的事实劳动关系。劳动合同的必备条款缺乏或者违法，事实上成为无效合同，但是双方仍然依照劳动合同规定履行各自的义务，建立劳动关系的情形。审判实践中，所指的事实劳动关系主要是无书面形式的劳动合同，但却存在实际用工而形成的事实劳动关系。

尽管学界对事实劳动关系有不同的界定，但无论哪种观点都未脱离"劳动关系"这一基本的概念，这表明事实劳动关系事实上不可避免地与劳动合同存在关联。可见，承认事实劳动关系存在的前提必然是劳动合同必须是以书面形式来订立。也就是说，劳动合同必然只能是书面劳动合同，除此以外的便是事实劳动关系。从这里出发，我们很容易得出，事实劳动关系是指用人单位虽然没有按照法律规定同劳动者订立书面劳动合同，但是存在实际用工，双方之间实际上履行了相关的劳动权利和义务而形成的劳动关系。

3. 事实劳动关系的特征

（1）事实劳动关系是在没有订立书面劳动合同的情况下形成的。如果订立书面劳动合同，那么便不存在事实劳动关系之说，一般而言，事实劳动关系和劳动合同关系在劳动关系的本质上并无不同。

（2）事实劳动关系是劳动者提供了劳动而形成的一种关系。这是认定事实劳动关系的重点所在。也就是说，在事实劳动关系中双方之间实际上已经开始履行相关的劳动权利和义务，而在这个过程中，最重要的是劳动者已经开始提供劳动。劳动者的劳动行为是劳动合同的标的所在。

（3）事实劳动关系必然包含劳动关系要素。所谓劳动关系，一般是指劳动者与用人单位（包括国家机关、企业事业单位、社会团体和私人雇主等）在实现劳动过程中建立的社会经济关系，是生产关系的一个重要组成部分。劳动关系的一方（劳动者）必须加入某一个用人单位，成为该单位的一员，并参加单位的生产劳动，遵守单位内部的劳动规则；而另一方（用人单位）则必须按照劳动者的劳动数量或质量给付其报酬，提供工作条件，并不断改进劳动者的物质文化生活。

---

① 郭捷. 劳动合同法适用范围解析. 法学论坛，2008（2）：15.
② 中华人民共和国劳动合同法实施条例疑难解读及案例分析. 北京：人民日报出版社，2008：199.

（4）事实劳动关系具有从属性。在事实劳动关系当中，劳动者已经开始服从用人单位的时间安排，接受用人单位的指示，按照用人单位的要求完成其劳动。这表明事实劳动关系具有十分明显的从属性。

10.2.2 法律对事实劳动关系的规制

1. 事实劳动关系的立法沿革

（1）1992年3月3日原劳动部办公厅给吉林省办公厅的《关于全民合同制工人合同期满后形成的事实劳动关系问题的复函》，是在我国最早使用事实劳动关系这一法律术语的规范性文件。该文件认为事实劳动关系不符合法律规定。

（2）1995年施行的《劳动法》第98条规定："用人单位违反本法规定的条件解除劳动合同或者故意拖延不订立劳动合同的，由劳动行政部门责令改正；对劳动者造成损害的，应当承担赔偿责任。"该条尽管没有明确事实劳动关系，但也没有否定其效力。

（3）原劳动部在1995年8月4日发布的《关于贯彻执行〈中华人民共和国劳动法〉若干问题的意见》中第17条规定："用人单位与劳动者之间形成了事实劳动关系，而用人单位故意拖延不订立劳动合同，劳动行政部门应予以纠正。用人单位因此给劳动者造成损害的，应按劳动部《违反〈劳动法〉有关劳动合同规定的赔偿办法》（劳部发〔1995〕233号）的规定进行赔偿。"同时，该《意见》第82条规定，用人单位与劳动者发生劳动争议不论是否订立劳动合同，只要存在事实劳动关系，并符合《劳动法》的适用范围和《企业劳动争议处理条例》的受案范围，劳动争议仲裁委员会均应受理。这两条对事实劳动关系案件的劳动仲裁提供了法律适用依据。

（4）2000年10月30日最高人民法院关于印发《民事案件案由规定（试行）》的通知将"事实劳动争议"案由明确列在第一部分合同纠纷案由中的第39款劳动争议案由之中，对人民法院立案受理事实劳动关系案件，提供了依据。

（5）2001年4月30日施行的最高人民法院《关于审理劳动争议案件适用法律若干问题的解释》第1条规定，劳动者与用人单位之间没有订立书面劳动合同，但已形成劳动关系后发生的纠纷，也属于劳动争议的范围，如果当事人不服劳动争议仲裁委员会作出的裁决，向人民法院起诉的，人民法院应当受理。第16条还规定，劳动合同期满后，劳动者仍在原单位工作，原用人单位未表示异议的，视为双方同意以原条件继续履行劳动合同。一方提出终止劳动关系的，人民法院应当支持。该司法解释对确定履行或解除事实劳动关系提供了依据。

2. 《劳动合同法》的规定

《劳动合同法》第10条规定："建立劳动关系，应当订立书面劳动合同。已建立劳动关系，未同时订立书面劳动合同的，应当自用工之日起一个月内订立书面劳动合同。用人单位与劳动者在用工前订立劳动合同的，劳动关系自用工之日起建立。"从该条的规定来看，并没有像《劳动法》第19条规定的那样，"劳动合同应当以书面形式订立"，而是采取了分别的规定，首先强调劳动合同应当以书面形式订立，但是没有以书面形式订立的，并不是宣告其无效，而是要求其应当在用工之日起一个月内订立书面形式的劳动合同。也就是说，书面形式并非劳动合同的成立要件或者是生效要件。第11条还规定："用人单位未在用工的同时订立书面劳动合同，与劳动者约定的劳动报酬不明确的，新招用的劳动者的劳动报酬按照集体合同规定的标准执行；没有集体合同或者集体合同未规定的，实行同工同酬。"从而更加明确了允许非书面形式建立劳动关系的意愿。相似的规定还可以见于第 69 条第 1 款："非全日制用工双方当事人可以订立口头协议。"对于用人单位拖延，不订立书面劳动合同的，第 82 条明确规定："用人单位自用工之日起超过一个月不满一年未与劳动者订立书面劳动合同的，应当向劳动者每月支付二倍的工资。用人单位违反本法规定不与劳动者订立无固定期限劳动合同的，自应当订立无固定期限劳动合同之日起向劳动者每月支付二倍的工资。"通过该条规范来引导用人单位尽量同劳动者订立书面劳动合同。

可见，《劳动合同法》对于事实劳动关系的态度十分明显，就是不承认"事实劳动关系"概念，通过理清劳动关系建立与书面劳动合同订立的关系，解决了事实劳动关系存在的许多问题，能够更好地保护劳动者的合法权益。

3. 如何证明用人单位有用工行为的存在

如何证明有事实劳动关系的存在，即如何证明用人单位有用工的情形存在，根据《劳动合同法》及劳动部《关于确立劳动关系有关事项的通知》用人单位招用劳动者未签订书面合同，只要同时具备以下几个条件，劳动关系成立：一是用人单位和劳动者符合《劳动合同法》规定的条件；二是用人单位制定的规章制度符合法律规定，适用于劳动者，劳动者受用人单位的管理，从事有报酬的劳动；三是劳动者提供的劳动是用人单位劳动过程的一部分。

当用人单位与劳动者没有签订劳动合同，可以通过以下证据来证明有用工关系存在。① 用人单位向劳动者发放的工作证、服务证等能够证明劳动者身份的证件；② 劳动者填写的招工表、报名表等招用记录；③ 用人单位的考勤记录表；④ 其他劳动者的证明；⑤ 用人单位缴纳社会保险的名册；⑥ 用人单位的工资发放名册等。

10.3　退休返聘者与单位之间的关系

由于我们的社会已经加入老龄化社会，退休返聘的情况也越来越多，该如何认定退休返聘者与用人单位之间的关系，值得我们关注。退休返聘者是指已经到达或超过法定退休年龄，与用人单位通过订立劳动合同，继续在用人单位工作的劳动者。退休返聘包括受雇佣者到达离退休法定年龄，在原岗位延长工作时间，原单位继续聘用从事原来同种或不同种的工作，或到劳务市场择业，到原单位以外的其他单位工作的情况。①

10.3.1　退休返聘是否属于劳动关系

1. 劳动关系终止于劳动者退休

退休返聘的大量出现，带来了劳动关系的新情况出现，即中国目前 1 000 万的退休返聘老年人在领取养老金，使生活有了基本保障的同时占据着大量的工作岗位，而青年人却为安身立命而四处奔走无所获。② 该如何看待退休返聘人员与用人单位的关系，需要我们作进一步的分析。

---

① 朱正威 . 中国退休返聘公共政策环境分析 . 西安交通大学学报：社会科学版，2005，25（5）.

② 黎建飞 . 中华人民共和国劳动合同法辅导读本 . 北京：中国法制出版社，2007.

根据我国《劳动法》，退休人员已经不具有法律意义上的劳动者主体资格，自达到退休年龄之日起，法律视其为丧失劳动能力，并开始向其发放养老金。即我国《劳动法》规范的劳动关系终于劳动者退休之时。《劳动合同法》第 44 条第 2 项规定，劳动者已开始依法享受基本养老保险待遇的，劳动合同终止。退休是指根据国家有关规定，劳动者因达到法定退休年龄或者完全丧失劳动能力而退出工作岗位，领取养老金的制度。根据 1978 年国务院颁布的《关于工人退休、退职的暂行办法》和《关于安置老弱病残干部的暂行办法》规定，在下列几种情况下可以办理退休：一是男职工年满 60 周岁，女干部年满 55 周岁，女工人年满 50 周岁，连续工龄或工作年限满 10 年；二是从事井下、高空、高温、繁重体力劳动和其他有害健康工种的职工，男年满 55 周岁，女年满 45 周岁，连续工龄或工作年限满 10 年；三是男年满 50 周岁，女年满 45 周岁，连续工龄或工作年限满 10 年的，经医院证明，并经劳动鉴定委员会确认，完全丧失劳动能力的职工；四是因工致残，经医院证明（工人并经劳动鉴定委员会确认）完全丧失工作能力的。根据《工伤保险条例》（自 2004 年 1 月 1 日起施行）规定，职工因工致残被鉴定为一级至四级伤残的，保留劳动关系，退出工作岗位，按月享受伤残津贴；工伤职工达到退休年龄并办理退休手续后，停发伤残津贴，享受基本养老保险待遇。基本养老保险待遇低于伤残津贴的，由工伤保险基金补足差额。

2. 退休返聘人员与用人单位是劳务关系

尽管不能否认退休人员仍然可以劳动者的身份回到就业市场，但是其与用人单位之间的关系已经不在《劳动法》的保护范围之内。简言之，退休返聘人员与用人单位之间不是劳动法意义上的劳动关系。用人单位在聘用退休人员时，不需要与其订立劳动合同。退休返聘人员也无法要求依据《劳动法》来处理其与用人单位之间的劳动纠纷。因为，退休返聘人员与用人单位之间属于劳务关系，退休返聘人员提供劳务，用人单位支付相应的报酬为内容的劳务之债，符合劳务关系的特征。需要明确的是，民法上的债的关系并不能完全解释退休返聘人员与用人单位之间的这种雇佣关系，因为后者存在人身隶属性，即退休返聘人员要遵守用人单位的规章制度，服从其工作安排和人事管理等，而前者存在于平等主体之间；此外，后者相对于前者，除了个人因素外，还包含社会因素。

在中国现行法律框架下，退休返聘虽然被推到了《劳动法》调整范围之外，但是始终没有跳出民法的领域。退休返聘法律关系是以退休人员提供劳动，用人单位支付相应报酬为内容的债权债务关系，即所谓的劳务之债。退休返聘人员与用人单位之间建立的是民法意义上的劳务关系，由民法相关法律法规调整。双方可以通过订立劳务合同明确各自在劳务关系存续期间的权利和义务。原劳动部《关于实行劳动合同制度若干问题的通知》第 13 条规定，已享受养老保险待遇的离退休人员被再次聘用时，用人单位应与其签书面协议，明确聘用期内的工作内容、报酬、医疗、劳保待遇等权利和义务。《劳动部办公厅对〈关于实行劳动合同制度若干问题的请示〉的复函》第 2 项规定，离退休人员与用人单位应当按照聘用协议约定履行义务，聘用协议约定提前解除书面协议的，应当按照双方约定办理，未约定的，应当协商解决。

离退休人员聘用协议的解除不能依据《劳动法》第 28 条。根据该规定，退休返聘人员与用人单位之间的劳务关系解除时，用人单位无须依照国家有关规定给予退休返聘人员经济补偿。

10.3.2　退休返聘的几个相关问题

1. 退休返聘人员受伤的处理

退休返聘人员在工作场所遭遇事故能否认定为工伤并适用工伤保险的关键在于与用人单位之间建立的是不是劳动关系。也就是说，享受工伤保险的前提是有劳动关系的存在，如果是劳动关系，则属于工伤，进而适用工伤保险；而退休返聘人员与用人单位建立的是劳务关系，不能适用工伤保险。我国《劳动法》仅仅保护到劳动者退休之前；劳动者退休之后进入社会保障范围，其与用人单位之间的退休返聘法律关系不属于法律意义上的劳动关系，而是劳务关系。因此，用人单位无须为退休返聘人员缴纳社会保险（包括工伤保险），退休返聘人员在现行法律框架下也就不能享受工伤保险待遇。

国务院于 2010 年 12 月作出了修改《工伤保险条例》的决定，修改后的《工伤保险条例》同样明确了工伤保险的覆盖范围：工伤认定不仅要具备工伤实体要件，还应属于工伤认定的受理范围。该条例第 14 条规定了"应当认定为工伤"的七种情形，第 15 条规定了"视同工伤"的三种情形；第 16 条则从反面规定了"不得认定为工伤或者视同工伤"的三种情形。该条例还明确指出，要享受工伤保险，必须首先认定工伤。依照该条例第 18 条的规定，提出工伤认定申请应当提交与用人单位存在劳动关系（包括事实劳动关系）的证明材料。

退休返聘人员没有劳动关系的存在，用人单位也无法定缴纳社会保险的义务，退付返聘人员不应当享受工伤保险待遇，但可以在遭遇工伤事故时可以提起民事侵权诉讼，来维护自己的权益。《民法通则》第 106 第 2 款规定，公民、法人由于过错侵害国家的、集体的财产，侵害他人财产、人身的，应当承担民事责任。第 119 条规定，侵害公民身体造成伤害的，应当赔偿医疗费、因误工减少的收入、残废者生活补助费等费用；造成死亡的，并应当支付丧葬费、死者生前扶养的人必要的生活费等费用。《最高人民法院关于审理人身损害赔偿案件适用法律若干问题的解释》第 11 条规定，雇员在从事雇佣活动中遭受人身损害，雇主应当承担赔偿责任。雇佣关系以外的第三人造成雇员人身损害的，赔偿权利人可以请求第三人承担赔偿责任，也可以请求雇主承担赔偿责任。雇主承担赔偿责任后，可以向第三人追偿。雇员在从事雇佣活动中因安全生产事故遭受人身损害，发包人、分包人知道或者应当知道接受发包或者分包业务的雇主没有相应资质或者安全生产条件的，应当与雇主承担连带赔偿责任。属于《工伤保险条例》调整的劳动关系和工伤保险范围的，不适用本条规定。第 12 条规定，依法应当参加工伤保险统筹的用人单位的劳动者，因工伤事故遭受人身损害，劳动者或者其近亲属向人民法院起诉请求用人单位承担民事赔偿责任的，告知其按《工伤保险条例》的规定处理。因用人单位以外的第三人侵权造成劳动者人身损害，赔偿权利人请求第三人承担民事赔偿责任的，人民法院应予支持。据此，因为退休返聘人员与用人单位之间建立的是雇佣关系（劳务关系），而非劳动关系，所以在遭遇工伤事故时，退休返聘人员作为雇员可以依法以侵权为由向其雇主即用人单位请求人身损害赔偿。实务和理论界比较一致地认为退休返聘人员的工伤事故为侵权行为。值得一提的是，《最高人民法院关于审理人身损害赔偿案件适用法律若干问题的解释》相对于《民法通则》有了一个很大的进步：只要存在雇佣关系，雇主就应当承担赔偿责任，雇员无须证明雇主主观上具有过错。这在很大程度上减少了雇员维权的负担和困难，为退休返聘人员寻求民事救济增添了一线希望。

2. 返聘报酬与养老金制度的关系

退休返聘人员与用人单位在支付返聘报酬与养老金问题上的纠纷屡见不鲜，用人单位千方百计地以此为借口截扣退休返聘人员的养老金或者在扣除返聘报酬后发放养老金。

退休返聘人员一方面因进入社会保障范围而领取养老金，另一方面又从用人单位处获得返聘报酬，是否具有合理性？返聘报酬与养老金之间是否发生冲突？返聘报酬与养老金在性质上完全不同，不能相提并论。我国《宪法》明确规定，国家依照法律规定实行企业事业组织的职工和国家机关工作人员的退休制度。退休人员的生活受到国家和社会的保障。从《宪法》的明文规定中可以看到，退休制度是专为退休后的劳动者提供生活保障而设立，养老保险属于国家的社会保障责任范围。养老金一部分来自于劳动者的个人账户，另一部分来自于社会统筹。

返聘报酬则是指在退休返聘人员与用人单位之间的劳务关系中，退休返聘人员向用人单位提供劳务，用人单位向退休返聘人员支付返聘报酬作为其所提供的劳务的对价。返聘报酬背后的原理是"不劳动者不得食"；而提供劳动者理所当然地应当获得的报酬。养老金则不同，它是国家和社会为劳动者退休后提供的"不劳而获"的物质保障，不适用"按劳取酬"。二者在性质上完全不同，因而承担着不同的社会功能，是并行不悖的两条线路，没有交叉或者抵触。

3. 退休返聘工资待遇

我国《劳动法》明文规定，工资分配应当遵循按劳分配原则，实行同工同酬。而在现实生活中，很多退休返聘人员还遭受着"同工不同酬"的歧视待遇：明明干的是一样的活，退休返聘人员不仅不能享受用人单位职工的奖励、激励措施，甚至连基本工资也千差万别。那么，同工同酬是否仅仅因为退休返聘不属于中国目前《劳动法》的调整范围而不适用于退休返聘呢？

劳动权是宪法赋予公民的获得有酬职业劳动的基本权利。劳动权包括平等就业和自由择业的权利，还包括取得劳动报酬的权利等。退休制度作为法定的旨在保证老有所养的"不劳而获"的制度，并没有否定退休后领取养老金的公民的劳动权利能力和劳动行为能力，因此，退休返聘人员作为劳动者的身份应当得到承认和认可，不应仅因退休返聘处于《劳动法》调整范围之外而否认退休返聘人员的劳动者资格。换句话说，退休返聘人员仍然享有宪法所赋予的基本权利之劳动权。同工同酬不仅是劳动权重要内容之平等就业权的必然延伸和应然之义，而且是由按劳分配原则派生而来的一项法定原则，退休返聘人员享有劳动权，理应受到同工同酬的对待。

退休返聘人员在与用人单位订立劳务合同时，应当尽可能地明确双方的权利义务，包括聘用期间是否享受单位职工的福利待遇，返聘报酬的支付等。尽管在理论上退休返聘人员应当与单位职工同工同酬，但是鉴于《劳动法》不保护退休返聘法律关系，一旦发生纠纷，起决定性作用的还是劳务合同，因此，在劳务合同中对返聘报酬所作的约定至关重要，是目前退休返聘人员维护自身合法权益的主要的也是重要的武器。

10.4　在校大学生兼职或实习中与用人单位的关系

在校大学生从事课余兼职或实习，已经成为较为普遍的现象，但由于法律没有对在校大学生的兼职或实习作出明确的规定，在校大学生与兼职单位或实习单位的权利义务不明确。当在校学生在实习中权益受到侵犯，该怎么保护自己，有必要对大学生实习的劳动关系进行分析研究。

10.4.1　在校大学生在兼职或实习时的身份

1. 我国《劳动法》对劳动者条件的规定

按照我国《劳动法》的规定，劳动者是指依据劳动法律和劳动合同规定，在用人单位从事体力或脑力劳动，并获取劳动报酬的自然人。一个人是否为《劳动法》上的劳动者，需要依据法律的规定来判断，根据我国法律的有关规定，我国对劳动者资格作出了如下的条件限制。

（1）需要满足法律规定的年龄条件，我国《劳动法》第 15 条规定："禁止用人单位招用未满十六周岁的未成年人。文艺、体育和特种工艺单位招用未满十六周岁的未成年人，必须依照国家有关规定，履行审批手续，并保障其接受义务教育的权利。"并且在第 64 条规定，用人单位不得安排未成年工（即年满 16 周岁未满 18 周岁的劳动者）从事矿山井下、有毒有害及国家规定的第四级体力劳动强度的劳动和其他禁忌从事的劳动。在校实习生如果没有达到这个年龄下限，是不可能和实习单位建立劳动关系的。

（2）具有劳动能力。劳动者的劳动过程需要有劳动能力的自然人亲自进行，有的行业对劳动能力还有其特殊的要求，因此，具备劳动能力是法律对劳动者资格的又一基本要求。对于这一能力要求，在校学生一般都能具备。

（3）与用人单位建立劳动关系。我国《劳动法》第 2 条规定："在中华人民共和国境内的企业、个体经济组织（以下统称用人单位）和与之形成劳动关系的劳动者，适用本法。国家机关、事业组织、社会团体和与之建立劳动合同关系的劳动者，依照本法执行。"从该条文可以看出，需要与用人单位建立劳动关系才能成为受我国《劳动法》保护的劳动者。而《劳动法》第 16 条规定："劳动合同是劳动者与用人单位确立劳动关系、明确双方权利和义务的协议。建立劳动关系应当订立劳动合同。"可见，我国《劳动法》要求建立劳动关系需要双方签订劳动合同，建立劳动关系。

2. 在校大学生兼职或实习时不是《劳动法》意义上的劳动者

在校大学生实习时，其身份是学生还是劳动者，这个问题是弄清在校生实习期间各方的权利义务关系的基础。在校大学生在兼职或实习时，不是《劳动法》意义上的劳动者。

（1）在校大学生与兼职或实习的单位之间没有建立劳动关系的意图目的。对于参加实习的学生来说，他们是为了积累实践经验；而对于用人单位，实习生与单位的正式员工有着本质的区别，实习生不可能在实习单位受到和正式员工一样的待遇，用人单位只是为学生提供一个参加实践的机会，同时也是自身考查人才的一个过程，它们往往还要向实习学生或者实习学生所在的学校收取一定的实习费用，这样的情形很难有签订劳动合同、建立正式劳动关系的可能。

（2）从劳动关系的本质上看，劳动者建立劳动关系的目的是为了获得劳动报酬，满足自己和家人的生活所需。大学生参加兼职或实习是为了积累经验，不是以之作为自己谋生的手段，实习单位不会发给大学生工资，即使有时候用人单位发给大学生一定的补偿，但不是属于《劳动法》意义上的工资，不受工资制度的约束，大学生也不会因为实习或兼职而成为用人单位的一员。

（3）大学生的学生身份使得其要受到学校的管理。在校大学生实习时，其所有的档案户籍关系都在学校，其主要任务是在学校学习，不管其在校期间的实习是经由学校介绍还是通过自己寻找的，都是为了更好地掌握在校所学知识和技能，积累实践经验，更好地开始自己的职业生涯。在校实习生的学生身份使之不可能成为《劳动法》意义上的劳动者。

10.4.2 实习生权益受损时的权益保护

大学生在兼职或者实习中，难免会遇到权益受损的情况，最常见的是在兼职或者实习中身体健康受损的情况，以及兼职或实习单位没有按约定提供实习条件与待遇等情况。

1. 在校大学生在兼职或实习过程中身体健康受损的处理

如果是劳动者，按照《劳动法》、《劳动合同法》和《工伤保险条例》的规定，劳动者在用人单位受伤后，应当进行工伤认定，医疗费用由工伤保险或者由没有办理工伤保险的单位支付。

在校大学生在兼职或实习中受伤，由于实习只是一个教学环节，实习生和用人单位不存在劳动关系，实习生也不是一个受《劳动法》保护的劳动者，所以在劳动当中受到了伤害，很难按照《劳动法》或者《工伤保险条例》来进行工伤认定。劳动部1996年8月12日颁布的《企业职工工伤保险试行办法》第61条规定："到参加工伤保险的企业实习的大中专院校、技工学校、职业高中学生发生伤亡事故的，可以参照本办法的有关待遇标准，当地工伤保险经办机构发给一次性待遇。工伤保险经办机构不向有关学校和企业收取保险费用。城镇个体经济组织中的劳动者的工伤保险，由省、自治区、直辖市参照本办法的有关规定制定办法。"这一规定对在校生在实习过程中受伤的情况作出了明确的规定，但是现行的《工伤保险条例》将此项规定完全删除，且没有另外作出规定。

虽然学生实习受伤不能按照劳动案件来处理，但并不意味着实习生在劳动中受到的伤害应当由其自己负责。在这一法律关系中，实习生与学校和用人单位同时发生了法律关系：学校作为学生的施教者和实习活动的指挥安排者，应当预见实习生在实习劳动中必然存在和可能出现的风险，并且承担相应的法律责任。用人单位作为实习生进行劳动的劳动条件提供人、劳动工作的安排指挥者和某种程度劳动成果的获得者，应当为实习生提供符合国家规定的安全卫生的劳动条件，当实习生在劳动中受到伤害时承担相应的法律责任。在目前没有明确法律规定的情况下，学校和用人单位应当对实习生承担连带赔偿责任。如果学校与用人单位事先对于责任的分担有约定的，双方可以按照约定分担责任，但该项约定不能构成任何一方对实习生受伤的免责。

我们赞成在校实习生在实习中受伤的责任归属应当区分为三种情况认定。①

第一，经过学校安排、推荐的实习或兼职。在这种情况下，用人单位作为实习生进行劳动的劳动条件提供人，劳动工作的安排指挥者和某种程度劳动成果的获得者，应当为实习生提供符合国家规定的安全卫生的劳动条件，当实习生在劳动中受到伤害时承担相应的法律责任。学校作为学生的施教者和实习活动的推荐者应当预见实习生在实习劳动中必然存在和可能出现的风险并且承担相应的法律风险。因此，学校和用人单位应当对实习生承担连带赔偿责任，实习生可以选择要求其中一方或者两方承担赔偿责任。

第二，未经学校安排或者推荐的实习或兼职。由于大学生们的学习时间灵活，可以根据自己的安排进行实习；实习单位接收实习生也不要求学校的有关推荐或者证明材料；实习活动是学生们自行联系的，实习过程也没有向学校老师或者有关部门报告，在这种情况下只要学校在平时的监管活动中尽到了监管责任，对学生自己联系实习可能出现的问题进行了适当的告知或宣传活动，就应当由实习单位对实习生的受伤承担主要责任。因为，实习单位作为实习生劳动条件的提供人、劳动工作的安排指挥者和某种程度劳动成果的获得者，无论何时都负有为实习生提供符合国家规定的安全卫生的劳动条件的责任，对实习生在劳动中受到的伤害，理应承担相应的法律责任。同时，学校毕竟对学生负有监管的义务，应当尽可能地保障学生的人身安全，基于此种监管责任，学校要对在校生在实习中受伤承担补充责任。即在用人单位不能支付全部赔偿费用时，由学校承担补充的赔偿义务；在用人单位不能及时支付赔偿费用危害到受伤学生的治疗或康复时，由学校先行垫付相关费用。

第三，参与实习的在校生是未成年人。在这种情况下，无论该学生的实习活动是否有学校的参与，学校都应与实习单位一起对该学生在实习中的受伤负连带责任。因为，学校作为其学生的施教者，对未成年的学生应当给予更多的关注和更严格的管理。未成年学生的行为能力有限，学校对其承担较之其他成年学生更重的监管责任。

2. 实习单位没有按约定提供适当实习条件或待遇

由于在校实习生与实习单位之间没有劳动关系，实习生无法通过该单位的工会组织寻求帮助，也不能向当地劳动争议仲裁部门提请仲裁处理。有时，实习生和实习单位通过平等协商会自愿达成实习协议，在协议中明确了双方的权利义务。无论这种约定是口头的还是有形成书面文字的合同证明，双方都应当遵守。任何一方不遵守该约定，都是违约行为，应当承担违约责任。双方对于实习事项的约定还应遵守各地已经出台的相关规定，有的地方制定了有关在校学生勤工助学的规定，实习生遇到的实习单位没有按约定提供适当实习条件或待遇的情况，可以通过向法院提起民事诉讼的形式要求实习单位承担违约责任。同样，作为另一方当事人的用人单位，也可以要求在校实习生在违约的情况下承担相应的责任。在实践中也曾出现一些实习生由于违规操作，违反保密义务等行为给用人单位带来损失的情况，在这种情况下用人单位可以要求实习生承担违约责任。若实习生在实习过程中遇到人格权被侵犯或者待遇没有兑现等情况，也可以向法院主张自己的合法权益。

3. 慎重选择实习单位，保护自身合法权益

由于在校实习生与实习单位之间没有劳动关系，不受到劳动法保护，而在实习过程中又很可能遇到种种权益受到侵犯的情况，在选择实习单位及实习过程中应当注意如下问题。

---

① 黎建飞. 劳动合同法热点、难点、疑点问题全解. 北京：中国法制出版社，2008.

（1）慎重选择自己的实习单位。实习的需求很大，实习市场也形成了供大于求的局面，找一个满意的实习单位也不是件容易的事。在这种现状下，许多迫切希望实习的学生就会在焦急的情况下选择一些自己根本不了解情况的单位去实习。这些单位的资格和信誉都很难有保证，一旦学生在实习中出现什么问题，很难给学生的权益提供可靠的保障。在选择实习单位时，应事先确认单位身份，如是否具有法人资格，是否有工商、税务颁发的营业执照，是否有固定的营业场所等。要选择正规单位实习，并及时向所在学校管理部门报告自己所在单位和实习情况。

（2）尽量与实习单位签订书面的实习协议，在协议中明确双方的权利义务。一旦在实习中发生实习单位违约的情况，实习生可以该协议为依据提起民事诉讼要求实习单位承担违约责任。如果没有书面的协议，应当保留好自己在实习单位实习的证据，比如保留能够证明自己实习时间、地点和实习内容的证据以便在发生纠纷时有证据支持。

（3）理性地选择适当的实习工作岗位，学生实习的目的是为了学以致用、增加自己的实践经验、增强就业竞争力，因此，在选择实习岗位时不要忘记这个初衷，不要因为实习岗位难找就接受一些没有实践意义的岗位，更不能随便去一些有劳动危险的岗位。

此外，毕业生在求职过程中，也可能遭遇劳动权益受到侵害的情形，一定要注意学习劳动法律法规，读一些和签订合同有关的法律，了解当地政府的相关规定，使得自己"手中有粮，心中不慌"，这对毕业生是非常实用的。如果大学生在劳动合同签订前发现问题，要据理力争，甚至拒绝签订劳动合同；如在劳动合同签订后发现问题，要与单位协商变更，甚至请求仲裁委员会就合同是否有效问题进行认定。如果遇到的问题自己应对不了，可以向企业工会反映，也可以求助于法定部门，如劳动监察部门、仲裁委员会等。

本 章 小 结

本章的主要内容是劳动合同纠纷中的疑难问题，主要是劳动关系与劳务关系、雇佣关系的联系与区别，退休返聘人员的劳动关系、在校大学生兼职或实习是否为劳动关系等热点问题。

本章的重点是劳动关系与劳务关系的联系与区别。

本章的难点是认识劳动关系与劳务关系的区别，在校大学生兼职或实习是否为劳动关系等。

本章学习资料

［1］王全兴，黄昆. 中国劳动法. 北京：中国政法大学出版社，2008.

［2］郭捷. 劳动法与社会保障法. 北京：法律出版社，2008.

［3］郑尚元. 劳动合同法的制度与理念. 北京：中国政法大学出版社，2008.

［4］黎建飞. 劳动合同法热点、难点、疑点问题全解. 北京：中国法制出版社，2008.

［5］张霞. 劳动法实施中的疑难问题. 北京：中国人民公安大学出版社，2009.

［6］赵寒宇. 论事实劳动关系的认定与保护：兼谈《劳动合同法》相关条款之规制. 辽宁行政学院学报，2009（11）.

［7］朱正威. 中国退休返聘公共政策环境分析. 西安交通大学学报：社会科学版，

2005，25（5）.

　　［8］蒋月．劳动法：案例评析与问题研究．北京：中国法制出版社，2009.

　　［9］刘素华．论事实劳动关系的认定及其法律保护．北京市工会干部学院学报，2007（2）.

　　［10］郭捷．劳动合同法适用范围解析．法学论坛，2008（2）.

　　［11］申艳云．浅析事实劳动关系的认定．劳动保障世界，2009（4）.

　　［12］张小霞．浅析退休返聘人员的工伤问题．法制与社会，2009（2）.

　　［13］王惠玲，杨佳华．事实劳动关系认定之思考．人民法院报，2014-02-12（7）.

　　［14］叶欢．解除事实劳动关系区别于解除合同的法律适用．中国劳动，2014（2）.

　　［15］高长富，姚茗川，唐唯嘉．在校大学生兼职存在的问题与应对措施．法制与社会，2011（22）.

本章复习思考题

一、判断说明题
劳动关系与劳务关系是完全相同的。（　　　）

二、简述题
1. 劳动关系与劳务关系的区别。
2. 劳动关系与雇佣关系的区别。
3. 在校大学生兼职或实习该如何维护自己的权益。

三、论述题
1. 试述退休返聘人员与用工单位之间的关系。
2. 试述在校大学生兼职或实习时与用工单位之间的关系。

主要参考文献

［1］王全兴，黄昆．中国劳动法．北京：中国政法大学出版社，2008.

［2］黄越钦．劳动法新论．北京：中国政法大学出版社，2003.

［3］郭捷．劳动法与社会保障法．北京：法律出版社，2008.

［4］胡彩霄．劳动法精要．北京：中国政法大学出版社，2007.

［5］李建．中华人民共和国劳动合同法实施条例理解与适用．北京：法律出版社，2008.

［6］姜颖．劳动合同法论．北京：法律出版社，2006.

［7］郑尚元．劳动合同法的制度与理念．北京：中国政法大学出版社，2008.

［8］黎建飞．劳动合同法热点、难点、疑点问题全解．北京：中国法制出版社，2008.

［9］董保华．十大热点事件透视劳动合同法．北京：法律出版社，2007.

［10］张霞等．劳动法实施中的疑难问题．北京：中国人民公安大学出版社，2009.

［11］陈闯．劳动合同案例精编精析．北京：中国检察出版社，2008.

［12］全国人大常委会法工委行政法室．最新《中华人民共和国劳动合同法》解读与案例．北京：人民出版社，2013.

［13］王桦宇．劳动合同法实务操作与案例精解．北京：中国法制出版社，2013.

［14］林嘉．劳动法和社会保障法．3 版．北京：中国人民大学出版社，2014.